新 视 界

始于未知　去往浩瀚

中国近现代思想文丛

少年中国与道德大原

梁启超 文选

梁启超 著
王德峰 编

上海远东出版社

图书在版编目(CIP)数据

少年中国与道德大原:梁启超文选/梁启超著;王德峰编.—上海:上海远东出版社,2023
(中国近现代思想文丛)
ISBN 978-7-5476-1884-4

Ⅰ.①少… Ⅱ.①梁…②王… Ⅲ.①梁启超(1873—1929)—文集 Ⅳ.①B259.11-53

中国版本图书馆CIP数据核字(2022)第251015号

责任编辑　曹　建　陈　娟
封面设计　陈奥林

中国近现代思想文丛

少年中国与道德大原:梁启超文选
梁启超　著　　王德峰　编

出　　版	上海远东出版社
	(201101　上海市闵行区号景路159弄C座)
发　　行	上海人民出版社发行中心
印　　刷	上海颛辉印刷厂有限公司
开　　本	890×1240　1/32
印　　张	10.875
插　　页	2
字　　数	233,000
版　　次	2023年2月第1版
印　　次	2023年2月第1次印刷
ISBN 978-7-5476-1884-4/B·27	
定　　价	68.00元

凡可称为信仰者，都以一定的思想为其根基。因为能运用思想，一个民族才得以提出自己的生命理想，并为实现生命理想而从事生命奋斗。这就是一个民族的文化生命。其客观表现在于：一有德性，二有创造性。

王徒峰

新版序言

王德峰

近来常见到这样三句一组的标语:"人民有信仰,国家有力量,民族有希望。"这三句义好。尤为切要的是,三句之次序不可颠倒。前句乃后句之前提。人民有信仰,是国家有力量、民族有希望的前提。

信仰非指做某事之信念也。信仰是指对生命价值的确认和对人生意义的领会。若问中国人如何确认生命的价值、如何领会人生的意义,即是问:中国人的信仰是什么?此问对于今天的中国人,不可谓不是一个大问题。

有感于此,重读梁启超的《饮冰室合集》,觉其所论之问题,在当下有根本重要的意义,其思路和见解对于今天的思考仍有很大启发,尤其对于思考中华民族在 21 世纪的伟大复兴这一时代课题有启发。在笔者看来,这一伟大复兴的真正内涵是我们民族文化生命的复兴。

何谓文化生命?答:能运用思想的生命。凡可称为信仰者,都以一定的思想为其根基。因为能运用思想,一个民族才得以提出自己的生命理想,并为实现生命理想而从事生命奋斗。这就是一个民族的文化生命。其客观表现在于:一有德性,二有创造性。

一个有德性并有创造性的民族,即使有悠长的历史,却仍是一个年轻的民族。梁启超对此有信心,于1900年写了《少年中国说》一文,影响颇巨。一百多年过去了,今天读此文,让人觉得仿佛是昨天才写的。从"老大帝国"到"少年中国"的转变,正是中国的现代化进程。这一进程在当下正处于关键阶段。这个关键就是要重建我们民族的精神家园,舍此,则难言文化生命的复兴。若无文化生命的复兴,便只能有表面的现代化,缺乏精神之根基,其行必不能久远。这是梁启超当年反复地、深入地思虑的大问题,他参与了种种论战,其见解留存于大量的文字中。

编者从这些文字中重新做了选编的工作。多年前曾经做过一次,那就是由上海远东出版社出版的《国性与民德——梁启超文选》。本次重编,取了两个角度,一是从中西文化的交往和对比中如何诞生一个"少年中国";二是中国人重建其精神家园的思想根基何在,即什么是中国的"道德大原"。故全书分作两大部分,每部分各收录12篇文字。

希望这个新选本于当下中国读者们的时代思考有益。

2023年2月

初版序言

王德峰

与康有为并称的梁启超(1873—1929)在中国近现代政治舞台上的事迹是不会被人淡忘的,其政治活动之功过已经有人评说,而且还将继续被人评说。然而,我们现在为他编一部文选,是拿他作为思想家来看待的。

梁启超对于中国近现代思想和学术的贡献何在？这个问题很难准确、全面地回答。他的思想与治学极具个性,而且,正是其突出的个性便已使他在中国近现代思想界居一个不可动摇的地位。梁启超曾将自己与其师康有为作比较说:"有为太有成见,启超太无成见。其应事也有然,去治学也亦有然。有为常言:'吾学三十岁已成,此后不复有进,亦不必求进。'启超不然,常自觉其学未成,且忧其不成,数十年日在旁皇求索中。故有为之学,在今日可以论定;启超之学,则未能论定。"① 此言不虚,可谓客观地表达了梁启超治学的个性。治学之个性原不是一个纯然涉及方法的问题,而是内在的精神人格之

---

① 见《梁启超论清学史二种》,复旦大学出版社,1985年版,第73页。

外在的表现。梁启超生逢乱世,其时,国内政治昏乱,国际上列强虎视逼中华,遂使强烈的救亡图强意识萦其心怀而终生不能去,其治学、其著述无不围绕寻求民族出路之真理这一大志。然而,政治舞台风云变幻,政治人物贤达与奸雄并举,各种势力都有"思想"和"主义"的旗号,而各种政治实践的结果又每每蜕变其质,距理想甚远。至于梁启超本人的政治活动就更是屡屡遭挫,捉襟见肘,常陷于困穷矛盾之中。但他绝非一个愿意堕落其志而后袖手旁观的人,而是屡败屡试,虽困窘,虽迷惑,却仍然锐意进取,以为责任不可息,希望不可泯,大道不可不求。这种以对民族的责任而问路求学的精神经常洋溢于他的讲学和著述之中。所以,他才"常自觉其学未成,且忧其不成,数十年日在旁皇求索中"。

梁启超在1920年写的《清代学术概论》中曾对自己在思想界的作用作过评价,他声明这种评价是"纯以超然客观之精神论列之,即以现在执笔之另一梁启超,批评三十年来史料上之梁启超也"①。且不论这种个人的自我评价能否做到"超然客观",笔者在此只拣其可以成立者略述一二。

梁启超自称"新思想界之陈涉",破坏力不小。这一评价大致确当。他初时在万木草堂师从康有为,对其学识极为钦佩,然亦非全盘接受,却是"时复不慊于其师之武断",对于康有为以神秘性说孔子,亦不谓然。后来康有为大倡设孔教会,时人附和者甚多,而梁启超屡起而驳之,认为这种做法最大的危害在于"煽思想界之奴

---

① 见《梁启超论清学史二种》,复旦大学出版社1985年版,第2页。

性而滋益之也"①。他以"陈涉"自任,即是以开思想自由之路为根本要求。今人之不甚了解梁启超者,常因其一生主张珍视中国精神传统,特别是作为这种传统之表述的孔子思想,而斥责其为革新在表、守旧在里。此见实谬。梁氏之为"陈涉",表里不二。例如,对于"中学为体,西学为用"之主张,他就曾力辟之,坚决反对那种以为西方人除了制造、技艺等等之外别无学问的看法,大力提倡"将世界学说为无制限的尽量输入"②。他认为在翻译和介绍西方学术著作方面当时所存在的严重不足是晚清思想运动的一大不幸:"盖固有之旧思想,既深根固蒂,而外来之新思想,又来源浅觳,汲而易竭,其支绌灭裂,固宜然矣。"③倘若他真以为对既有国学中的精神内容作一番重新梳理即足以满足时代的要求,又如何可能认为西方思想之未能真正输入是在中国大地上发生的思想运动所以"不能得一健实之基础,旋起旋落"④的原因呢?

梁启超对自身的另一评价也是可以成立的,即"未能自度,而先度人,是为菩萨发心","随有所见,随即发表","所执往往前后相矛盾"。⑤ 他自己说:"我读到'性本善',则教人以'人之初'而已。殊不思'性相近'以下尚未读通,恐并'人之初'一句亦不能解。以此教人,安见其不为误人?"⑥前后矛盾,固是缺点,特别于欲问学于梁启超者

---

① 见《梁启超论清学史二种》,复旦大学出版社 1985 年版,第 71 页。
② 见《梁启超论清学史二种》,复旦大学出版社 1985 年版,第 73 页。
③ 见《梁启超论清学史二种》,复旦大学出版社 1985 年版,第 79 页。
④ 见《梁启超论清学史二种》,复旦大学出版社 1985 年版,第 80 页。
⑤ 见《梁启超论清学史二种》,复旦大学出版社 1985 年版,第 70、73 页。
⑥ 见《梁启超论清学史二种》,复旦大学出版社 1985 年版,第 73 页。

易生不知所适之感。然思想之沿革本与社会之运动、变迁不相离。梁启超作为思想家而论,确非蔚然成大家、成大师者,然其思想轨迹之如此密切关涉近现代中国之变迁者,在中国近现代思想史上恐又非他莫属,这反而也又成为其一大优点。读他的文选(如果选的角度适当的话),今天的读者自可得到从思想伏流之一端去体会中国社会近现代历程之精神底蕴的大益处。梁启超对自己的这一特点亦有辩解:"平心论之,以二十年前思想界之闭塞萎靡,非用此种卤莽疏阔手段,不能烈山泽以辟新局。"①其意思便是,既为"陈涉",便难免于粗率。然自知粗率,且进而敢于自我批判、自我否定,不计为世人诟病。这是他的一个十分可贵之处,也表明他之治学,原非为学术而学术。他自白于世人曰:"保守性与进取性常交战于胸中,随感情而发",但是"不惜以今日之我,难昔日之我"②。

不过,若真以为梁启超一生思想数变而一无定见,只是一名"陈涉"而已,那也大错了。在阅读了他发表于不同时期的大量著述之后,我们仍可发现贯穿他一生思想的主线和基本见解。这主线和见解可以简括而言之,一曰"国性",一曰"民德"。他关于"国性"的思想以及对于中国人之"民德"的检审与思索,终生坚持。他从这两个方面探讨了中国文化传统在面对来自西方的挑战和面对民族生活之现代化要求时所具有的生命力。

何谓"国性"?按梁启超的原意,指的是一个民族赖以自立于天

---

① 见《梁启超论清学史二种》,复旦大学出版社1985年版,第73页。
② 见《梁启超论清学史二种》,复旦大学出版社1985年版,第70页。

地之间的本性:"苟本无国性者,则自始不能以立国。国性未成熟具足,虽立焉而国不固。立国以后而国性流转丧失,则国亡矣。"①然此为何种本性?又如何形成?梁启超说:"国性无具体可指也,亦不知其所自始也。人类共栖于一地域中,缘血统之聊合,群交之渐剧,共同利害之密切,言语思想之感通,积之不知其几千百岁也,不知不识,而养成各种无形之信条,深入乎人心。其信条具有大威德,如物理学上之摄力,搏挽全国民而不使离析也。"②

由此言观之,所谓国性,是指一个民族在历时漫长的共同的社会生活中渐渐形成起来的精神传统("无形之信条"),而这传统乃是该民族所以能够自立自存的根本性质。其力量既由漫长岁月的社会生活于不知不识中养成,故既不可创造也不可蔑弃。圣贤哲人可以体会它、阐发它,或指其弊端而倡言改良,却绝无法废除或重造。可见,梁启超所说的"国性",作为精神传统,并非存在于圣贤之书上的言辞学理,亦非现实中的典章制度,而是隐匿于学说与制度背后并支撑着这些具象之物的民族精神,它活生生地存在于民族生活中,是一定民族之成员所以不同于其他民族成员之所在。由于对"国性"之存在确信不疑,梁启超对于传统与现代化问题,对于东西文化的交流、冲突乃至弃取问题的种种讨论,便有了一个始终未曾动摇的立足根基。对于梁启超国性观的正误得失以及他从国性观出发而对种种问题所作的具体议论之适当与否,本序不可能也不应该详加讨论,应该留待

---

① 见《饮冰室文集》第29卷,上海中华书局1936年版,第83页。
② 见《饮冰室文集》第29卷,上海中华书局1936年版,第83—84页。

读者自己去阅读、去思考。

梁启超的"民德"概念则较为简明,指的是民族成员之个人人格,或曰"国民品性"。梁启超在民德问题上先后有过大量论述,可见对之关注之甚。在他看来,民德是政治、学术、技艺之大原。时人往往热心于在政治、学术、技艺方面采西人之长以补自己之短,而不知更为紧要的是须在国民品格的改造上下功夫。他在《欧洲政治革进之原因》一文中写道:"一国之所以能立于大地而日进无疆者,非恃其国民之智识也,而恃其品性。……印度人之于哲学文学科学美术宗教,其优胜于英人之点甚多,而二万万之印人,遂为区区极少数英人之奴隶……由此观之,论政而归本于人民程度,固是矣。论人民程度而以智力为标准,其去治本则犹远也。"① 那么,他所要求的"治本"是什么呢?是训育出纯良的民德,使人人有士君子之行,而孔子思想中犹应在今日昌明之处,无非在此。但是,梁启超并非视孔子伦理思想为今日导养民德所可凭藉的内容之全备,而是视其为教化的根柢之资。至于西方人因重个人权利与自由而生发出来的"公德",也是他所十分重视的。所以,他在《新民说》一著中专门论述公德与私德之区分,并且强调西方社会成员普遍具有的公德是中国人应该承认和学习的:"吾辈生于此群,生于此群之今日,宜纵观宇内之势,静察吾族之所宜,而发明一种新道德,以求所以固吾群、善吾群、进吾群之道,未可以前王先哲所罕言者,遂以自画而不敢进也。知有公德而新

---

① 见《饮冰室文集》第30卷,上海中华书局1936年版,第39—40页。

道德出焉矣,而新民出焉矣。"①梁启超之意十分明显:以儒家立身处世之道为本,为民德之根基,再采补其本无("公德")而新之,是为"新民德"。这样的融会中西伦理传统的道德改革有无现实的可能?这不论在学理上还是在实践上都是一个大难题。相信读者会有自己的思考和见解。

梁启超自谓其思想"破坏力确不小,而建设则未有闻"②。对于前半句,固可同意;对于后半句,恐怕要依"建设"一词之意义而定。笔者愿意指出:未必只有对问题给出一确凿之答案,或使众答案成一体系,方可言"建设"。究极而言,哲学的思考永远不会达到确凿的答案。梁启超在一生的思索中,敏锐地提出了种种问题,并且为解决问题作了种种探求,从而留给今人以重要的思想资料,有助于我们的继续前进。这应该算得上是一种建设吧。

附志:本文选所收诸篇,除《在中国公学演说》一文外,均选自中华书局1989年版《饮冰室合集》。《在中国公学演说》一文选自蔡尚思主编的《中国现代思想史资料简编》(浙江人民出版社版)。

1995年6月

---

① 见《饮冰室文集》第4卷,上海中华书局1936年版,第15页。
② 见《梁启超论清学史二种》,复旦大学出版社1985年版,第73页。

目录

001　新版序言
001　初版序言

少年中国

003　少年中国说

010　论中国国民之品格

016　服从释义

026　说希望

031　国家运命论

042　欧游心影录（节选）

070　在中国公学演说

074　辛亥革命之意义与十年双十节之乐观

087　科学精神与东西文化

096　东南大学课毕告别辞

105　治国学的两条大路

116　人生观与科学

道德大原

125　自由书（节选）

133 新民说(节选)

161 儒学统一时代(节选)

173 保教非所以尊孔论

184 中国道德之大原

193 莅佛教总会欢迎会演说辞

196 孔子教义实际裨益于今日国民者何在欲昌明之其道何由

205 复古思潮平议

214 国民浅训(节选)

228 中国历史研究法(节选)

271 研究文化史的几个重要问题

279 儒家哲学(节选)

少年中国

少年中国说

日本人之称我中国也，一则曰老大帝国，再则曰老大帝国。是语也，盖袭译欧西人之言也。呜呼！我中国其果老大矣乎？梁启超曰：恶，是何言！是何言！吾心目中有一少年中国在。

欲言国之老少，请先言人之老少：老年人常思既往，少年人常思将来。惟思既往也故生留恋心，惟思将来也故生希望心。惟留恋也故保守，惟希望也故进取。惟保守也故永旧，惟进取也故日新。惟思既往也，事事皆其所已经者，故惟知照例；惟思将来也，事事皆其所未经者，故常敢破格。老年人常多忧虑，少年人常好行乐。惟多忧也故灰心，惟行乐也故盛气。惟灰心也故怯懦，惟盛气也故豪壮。惟怯懦也故苟且，惟豪壮也故冒险。惟苟且也故能灭世界，惟冒险也故能造世界。老年人常厌事，少年人常喜事。惟厌事也，故常觉一切事无可为者；惟好事也，故常觉一切事无不可为者。老年人如夕照，少年人如朝阳；老年人如瘠牛，少年人如乳虎；老年人如僧，少年人如侠；老年人如字典，少年人如戏文；老年人如鸦片烟，少年人如泼兰地酒；老年人如别行星之陨石，少年人如大洋海之珊瑚岛；老年人如埃及沙漠之金字塔，少年人如西伯利亚之铁路；老年人如秋后之柳，少年人如春前之草；老年人如死海之潴为泽，少年人如长江之初发源。此老年与少年性格不同之大略也。梁启超曰：人固有之，国亦宜然。

梁启超曰：伤哉老大也！浔阳江头琵琶妇，当明月绕船，枫叶瑟瑟，衾寒于铁，似梦非梦之时，追想洛阳尘中春花秋月之佳趣；西宫南内，白发宫娥，一灯如穗，三五对坐，谈开元、天宝间遗事，谱霓裳羽衣曲；青门种瓜人，左对孺人，顾弄孺子，忆侯门似海珠履杂沓之盛事；拿破仑之流于厄蔑，阿刺飞之幽于锡兰，与三两监守吏或过访之好事者，道当年短刀匹马，驰骋中原，席卷欧洲，血战海楼，一声叱咤，万国震恐之丰功伟烈。初而拍案，继而抚髀，终而揽镜。呜呼！面皴齿尽，白发盈把，颓然老矣！若是者，舍幽郁之外无心事，舍悲惨之外无天地，舍颓唐之外无日月，舍叹息之外无音声，舍待死之外无事业。美人豪杰且然，而况于寻常碌碌者耶？生平亲友，皆在墟墓，起居饮食，待命于人，今日且过，遑知他日，今年且过，遑恤明年。普天下灰心短气之事，未有甚于老大者。于此人也，而欲望以拿云之手段，回天之事功，挟山超海之意气，能乎不能？

呜呼！我中国其果老大矣乎？立乎今日，以指畴昔，唐虞三代，若何之郅治；秦皇汉武，若何之雄杰；汉唐来之文学，若何之隆盛；康乾间之武功，若何之烜赫；历史家所铺叙，词章家所讴歌，何一非我国民少年时代良辰美景赏心乐事之陈迹哉？而今颓然老矣。昨日割五城，明日割十城，处处雀鼠尽，夜夜鸡犬惊，十八省之土地财产，已为人怀中之肉,四百兆之父兄子弟,已为人注籍之奴,岂所谓"老大嫁作商人妇"者耶?呜呼,凭君莫话当年事,憔悴韶光不忍看,楚囚相对,岌岌顾影,人命危浅,朝不虑夕。国为待死之国,一国之民为待死之民。万事付之奈何,一切凭人作弄,亦何足怪?

梁启超曰:我中国其果老大矣乎?是今日全地球之一大问题也。如其老大也,则是中国为过去之国,即地球上昔本有此国,而今渐渐灭,他日之命运殆将尽也;如其非老大也,则是中国为未来之国,即地球上昔未现此国,而今渐发达,他日之前程且方长也。欲断今日之中国为老大耶?为少年耶?则不可不先明国字之意。夫国也者何物也?有土地,有人民,以居于其土地之人民,而治其所居之土地之事,自制法律而自守之;有主权,有服从,人人皆主权者,人人皆服从者。夫如是斯谓之完全成立之国。地球上之有完全成立之国也,自百年以来也。完全成立者,壮年之事也;未能完全成立而渐进于完全成立者,少年之事也。故吾得一言以断之曰:欧洲列邦在今日为壮年国,而我中国在今日为少年国。

夫古昔之中国者,虽有国之名,而未成国之形也。或为家族之国,或为酋长之国,或为诸侯封建之国,或为一王专制之国,虽种类不一,要之其于国家之体质也,有其一部而缺其一部。正如婴儿自胚胎以迄成童,其身体之一二官支,先行长成,此外则全体虽粗具,然未能得其用也。故唐虞以前为胚胎时代,殷周之际为乳哺时代,由孔子而来至于今为童子时代,逐渐发达,而今乃始将入成童以上少年之界焉。其长成所以若是之迟者,则历代之民贼有窒其生机者也。譬犹童年多病,转类老态,或且疑其死期之将至焉,而不知皆由未完全未成立也,非过去之谓,而未来之谓也。

且我中国畴昔,岂尝有国家哉?不过有朝廷耳。我黄帝子孙,聚族而居,立于此地球之上者既数千年,而问其国之为何名,则无有也。夫所谓唐虞夏商周秦汉魏晋宋齐梁陈隋唐宋元明清者,则皆朝名耳。朝也者,一家之私产也;国也者,人民之公产也。朝有朝之老少,国有国之老少,朝与国既异物,则不能以朝之老少而指为国之老少明矣。文武成康,周朝之少年时代也;幽厉桓赧,则其老年时代也;高文景武,汉朝之少年时代也;元平桓灵,则其老年时代也。自余历朝,莫不有之。凡此者谓为一朝廷之老也则可,谓为一国之老也则不可。一朝廷之老且死,犹一人之老且死也,于吾所谓中国者何与焉?然则吾中国者,前此尚未出现于世界,而今乃始萌芽云尔。天地大矣,前途辽矣,美哉我少年中国乎!

玛志尼者,意大利三杰之魁也。以国事被罪,逃窜异邦,乃创立一会,名曰少年意大利。举国志士,云涌雾集以应之,卒乃光复旧物,使意大利为欧洲之一雄邦。夫意大利者,欧洲第一之老大国也,自罗马亡后,土地隶于教皇,政权归于奥国,殆所谓老而濒于死者矣,而得一玛志尼,且能举全国而少年之,况我中国之实为少年时代者耶?堂堂四百余州之国土,凛凛四百余兆之国民,岂遂无一玛志尼其人者?

龚自珍氏之集有诗一章,题曰《能令公少年行》。吾尝爱读之,而有味乎其用意之所存。我国民而自谓其国之老大也,斯果老大矣;我国民而自知其国之少年也,斯乃少年矣。西谚有之曰:"有三岁之翁,有百岁之童。"然则国之老少,又无定形,而实随国民之心力以为消长者也。吾见乎玛志尼之能令国少年也,吾又见乎我国之官吏士民能令国老大也,吾为此惧!夫以如此壮丽浓郁翙翙绝世之少年中国,而使欧西日本人谓我为老大者何也?则以握国权者皆老朽之人也。非哦几十年八股,非写几十年白折,非当几十年差,非捱几十年俸,非递几十年手本,非唱几十年诺,非磕几十年头,非请几十年安,则必不能得一官,进一职。其内任卿贰以上、外任监司以上者,百人之中,其五官不备者,殆九十六七人也。非眼盲,则耳聋;非手颤,则足跛,否则半身不遂也。彼其一身饮食步履视听言语,尚且不能自了,须三四人在左右扶之捉之,乃能度日。于此而乃欲责之以国事,是何异立无数木偶而使之治天下也!且彼辈者,自其少壮之时,既已不知亚细、欧罗为何处地方,汉祖、唐宗是那朝皇帝,犹嫌其顽钝腐败之未臻其极,又必搓磨之、陶冶之,待其脑髓已涸,血管已塞,气息奄奄与鬼为邻之时,然后将我二万里山河,四万万人命,一举而界于其手。呜呼!老大帝国,诚哉其老大也。而彼辈者,积其数十年之八股、白摺、当差、捱俸、手本、唱诺、磕头、请安,千辛万苦,千苦万辛,乃始得此红顶花翎之服色,中堂大人之名号,乃出其全副精神,竭其毕生力量,以保持之。如彼乞儿,拾金一锭,虽轰雷盘旋其顶上,而两手犹紧抱其荷包,他事非所顾也,非所知也,非所闻也。于此而告之以亡国也,瓜分也,彼乌从而听之?乌从而信之?即使果亡矣,果分矣,而吾今年既七十矣八十矣,但求其一两年内,洋人不来,强盗不起,我已快活过了一世矣。若不得已,则割三头两省之土地奉申贺敬,以换我几个衙门;卖三几百万之人民作仆为奴,以赎我一条老命,有何不可?有何难办?呜呼!今之所谓老后、老臣、老将、老吏者,其修身、齐家、治国、平天下之手段,皆具于是矣。"西风一夜催人老,凋尽朱颜白尽头。"使走无常当医生,携催命符以祝寿。嗟乎痛哉!以此为国,是安得不老且死,且吾恐其未及岁而殇也。

梁启超曰:造成今日之老大中国者,则中国老朽之冤业也;制出将来之少年中国者,则中国少年之责任也。彼老朽者何足道?彼与此世界作别之日不远矣,而我少年乃新来而与世界为缘。如僦屋者然,彼明日将迁居他方,而我今日始入此室处。将迁居者,不爱护其窗棂,不洁治其庭庑,俗人恒情,亦何足怪。若我少年者前程浩浩,后顾茫茫,中国而为牛、为马、为奴、为隶,则烹脔鞭箠之惨酷,惟我少年当之;中国如称霸宇内主盟地球,则指挥顾盼之尊荣,惟我少年享之,于彼气息奄奄与鬼为怜者何与焉?彼而漠然置之,犹可言也;我而漠然置之,不可言也。使举国之少年而果为少年也,则吾中国为未来之国,其进步未可量也;使举国之少年而亦为老大也,则吾中国为过去之国,其澌亡可翘足而待也。故今日之责任,不在他人,而全在我少年。少年智则国智,少年富则国富,少年强则国强,少年独立则国独立,少年自由则国自由,少年进步则国进步,少年胜于欧洲,则国胜于欧洲,少年雄于地球,则国雄于地球。红日初升,其道大光。河出伏流,一泻汪洋。潜龙腾渊,鳞爪飞扬。乳虎啸谷,百兽震惶。鹰隼试翼,风尘吸张。奇花初胎,矞矞皇皇。干将发硎,有作其芒。天戴其苍,地履其黄。纵有千古,横有八荒。前途似海,来日方长。美哉我少年中国,与天不老;壮哉我中国少年,与国无疆。

"三十功名尘与土,八千里路云和月,莫等闲,白了少年头,空悲切。"此岳武穆《满江红》词句也,作者自六岁时即口受记忆,至今喜诵之不衰。自今以往,弃哀时客之名,更自名曰少年中国之少年。　作者附识。

(1900年)

论中国国民之品格

　　品格者人之所以为人，藉以自立于一群之内者也。人必保持其高尚之品格，以受他人之尊敬，然后足以自存，否则人格不具，将为世所不齿。个人之人格然，国家之人格亦何莫不然？

　　国有三等：一曰受人尊敬之国，其教化政治卓然冠绝于环球，其声明文物，烂然震眩于耳目，一切举动，悉循公理，不必夸耀威力，而邻国莫不爱之重之；次曰受人畏慑之国，教化政治非必其卓绝也，声明文物非必其震眩也，然挟莫强之兵力，虽行以无道，犹足以鞭笞群雄，而横绝地球，若是者邻国虽疾视不平，亦且侧目重足，动色而群相震慑。至其下者，则苶然不足以自立，坐听他人之蹴踏操纵，有他动而无自动，其在世界，若存若亡矣。若是者曰受人轻侮之国。

　　第一种国，以文明表著，如美者也；第二种国，以武力雄视，如俄者也；第三种国，文明武力皆无足道，如埃及、印度、越南、朝鲜者也。国于天地者殆以百数，然第其国势，不出三者。我中国固国于大地之一国也，三者其何以自处？中国者，文明之鼻祖也，其开化远在希腊、罗马之先。二千年来,制度文物,灿然照耀于大地。微特东洋诸国之浴我文化而已,欧洲近世物质进化,所谓罗盘针、火药、印刷之三大发明,亦莫非传自支那,丐东来之余沥。中国文明之早,固世界所公认矣。至于武功之震铄,则随唐之征高丽,元之伐日本,明之讨越南,兵力皆远伸于国外。甚者二千年前,汉武帝凿通西域,略新疆、青海诸地,绝大漠,逾天山,越帕米尔高原,度小亚细亚,而威力直达于地中海之东岸。读支那人种之侵略史,东西人所不能不色然以惊者也。数百年来,文明日见退化,五口通商而后,武力且不足以攘外。老大帝国之丑声,嚣然不绝于吾耳。昔之浴我文化者,今乃诋为野蛮半化矣。昔之慑我强盛者,今乃诋为东方病夫矣。乃者蒡藩属,副要港,议瓜分,夺主权。囊之侮以空言者,今且侮以实事,肆意凌辱,咄咄逼人。彼白人之视我,曾埃及、印度诸国之不若。祖国昔日之名誉光荣一旦扫地以尽,遂自第一、第二之位置,颓然堕落于三等。谁实为之,而至于此?

且夫四百余州之地,未尝狭于曩时也。人口之蕃殖,其数几倍于百年以前。然东西诸国,乃以三等之国遇我者何也?曰:人之见礼于人也,不视其人之衣服文采,而视其人之品格。国之见重于人也,亦不视其国土之大小、人口之众寡,而视其国民之品格。我国民之品格,一埃及、印度人之品格也,其缺点多矣,不敢枚举,举其大者。

一爱国心之薄弱。支那人无爱国心,此东西人诋我之恒言也。吾闻而愤之耻之,然反观自省,诚不能不谓然也。我国国民,习为奴隶于专制政体之下,视国家为帝王之私产,非吾侪所与有,故于国家之盛衰兴败,如秦人视越人之肥瘠,漠然不少动于心,无智愚贤不肖,皆皇然为一家一身之计。吾非敢谓身家之不当爱也,然国者身家之托属,苟非得国家之藩楯,以为之防其害患,谋其治安,则徒挈此无所托属之身家,累累若丧家之狗,皮之不存,毛将焉附?势必如犹太人之流离琐尾,不能一日立于天壤之间。然非先牺牲其身家之私计,竭力以张其国势,则必不能为身家之藩楯,为我防害患而谋治安。故夫爱国云者,质言之直自爱而已。人而不知自爱,固禽兽之不若矣,人而禽兽不若,尚何品格之足言耶?尚何品格之足言耶?

一独立性之柔脆。独立有二义:一曰有自力而不倚赖他力,一曰有主权而不服从他权。然倚赖为因,服从为果。孩稚仰保姆之哺抱,故受其指挥;奴隶待主人之豢养,故服其命令。孩稚奴隶,二者皆未具人格者也。若夫完具人格之人,则不倚赖他人而可以自立,自不肯服从他人而可以自由。苟或侵夺其主权,则必奋起抗争,虽至麋首粉身,必不肯损辱丝毫之权利,以屈服于他人主权之下。此人道之所以尊贵,而国权之所由张盛也。荷兰蕞尔之国耳,见围于路易十四,窘蹙无以自存,其国民强立不挠,乃尽撤堤防,决北海之洪流以灌没其国,宁举全国之土地、财产、家室、坟墓,尽掷之巨浸之中,宁漂流无归,保独立于舰队之上,必不肯屈志辱身,隶人藩属,受他族之辖治,以污玷人民之名誉,损辱国家之主权。呜呼,读荷法之战史,其国民雄伟之品格,犹令人肃然起敬,悚然动容。我国民不自树立,柔媚无骨,惟奉一庇人宇下之主义。暴君污吏之压制也服从之,他族异种之羁轭也亦服从之。但得一人之母我,则不惜为之子;但得一人之主我,则不惮为之奴。昨日抗为仇敌,而今日君父矣;今日鄙为夷狄,而明月神圣矣。读二十四朝易姓之史,睹庚子以来京津之事,不自知其赧愧汗下也,品格之污下贱辱,至此极矣!

一公共心之缺乏。人者,动物之能群者也。置身物竞之场,独力必不足以自立,则必互相提携,互相防卫,互相救恤,互相联合,分劳协力,联为团体以保治安。然团体之公益,与个人之私利,时相枘凿而不可得兼也,则不可不牺牲个人之私利,以保持团体之公益。然无法律以制裁之,无刑罚以驱迫之,惟恃此公德之心以维此群治,故公德盛者其群必盛,公德衰者其群必衰。公德者诚人类生存之基本哉。我国人同此人类,非能逃于群外也,然素缺于公德之教育,风俗日习于浇漓,故上者守一自了主义,断断然束身寡过,任众事之废堕芜秽,群治之驰纵败坏,惟是塞耳瞑目,不与闻公事以为高。下者则标为我为宗旨,先私利而后公益,嗜利无耻,乘便营私。又其甚者,妨公益以牟私利,倾轧同类,独谋垄断,乃至假外人之威力以朘剥同胞,为他族之伥鬼以搏噬同种,谋丝毫之小利,图一日之功名,不惜歼其群以为之殉。呜呼!道德之颓荡至此,是亦不仁之甚,可谓为人道之蟊贼者矣。

一自治力之欠阙。英人恒自夸于世,曰:五洲之内,无论何地,苟有一二英人之足迹,则其地即形成第二之英国。斯固非夸诞之大言也。盎格鲁-撒逊人种,最富于自治之力,故其移殖他地,即布其自治之制度,而规律井然,虽寥落数人,其势已隐若敌国。是以英国殖民之地,遍于日所出入之区。中国人之出洋者亦众矣,然毫无自治之能力,漫然绝无纪律,故虽有数百万人,但供他人之牛马,备他人之奴隶,甚者以赌博械斗、吸食鸦片、污秽不洁为他人所唾骂不齿,藉口而肆言驱逐。且非独在外而已,在内亦莫不然。故中国者一凌乱无法之国也，中人者一放荡无纪之国民也。夫合人人以成群，即有以善此群者之团治，以一群之人，分治此一群之事，而复有法律以划其度量分界，故事易举而人不相侵。中国人缺于自治之力，事事待治于人。治之者而善也，则大纲粗举，终不能百废具兴也。治之者而不善，则任其弛堕毁败，束手而无可如何。然中国治人者能力之程度，去待治者不能以寸也，故一群之内，错乱而绝无规则。凡桥梁、河道、墟市道路，以至一切群内之事，皆极其纷杂芜乱，如散沙，如乱丝，如失律败军，如泥中斗兽，从无一人奋起而整理之。一府如是，一县如是，一乡一族亦罔不如是。至于私人一身，则最近而至易为力者矣，然纷杂芜乱亦复如是。其器物不置定位，其作事不勒定课，其约束不循定期，其起居饮食不立定时，故其精神则桎梏束缚，曾无活泼之生气，独其行为举动，则荡然一任自由。呜呼！文明野蛮之程度，视其有法律无法律以为差耳。不能自事其事，而徒纵其无法律之自由，彼其去生番野蛮也曾几何矣！

此数者，皆人道必不可缺之德，国家之元气，而国民品格之所以成具者也。四者不备，时曰非人；国而无人，时曰非国。非人非国，外人之轻侮又乌足怪也？然我中国人种，固世界最膨胀有力之人种也。英法诸人，非惊为不能压抑之民族，即诧为驰突世界之人种，甚者且谓他日东力西渐，侵略欧洲，俄不能拒，法不能守，惟联合盎格鲁-撒孙同盟庶可抵其雄力。迩来黄祸之声，不绝于白人之口。故使我为红番黑人，斯亦已耳，我而为膨胀人种，不蓄扩其势力，发挥其精神，养成一伟大国民，出与列强相角逐，顾乃萎靡腐败，自污自点，以受他人之辱侮宰割，无亦我国民之不知自重也。伽特曰：人各立于己所欲立之地。孔子曰:我欲仁斯仁至。吾人其有伟大国民之欲望乎?则亦培养公德,磨砺政才,剪劣下之根性,涵远大之思想,自克自修,以蕲合于人格。国民者个人之集合体也,人人有高尚之德操,合之即国民完粹之品格。有四万万之伟大民族,又乌见今日之轻侮我者,不反而尊敬我畏慑我耶?西哲有言,外侮之时,最易陶成健强之品格。我国民倘亦利用此外侮,以不负其玉成耶。不然,读罗马末路之史,念其衰亡之原因,不能不为我国民栗然惧也。

(1903年)

服从释义

　　服从者天下最恶之名词，而为国民必不可有之性质者也。服从者亦天下最美之名词，而为国民必不可缺之性质者也。

　　西儒之言曰："能得良法者上也。苟无良法，则恶法犹愈于无法。"罗兰夫人之言曰："呜呼自由，天下几多之罪恶，假汝之名而行！"呜呼！何其言之危苦也？彼欧人者日用饮食于自由之中，以自由为第二性命。自由之所在，虽破坏和平以购之，捐糜顶踵以赴之，毅然曾不少悔，宁不深痛恶法之缚束驰骤，而犹必眷眷有所顾惜哉？彼深知人与人相处，必有法焉检束而整齐之，以维持其秩序，然后其群乃能成立。否则人纵其私，荡然无纪，自由将为天下毒，而群且立涣而见隶于他群。与其荡焉以涣其群，无宁缚焉犹有所维系，以徐谋他日之改良。盖彼非爱恶法而恶自由，恶夫假自由以济其私者，其弊更甚于恶法。恣睢暴乱，毒自由以毒天下，其败坏将不可收拾也。

　　故夫真爱自由者，未有不真能服从者也。人者固非可孤立生存于世界也，必有群然后人格始能立，亦必有法然后群治能完。而法者非得群内人人之服从，则其法终虚悬而无实效。惟必人人尊奉其法，人人尊重其群，各割其私人一部分之自由，贡献于团体之中，以为全体自由之保障，然后团体之自由始张，然后个人之自由始固。然则服从者实自由之母，真爱自由者，固未有不真能服从者也。

然我中国民族固非以服从闻于世界者耶？上之君主所奖厉，下之圣哲所教育，内之父师所谓勉，外之群俗所摩荡，无不以服从为唯一主义。积二千余年之摧荡刉劅，举国皆习而化之，咸以服从为人生之天职。但有挟威权而临于其上，则虽向之诋为叛逆，恶为盗贼，敌为仇雠，鄙为夷狄者，亦罔不戢戢于其指挥之下，戴为父母，崇为神圣，栗栗焉惟命是从。虽极凶虐无理之举动，蹴踏而鞭笞之，他人所不能一息忍受者，彼乃怡色顺受而无忤容，俯首瞑目而无抗阻，举国而甘为奴隶，于是外人遂麇至猬集而争为其主人，而我国人行将移其事旧主者以从新君，无怍容亦无愤气，服从性质，至斯而极。呜呼！他人以服从而保自由者，我国乃以服从而得奴隶。然则服从者固毁腐我民族之毒药，而刈狝我国家之利刃也。

然而欧美自由之风潮，卷地滔天，绝太平洋而荡撼亚陆，忧时爱国之士，知此固医国之圣药，而防腐之神剂也。于是攘臂奋起，日揭橥独立自由之主义，奔走呼号于国中，务输入欧美立国之精神，以剪拔我国人奴隶之根性，于是二千年阴曀之长夜，始复有一线之光明。然而烈药之可以起死者，有时亦足以杀人，必调剂使适其宜，而后能全其药之用。故天下最良之主义，苟取其半而遗其半，则流弊必不可胜言。今日人士，其能自拔于腐败旧习之外者，固莫不竞倡独立自由矣。热诚君子，恫人心之萎靡，积懑激愤，既不免有矫枉过正之言。

数年以来,风潮簸荡,广袖高髻,变而加厉,人人有独立不羁之精神,人人有唯我独尊之气概。夫诚能独立自尊,岂不甚善?然徒摭前贤学说之一偏,渐至为虚骄恣睢者藏身之地,尽撤藩篱,甚嚣尘上。是以同任一事,则必求总揽大权,否则以为服从他人而为其奴隶也。同组一党,则必求自为党魁,否则以为服从他人而为其奴隶也。大权党魁止有此数,岂能人人各如所欲?我既不能从人,人亦岂能从我?于是始则竞争,中则冲突,终且倾轧,宁牺牲公共之利益,而必求伸张个人之权利乃至无三人以上之团体,无能支一年之党派。今日同志,明日仇敌。今日结会,明日解散。遂使反对者闻而快心,仇我者藉为口实,而旁观之人,亦且引为前车之鉴,视此最良之主义,乃如蛇蝎疫疠,动色相戒而不敢复言。呜呼!个人者不能离群以独立者也。必自固其群,然后个人乃有所附丽。故己与群异其利害,则必当绌己以伸群,盖己固群中之一分子,伸群固所以自伸也。若必各竞私利而不相统一,各持私见而不相屈服,吾恐他群之眈视其旁者,且乘我之散涣而屈服我,统一我。夫至为他群所屈服统一,则岂独力所能支?吾恐以自由其群始者,行将以奴隶其群终也。

曰:服从者固奴隶矣,不服从者亦将奴隶,吾人其何择焉?曰服从者最劣之根性,国民必不可有者也,服从者亦最良之根性,国民必不可缺者也。今请略陈其义。

一曰:不可服从强权,而不可不服从公理。人群之进化也,始为酋长政治,继为专制政治,洎乎文化渐进,然后代议共和政体乃兴。大专制不可行于今日,而共和亦不能行于蛮世者何哉?盖野蛮之人,纷然淆乱,知有私而不知有公,知有欲而不知有理,人人对抗,不相统属,人人孤立,不相结合,争夺相杀,无有已时,惟有雄武强有力者起,挟莫大之权力以鞭挞之,然后屏息敛手,栗栗受命于其指挥之下,而其群始渐能团合。若夫文明之世,则人人皆有制裁,人人皆能自治,不待他人之强制,莫不绌私见而从公义,以维持一群之秩序,故其时尽人可为治者,亦尽人可为被治者。今吾国之改革者,莫不曰代议共和矣。然吾闻共和政体,以道德为元气者也。苟脱威力之制裁,而别无道德之制裁以统一之,则人各立于平等之地,人各滥用其无限之权,挟怀私见,相持不下,脱轴之机轮,不羁之野马,势必横决纷乱,其群不能一日安。乱亦乌可久也,则必有雄武强力者,乘其弊而羁缚之,遂如法国之革命,经恐怖之惨剧,而卒以武人政治终,除专制而复得一专制,则亦何取而多此一扰乱,多此一破坏也?西人之诋我中人谓为服从强者之人种,是诚吾国民之耻辱,而我历史之污点矣。今日人士,奋起而求雪斯耻,强立不挠,意气岂不甚盛?然以此之故,至以服从为一大戒,于是以意气而梗败其团体,而曰我能不服从;以子弟而不逊悌于父兄,而亦曰我能不服从。呜呼,服从云者,宁必卑屈奴隶乎哉?既有人际之交涉,自不能无公义之制裁,而此制裁者固非压以势力,胁以威权,但出于人人良心所同然,为人道所必不能外。若必并此制裁而抉去之,然后能满其自由独立之量,则是率其群而退为孤立狂荡之野蛮,吾恐其历千劫而永无独立自由之一日也。故曰:不可服从强权,而不可不服从公理。

一曰:不可服从私人之命令,而不可不服从公定之法律。欲维持国家之秩序,必以服从法律为第一义。欲保护个人之自由,亦必以服从法律为第一义。盖法律者所以画自由之界限。裁抑强者之专横,即伸张弱者之权利,务使人人皆立于平等,不令一人屈服于他人者也。然法律者纸上之空文,必得众人之服从,然后始生效力。文明之人,知我有服从法律之义务也,则莫不强自制裁,置其身于规律之内,乃至一举一动,一言一事,皆若有监督而命令之者,懔懔然不敢少越其范围。自其表面观之,则其尺步绳趋,以视野蛮人之汗漫恣睢,岂不反增束缚哉?然而文明之人,终不以彼易此者,盖深知法律者人群之保障,故宁绌其一部之自由,以护其全体之权利也。是故人群愈进于文明,则其法律愈以繁密,其人民之遵守法律愈以谨严,而其自由亦愈以张盛。征之世界之民族,服从性质,以盎格鲁-撒逊人为最富,而自由幸福,亦以盎格鲁-撒逊人为最优。是固其明效大验矣。然而法律有二:成于大众之同意者曰公,出于一人之独断者曰私。夫以私人之意见,强大众以服从,以喜怒为从违,以爱憎为赏罚,举公众天赋之人权,听其操纵而任其蹂躏,是固钳束而奴隶我矣。我而不甘为奴隶,要其更定可也,起而抵抗可也,乃至大躁大搏,摧陷而廓清之,涤其旧法而代以新法,无不可也。若夫公定之法律,则固自制而自守之,非一人专断以羁轭我也。人人欲保其秩序,知法律为群治所必需,乃制是以树公众同守之防闲,以谋公众莫大之幸福。故无论其为国家,其为团体,苟有公定之法,则必神圣而拥护之,尊敬而遵守之,然后国家乃兴,团体乃固。若犹必厌其限制,苦其束缚,不肯俯首听命,而必轶荡其范围,则是我固未有自治之力,尚无以异于野蛮之汗漫恣睢也。夫我之大躁大搏,必欲摧陷廓清此旧法者,宁非恶其法之恶而不良,不足以护此秩序自由哉?乃我方抗其恶法,而先自陷于无法律之域,相率而汗漫恣睢,是其群之秩序自由,缚于恶法而尚有生机者,荡于无法而反无萌蘖也。况夫一群之内,既无法以相团,人皆无所遵守,则各逞其私意,以为群内之竞争,一团散沙,内乱不暇,更安有大力以竞争于群外,抗此私人之命令而改革之耶？力既不足以建设,乃并破坏而亦有所不能,则虽意气激昂,仍不能不蜷伏于私人命令之下。是则谁之咎也？故曰:不可服从私人之命令,而不可不服从公定之法律。

一曰:不可服从少数之专制,而不可不服从多数之议决。一团体之成立也,必有所以抟合而统一之者,然后内之可以整理内治,外之可以抗御他群。故贵族专制之国,统一于少数之人；立宪民主之国,则统一于多数之人。其统一之者虽不同,然散涣纷乱之不足为治,则固事理所必然者也。夫以少数之人,盘踞团体之上,一人发令,万众受命,挈其群而左右之,生杀赏罚,惟余马首是瞻,甚者威劫势赫,使多数者莫之敢抗,俯首以就其范围,伸一人而诎万夫,理势均有所不顺。识者愤懑不平,务欲抗而屈之,均而齐之,固其所矣。然欲抗屈此专制者,固恶其统一之非其道,非谓团体当分携角立,人人各行其志,各逞其欲,不必复相统一也。吾观文明诸国之为群也,上自一国之国会,下至一事之法团,乃至一政党之组织,一地方之议会,莫不采用少数服从多数之制。立一法,议一事,必合大众以讨论之,人人各抒其意见。意见固不能尽同矣,则必取决于多数。既以多数议决,则虽反对之党,有力之人,亦皆屈己以从众,遵行其议而莫之违。彼盖知群之不能无所统一,故不惜绌小己以申大群也。夫语人类全体之幸福,则以多数而制少数,与以少数而制多数,要不过彼善于此,未足以云大同。且或以多数之愚者,制少数之智者,则多数议决固非必无弊。然大同之义既不能实行于今日，弊取其轻，则多数议决之制，固亦可谓治之最善，法之最公者矣。今日吾国之为群者，固非不谓结合团体，易吾国散漫之弊风也。然独立自尊之癖见，久已横梗于胸中，故立一法也，议一事也，人人各挟一主义，人人各怀一意见。吾且勿问其主义意见之为公为私也，一人一义，十人十义，各非其非而是其是，必不肯舍己以从人，甚或不问事理，但逞意气以加人，不察情势，务标高论以求胜，百议沸腾，相持不下，卒至以一二人而梗挠公议，以一二人而武断群事。虽以寥寥百十之人，已水火冰炭而不能相合，以此谋国，更安能戮力同心，合大众以成大业哉？方将牺牲身命以贡献于其群，顾先不能牺牲此区区之意见。其有规以大义者，彼且谓吾固不能为奴隶。呜呼，服从多数而亦曰奴隶，是文明诸国之国会政党，固皆奴隶之制而亦不足法也，则无亦陈义之太高邪？故曰：可不服从于少数之专制，而不可不服从于多数之议决。

由是观之，服从者固非必奴隶。服从强者之恶性必不可有，而服从良心之美性必不可无也。故欲合大群，不可不养其服从之美性，欲养服从之美性，则宜培其美性之根原。美性之根原何也？

一曰公益心。人能自拔于腐败风气之外，毅然思所以易之，则其人必杰出于常人者也。其人既杰出于常人，则必有驰骤纵横不可羁勒之雄心，必有天上地下惟我独尊之盛气，必不肯依傍门户、拘守规律、屈己见而就人范围。然所贵乎豪杰者，非谓其有桀骜骁鸷之才，足以推倒他人，岿然独雄于群上也，固谓其能谋团体之幸福，以一群之公益为目的也。夫诚以公益为目的，则必合力以御群外之公敌，而不肯妄生意见，别增群内之私敌，一志以扩一群之公利，而不肯骋其野心，别谋一身之私利，兢兢然谨守其群之法律，以维持其群之秩序，务团结以厚其内力，以求胜于群外之竞争。虽有不可羁勒之雄心，唯我独尊之盛气，然一制以公益之主义，自能屈服其不驯之性，不能下人之气，联锁众杰而使之同出一途。盖彼深知我固团体中之一分子，我既以公益为目的，则不能不减其一部分之独立，以保其团体之独立，割其一部分之自由，以增其团体之自由也。夫航舟于惊涛骇浪之中，则虽妄人暴夫，不敢不听船长之指挥，盖非是则全舟沉没矣。血战于深陷重围之际，则虽骄将悍卒，不能不受军律之节制，盖非是则全军覆败矣。若宁没其全舟，而必不可听指挥，宁覆其全军，而必不可受节制，则其人必不谙时势、不服公理，徒藉独立自由以肆其恣睢，而未尝有拯溺御敌之公心者也。彼富于共同之观念者，必不忍为对内之竞争也。

一曰裁制力。一国民权之盛衰，自由之完缺，宪法之固否，恒视其民族裁制力之大小以为比例差。英人之建设立宪也，数百年而无所变动，循用至今，而日以巩固。美人之建立共和政体也，措置一定，遂立不拔之基。法人自大革命以来，变置国体者三，更易宪法者十二，君政民政，置如弈棋，王党民党，屡起屡仆，而今日之共和政体，识者犹虑其不能持久，而民权之偏缺不完，更远不逮于英美。盖拉丁民族裁制力之薄弱，远非条顿民族之比也。今夫喜自由而恶检束，人之天性然矣，然自由者固自有其量而不能逾溢者也。夫人情既乐于恣睢，而嗜欲之驱役，外物之诱引，血气之激荡，又常能涨其恣睢之热度，使之奋踊而不自持。苟顺是而不受之以节，则横决暴溢，必将为过度之自由。两过度之自由相遇，则必利害冲突，将抵触龃龉而无以为安。彼野蛮未开之族,与夫年未及岁之人之不能享有自由者,固谓其裁制力薄,动相抵触龃龉,不能不加以强制,而使之受治于他人,盖不能服从良心,则必至服从外力,此固事理所必然者也。是故真能自由者,必先严于自治,务节其恣睢之性,置其身于规律之中,一举一动,一话一言,无不若有金科玉律之范于其前,循循然罔敢逾越,彼岂好为自苦哉?彼盖知服从者人道所不能免,我不以道德法律自制裁,人将以权力命令制裁我,与其服从于他人之权力命令,无宁服从于吾心道德法律之制裁。故自由愈盛之国,则其人制裁之力愈厚,而其服从之性亦愈丰。若荡荡然纵其野蛮之自由,不能自节其情欲,则是制裁之力,未能愈于蛮人童子,曷怪其蹙然苦于缚束,自决溢于道德法律之范围也?

弥尔之言曰:"惟有制裁规则者,然后可言自由。无制裁规则而言自由者,非爱自由也,爱恣睢耳。"今之言自由者,吾宁敢谓其尽爱恣睢。然公益心之缺乏,制裁力之薄弱,但嚣然纵其意气以自快,则吾不知其去恣睢者复几何矣。且世之倡立宪,倡共和,倡革命者,其宗旨所在,顾非欲出其群于奴隶而自由之哉?然吾闻欲进众人于自由者,则其人必不得享众人之自由,欲脱众人于奴隶者,则其人必先为众人之奴隶。彼美国大统领之下教令于国中,及致书牍于国人,其署名也,必自称为沙芬(servant)。沙芬译言仆夫也。夫既自任为公仆矣,则公众所命令,舆论所监督,宪法所缚束,其服从之态,岂有异于私人之奴隶?且以一人而服众人之劳役,以一人而受众人之指挥,且举国人奴隶之劳辱困苦,而以一身代任之,代尝之,则服从之况味,不自由之痛苦,当更千百于私人之奴隶。而其人必不以为难堪、以为耻辱者,则固以吾欲脱其群于奴隶,而许身以为其公奴隶,则服从公律,服从公议,是固义务所当然,我不入地狱谁入地狱者,故不惜委一身为奴隶,以冀代众人之奴隶。盖真爱自由者,以一群一国之自由为目的,而不以一身一事之自由为目的也。若惩为私人之奴隶,遂并耻为公众之奴隶,将谋一群之自由,乃先争一己之自由,殉私忘公,血气用事,乃至抵触以破坏公团,放荡以蹂躏群纪,是无论其宪法民政之不能成立,即与以宪法而吾恐其不能一日安,授以民政而吾恐其不能期月守也。呜呼,是则诚宜为弥尔所诃矣。

(1903 年)

说希望

机埃的之言曰:"希望者,失意人之第二灵魂也。"岂惟失意人而已,凡中外古今之圣贤豪杰,忠臣烈士,与夫宗教家、政治家、发明家、冒险家之所以震撼宇宙,创造世界、建不朽之伟业以辉耀历史者,殆莫不藉此第二灵魂之希望,驱之使上于进取之途。故希望者,制造英雄之原料,而世界进化之导师也。

人类者,生而有欲者也。原人之朔,榛狉无知,饥则食焉,疲则息焉,饮食男女之外,无他思想。而其所谓饮食男女者,亦止求一时之饱暖嬉乐,而不复知有明日。无所谓蓄积,无所谓预备,止有肉欲而绝无欲望,蠕蠕然无以异于动物也。及其渐进渐有思想,而将来之观念始萌,于是知为其饮食男女之肉欲,谋前进久长之计。斯时也,则有所谓生全之希望。思想日益发达,希望日益繁多,于其肉欲之外,知有所谓权力者,知有所谓名誉者,知有所谓宗教道德者,知有所谓政治法律者,由生存之希望,进而为文化之希望,其希望愈大,而其群治之进化亦愈彬彬矣。

故夫希望者,人类之所以异于禽兽,文明之所以异于野蛮,而亦豪杰之所以异于凡民者也。亚历山大之远征波斯也,尽斥其所有之珍宝以遍赐群臣。群臣曰:然则王更何有乎?亚历山大曰:吾有一焉,曰"希望"。夫亚历山大之丰功盛烈,赫然照烁于今古,然其功烈之成立,实希望为之涌泉,宁独亚历山大而已。摩西之出埃及也,数十年徘徊于沙漠之中,然卒能脱犹太人之羁轭,导之于葡萄繁熟、蜜乳馥郁之境,摩西之能有成功,迦南乐土之希望为之也。哥伦布之航海也,谋之贵族而贵族哗之,谋之葡国政府而政府拒之,乃至同行之人,困沮悔恨而思杀之,然卒能发见美洲,为欧人辟一新世界。哥伦布之能有成功,发见新地之希望为之也。玛志尼诸人之建国也,突起于帝政、教政压抑之下,张空拳以求独立,然卒能脱奥人之压制,建新罗马之名邦。玛志尼诸人之能有成功,意大利统一之希望为之也。华盛顿之奋起也,抗英血战者八年,联合诸州者十载,然卒能脱离母国,建一完备之共和新国以为天下倡。华盛顿之能有成功,美国独立之希望为之也。宁独西国前哲而已,勾践一降王耳,然能以五千之甲士,困夫差于甬东也,则以有报吴之希望故。申包胥一逋臣耳,然能却败吴寇,复已熠之郢都也,则以有存楚之希望故。班超一书生耳,然能开通西域,断匈奴之右臂也,则以有立功绝域之希望故。范孟博登车揽辔,有澄清天下之大志。范文正方为秀才,有天下己任之雄心。自古之伟人杰士,类皆不肯苟安于现在之地位,其心中目中,别有第二之世界,足以餍人类向上求进之心。既悬此第二之世界以为程,则萃精神以谋之,竭全力以赴之,日夜奔赴于莽莽无极之前途,务达其鹄以为归宿。而功业成就之多寡,群治进化之深浅,悉视其希望之大小以为比列差。盖希望之力,其影响于世间者,固若是其伟且大也。

天下最惨最痛之境,未有甚于"绝望"者也。信陵之退隐封邑,项羽之悲歌垓下,亚剌飞之窜身锡兰,拿破仑之见幽厄蒇,莫不抚髀悲悒,神气颓唐。一若天地虽大,蹙蹙无托身之所;日月虽长,奄奄皆待尽之年。醇酒妇人而外无事业,束手待死以外无志愿。我躬不阅,遑恤我后?朝不谋夕,谁能虑远?彼数子者,岂非喑呜叱咤横绝一世之英雄哉?方其希望远大之时,虽盖世功名,曾不足以当其一盼,虽统一寰区,曾不足以满其志愿。及其希望既绝,则心死志馁,气索才尽,颓然沮丧,前后迥若两人。然后知英雄之所以为英雄者,固恃希望为之先导,而智虑才略皆随希望以为消长者也。有希望则常人可以为英雄,无希望则英雄无以异于常人。盖希望之力,其影响于人者,固若是其伟且大也。

天下之境有二:一曰现在,一曰未来。现在之境狭而有限,而未来之境广而无穷。英儒颉德之言曰:"进化之义,专在造出未来。其过去及现在,不过一过渡之方便法门耳。故现在者,非为现在而存,实为未来而存。是以高等生物皆能为未来而多所贡献,代未来而多负责任。其勤劳于为未来者,优胜者也,怠逸于为未来者,劣败者也。"希望者,固以未来的目的,而尽勤劳以谋其利益者也。然未来之利益,往往与现在之利益,枘凿而不能相容,二者不可得兼,有所取必有所弃。彼既有所希望矣,则心中目中,必有荼锦烂漫之生涯,宇宙昭苏之事业,亘其前途,其利益百什倍于现在,遂不惜取其现在者而牺牲之,以为未来之媒介。故释迦弃净饭太子之贵,而苦行穷山;路得辞教皇不赀之赏,而甘受廷讯;加富尔舍贵族富豪之安,而隐耕黎里;哥伦布掷乡里优游之乐,而奋身远航。以常人之眼观之,则彼好为自苦,非人情所能堪,岂不嗤为大愚,百思而不得其解哉?然苦乐本无定位,彼未来之所得,固足偿现在之失而有余,则常人所见为失而苦之者,彼固见为得而有以自乐。且攫金于市者,止见有金不见有人。彼日有无穷之愿欲悬于其前,则其视线心光,咸萃集于其希望之前途,而目前之所谓利益者,直如蚊虻之过耳,曾不足以芥蒂于其胸。贪夫殉财,烈士殉名,夸者殉权,哲人殉道。其所殉之物虽不同,而其所以为殉者,皆捐弃万事,以专注其希望之大欲而已。

且非独个人之希望为然也,国民之希望亦靡不然。英人固不喜急激之民族也,然一为大宪章之抗争,再为长期国会之更革,累数世之纷扰,则曰希望自由之故。法人三次革命,屡仆屡起,演大恐怖之惨剧,扰乱亘数十年,则曰希望民政之故。美人崛起抗英,糜烂其民于硝烟弹雨之中,苦战八年,伏尸百万,则曰希望独立之故。彼所牺牲之利益,固视个人为尤惨酷矣。然彼既有自由民政独立之伟大目的在于未来,而为国民共同之希望。凡物必有代价,则其所牺牲者,固亦以现在为代价,而购此未来而已。

然而希望者,常有失望以与之为缘者也。其希望愈大者,则其成就也愈难,而其失望也亦愈众。譬之操舟泛港汊者,微波漾荡,可以扬帆径渡也。及泛江河,则风浪之恶,将十倍蓰于港汊矣。及航溟渤,则风浪之恶,又倍蓰于江河矣。失望与希望之相为比例,殆犹是也。惟豪杰之徒,为能保其希望而使之勿失。彼盖知远大之希望,固在数十百年之后,而非可取偿于旦夕之间。既非旦夕所能取偿,则所谓拂戾失意之境遇,要不过现在与未来利益之冲突,实为事势所必然。吾心中自有所谓第二世界者存,必不以目前之区区,沮吾心而馁吾志。英雄之希望如是,伟大国民之希望亦复如是。

老子曰:"知足不辱,知止不殆。"此毁灭世界之毒药,萎杀思想之谬言也。我中人日奉一足止以为主义,恋恋于过去,而绝无未来之观念,眷眷于保守,而绝无进取之雄心。其下者日营利禄,日骛衣食,萃全神于肉欲,蜎蜎无异于原人。其上者亦惟灰心短气,太息于国事之不可为,志馁神沮,慨叹于前途之无可望,不为李后主之眼泪洗面,即为信陵君之醇酒妇人。人人皆为绝望之人,而国亦遂为绝望之国。呜呼!吾国其果绝望乎?则待死以外诚无他策。吾国其非绝望乎?则吾人之日月方长,吾人之心愿正大,旭日方东,曙光熊熊,吾其叱咤羲轮,放大光明以赫耀寰中乎!河出伏流,牵涛怒吼,吾其乘风扬帆,破万里浪以横绝五洲乎!穆王八骏,今方发轫,吾其扬鞭绝尘,骎骎与骅骝竞进乎!四百余州,河山重重,四亿万人,泱泱大风,任我飞跃,海阔天空,美哉前途,郁郁葱葱,谁为人豪?谁为国雄?我国民其有希望乎!其各立于所欲立之地,又安能郁郁以终也?

(1903 年)

国家运命论

《文选》有李萧远《运命论》，其大指以国家之治乱兴亡皆原于命，而人事无所用其力。虽其人与其文皆非甚有价值，然实可以代表我国数千年之理想也。吾以为国家积弱之大原，实此说有以中之，乃反其意以作是篇。

吾国先哲，以尊命为教，故曰，乐天知命；曰，居易以俟命；曰，不知命无以为君子也。既以此洗心自律，而复推以论世道之污隆，国运之兴替，故曰：道之将行也欤，命也；道之将废也欤，命也。又曰，行或使之，止或尼之，行止非人所为也，吾之不遇，天也。又曰，夫天未欲平治天下也。又曰，国之存亡天也。此义之深入人心者，二千余年于兹矣。夫士君子怀瑾握瑜以生浊世，所至辄见厄，挟持拨乱反正之道术，而坐睹国家之颠覆，生民之涂炭，曾不得一藉手以振救之，万不得已，而归之于天于命以自广，毋使幽忧狂易以戕其生。此诚达人素位而行之义，而亦吾生平所常拳拳服膺者也。虽然，以云真理，则当有辨。

夫所谓运命者，谓有一造化主立乎吾上以宰制之耶？将谓任自然之数莫之为而为莫之致而至耶？如谓有宰制者以立吾上，微论此为吾人言思拟议所不与及，其果有与否未易轻信也。藉曰有之，则此宰制者，必其遍万国而无私覆，亘百世而未尝改者也。则何为偏有所厚于英俄德法美日诸国，而有所薄于我国？何为偏有所爱于虞夏商周汉唐宋明之盛时，而有所憎于今时？此理之必不可通者也。夫以大公无我之造化主，而降福降殃，随地随时，种种差别，为事至不可晓。若必欲圆此说也，则惟当曰各随其人之所感召，而予以相当之报耳。夫既曰感召，则主之者仍人也，非天也。指感召为运命，则运命非一定者而无定者也。此如赏罚之权，虽操诸君上，而感召此赏罚者，仍由各人之所行，谓受赏受罚缘于运命焉，不得也。是故谓有造化主以宰制运命，无有是处。

如谓自然之数，莫之为而为莫之致而至也，则自然界之科学，近百年间，已发明无复余蕴。盖自至洪以迄至纤，无不为因果律所支配，既无无因之果，亦无无果之因，此理盖遍通于自然界一切现象，丝毫无所容其疑难者也。脱有见因不见果，见果不见因者，则或吾侪浅学而不及察耳，或粗心而熟视无睹耳，或合数异因而结一果，或一因而分结数异果，或因与因相消，等于无因，果与果相偿，等于无果。其本相虽至赜而不可乱，特吾侪迷于参伍错综之数，莫得其朕耳。或今日所现之果，出于过去积久之远因，为吾侪所已忘；或前此所造之因，其果当现于将来，为吾侪今日所未及见耳。故他国之所以荣，我国之所以悴；前代之所以治，今世之所以乱，其间必一一皆有因果之关系，而非出于偶然。盖自然界之法则，断无所谓莫之为而为莫之致而至者也。是故谓以无意识之自然演成运命，无有是处。

问者曰：如吾子言，则国家之盛衰存亡，非由运命，当纯然以人力能左右之矣，吾今将设数难以诘吾子。

第一难　中外古今诸国，往往有先识之士，熟睹其濒于危亡，亦尝奔走号呼以思救之，而效不睹，卒以仆灭，其故何由？

第二难　若曰其时奔走思救之者，其人非豪杰，不足以任此艰巨也，然豪杰曷为不以其时生于其国，则谁实使之？

第三难　况稽诸历史，国有豪杰而无补于亡者，不可胜数。至如孔孟之圣，见尼于公伯寮臧仓，而不得不援天命以自解。夫使力能造命，宜莫如孔孟，且无奈何，若曰此由不得位使然，而孔孟曷为而不得位？是终不可解也。

第四难　若曰当时之君主贵族，与孔孟之道不相容也，而孔孟曷为必生于微贱，而不生于君主贵族之家？且君主贵族中，曷为终无一豪杰与孔孟志同道合者？欲不归诸命，其焉可得？

第五难　且古今之亡国者，往往虽有贤君而不得行其志，或遭不虞之祸，而大业隳于半途。非天实不吊，抑又何说？

第六难　又况水旱疾疠，敌国外患，猝然而至，酿成祸乱，以迄于亡者，所在多有，谁为为之？

释之曰：今欲总答诸难，则不能不稍征引甚深微妙之义以为论据。盖自来言哲理者，以佛说为最圆满。我佛常言，宇宙一切现象，皆由业力相续而成。众生以法因缘故，常起造种种善恶诸业。所造之业，则为种子，依于法性，由种发芽，展转成果，谓之业报。报与业应，无少差忒，不能逃避。众生今日所受之苦乐，皆前此造业之报也。今日所造业，其报又受之于将来。但业亦有二种：一曰不共业，二曰共业。不共业者，个人所造之业，其种子还为个体所摄持者也，其将来所受之报，谓之正报。共业者，各人所造之业，其种子散布于社会者也，其将来所受之报，谓之依报。（依者，谓各人所依止之世界也，即指社会一切境界。）此其义虽极奥渺，非吾侪凡夫所能测知。虽然，运命之奥渺而难测知，则亦相等耳。凡治学问者而究极至于第一义，势必言语道断，非凭藉信仰之力，则无以为论据。而佛说则世界诸哲中之最可信仰者也，然又非徒盲信而已，盖自近世科学日昌，而在在皆足以证佛说之不诬。他勿具论，即如所述业种之义，自达尔文一派言生物进化，归本于细胞遗传之理，已与佛说之粗迹吻合。而物理学家所称物质不灭，尤足与斯义相发明。若夫共业依报之义，则吾侪苟能稍留心以观察社会现象，将随处可得其朕。盖吾侪自出胎托生于此社会，则无往而不受此社会之熏陶感化，束缚驰骤。近而家庭乡党，远而全国全世界，莫不与吾有关系，而吾生之苦乐荣悴，受其支配者不少。此即依报之义也。而吾一生数十年间，所言所行所发意，又无在不播为种子，还以熏习此社会。就其最切近者论之，但使其人有子女数人，则遵天演遗传之理法，其子女必禀受其种性之一部分。子复有孙，孙复有子，故其人虽死，而其种性固已蔓延矣。况乎犹不止此，虽以极㦬鄙之夫，要必有其家族与夫常所交往者若干人，则其人之嗜好性质，必有几分为此若干人所感而化之者，而此若干人复以其所感者还感他人，即此展转相引，而熏习力所及，已非巧历能算。

若其人能力愈大,活动之范围愈广者,则受其感化之人愈众,乃至一乡化之,一州郡化之,一国化之。其力尤伟者,则数百年数千年,犹且继续化之。所谓尧舜兴则民好善,桀纣兴则民好暴。至如东汉以光武明章及区区数儒生之感化,能成独行名节之风;魏晋间以何晏邓颺王衍王戎辈数轻薄少年之感化,能率天下以为禽兽。历史上之陈迹,罔不类是。其效力最久远者,尤莫如将一己之思想,腾诸口说,发为文章以传于后,有若孔墨孟荀老庄申韩屈宋贾董马班郑王李杜韩欧周程朱张诸人,虽在百世之下,读其书则精神为其所摄而与之俱。又凡历代之当国执政者,其人虽死,而其事业之一部分,恒缘附于其所创因之制度以传于后,而足以范围后世之人。凡此皆佛说所谓共业也,皆一人造业,而种子播于社会,举社会之人同食其报者也。吾之絮絮论此,非佗谈玄远之学理,凡以证明佛说之极可信,而吾将据之以解决国家运命之一问题云尔。

由此言之,则国家之盛衰存亡,非运命使然,实乃由全国人过去之共同业力所造成,而至今乃食其依报者也。其或有坐睹危亡竟莫振救者,非运命限之使其无可救也,其国人为罪业所蔽,漠视公众之利害,莫思救之,或救之而不力也。又或以业重故,智识蒙昧,思虑短浅,虽欲救而不识所以救之之途也。豪杰之不以其时生于其国者,非天之降才有所恡也,以业力故,其国所传来现行之制度风俗学说,乃至社会上种种事实,皆限制豪杰使不得发生也。或虽有一二豪杰卒无救于亡,而其自身且摧折抑郁以死者,非果豪杰之不能与运命抗也,以全国人为罪业所蔽故,不肯与豪杰共同活动,或反嫉豪杰如仇雠,故豪杰虽力竭声嘶,而所补仅乃万一也。夫现在全国人所受之依报,实由过去全国人共同恶业之所造成。今欲易之,则惟有全国人共同造善业;即不尔者,亦当多数人造之,以期善业之逐渐普遍,然后乃有济也。今虽以一二豪杰造善业,而举国人方日日增造恶业以与之相消,则豪杰纵有大力,其与几何?夫豪杰终非能以一手一足之力援天下溺也明矣。而豪杰之所以为豪杰,则以其能以善业为天下倡而已。倡而莫之应,则非运命之厄豪杰,而众人之厄豪杰也;非豪杰无益于人国,而罪业深重之国民,不许豪杰以自效也。若夫豪杰之往往生于微贱之家,而继体帝王及名门右族绝少概见者,又非天之生才有所择也。深宫之中,阀阅之冑,久已习于骄奢淫佚,柔脆蒙昧,其遗传性及其周围之感化力,皆不适于为豪杰长养之地,亦业力使然也。脱忽有一二拔乎其萃者,则其与彼社会之枘凿愈甚,律以适者生存之理,固宜被淘汰,又其特别业力使然也。夫历观古今中外各国之所以兴,岂闻有专恃一君主或少数贵族之力者?而国民乃或以失望于君主贵族之故,遂谓国事无可为,而坐以待其亡。此正乃为极深之罪业所蔽,养成自暴自弃之劣根性,其受亡国之惨报,固其所耳。此外如水旱疾疠诸灾变,前此以为天实为之者,今稍有识者,莫不知其皆有所自来,而人力举可以消弭之,徒以政事不修,故生此变。而政事不修之故,则由自暴自弃之人民自取之,无一非业力使然也。准此以谈,则吾排运命而尊业报之说,果无以为难矣。质而言之,则国家之所以盛衰兴亡,由人事也,非由天命也。

然则吾先圣昔贤之指此为运命者何也?曰:凡造业者既必受报,无所逃避,无所差忒。自其因果相续之际言之,确有自然必至之符,无以名之,强名曰命。其以不共业而得正报者,则谓之为个人之运命；其以共业而得依报者，则谓之为国家之运命。此运命之说所由来也。虽然，运命云者，由他力所赋以与我，既已赋与，则一成而不可变者也。业报云者，则以自力自造之而自得之，而改造之权常在我者也。如曰万事惟运命而已，则吾侪之自为私人计者，诚可以终岁偃卧不复事事，以俟泰运之来，自有彼苍为我雨金雨粟。而倘遇否运，则亦惟听其蹙我至死，而不一思抵抗。顾虽以至愚之人，犹不肯出此也，独至国家之盛衰兴亡，则壹诿诸运命气数而束手以持之，何其惑哉？我先民之言命也，曰造命，曰立命。书曰：天作孽，犹可违；自作孽，不可逭。诗曰：自求多福。孟子曰：祸福无不自己求之者。荀子曰：怨天者无志。夫天而可违，祸福而可自求，则运命之非前定也明矣，而造之立之，亦视人之有志与否而已矣。

今也我国政治现象，内之则凡历朝将亡之际，其所以致亡之迹，无不一一蹈袭之；外之则凡世界已亡之国，其所以致亡之具，无不一一藏纳之。国中人士，无论朝野上下智愚贤不肖，咸曰国必亡，国必亡。问国亡且将奈何，则曰听之而已。问国亡后之惨状，亦知之乎，则皆曰知之。知之则曷为听之？曰运实使然，命实使然，虽欲不听之，又安可得也？于是其黠者且务自封殖争营逐于春冰朝露之富贵利禄以自娱，如待决之囚且饮酒高歌也。其愿者，则惟长吁短叹，忧伤憔悴，如待僵之蚕，奄奄无复生气也。夫国果必亡矣乎？曰：夫如是则安得而不亡，而所以亡者，非有他故，则举国人咸曰国必亡国必亡之一种心理为之耳。易曰：其亡其亡，系于苞桑。举国人咸曰国必亡国必亡，则国宜缘此而可以不亡，曷为反以速其亡，则徒以委心任运之故，生出彼黠者愿者之两种心理以中分天下使然耳。夫彼黠者所操之术,是无异病者自谓病不可治,而饮鸩以为甘也。彼愿者所操之术,是无异病者自谓病不可治,而屏医药弗亲也。病未必死,而弗亲医药则可以驯致于死,饮鸩则更无不死,然则非死于病也。死于自杀耳。夫今日我国人皆谋自杀者也。呜呼,我国民亦知我国今日所以濒于亡者,皆由全国人民过去业力之所造成乎?自造恶业者,必自受恶报,无人能为我解之,惟更自造善业,则可以解之。而苟能更自造善业,则善报之至必如响,亦无人能为我尼之也。

夫国民之不以国事为事也,且以国家政务为一己富贵利禄之具也,此正招亡之恶业而我国民前此所造之已久者也。畴昔不自知其将亡,斯无责焉,今亦既知之矣,不务其道,乃从而傅益之,是以前此所造之恶业为未成熟,而更助之长也。故前此所已造者,不过致病之业,而今兹所现造者,乃正趋死之业也。夫人亦何乐于死?传曰:人生实难,其有不获死者乎?今病虽深矣,然犹未死也,而必合四万万人穷日夜之力共造死业,以蹙之于必死之途,吾实惑之。夫彼昏不知者,则无责也,明知之而效待决之囚饮酒高歌者,此其人恶根深重,地狱正为彼辈而设。无论国亡与否,而彼辈于精神上肉体上,终必直接间接受无量之惨报,吾更无术以超度之也。顾最可惜者,则国中中流社会之贤士大夫,其躬洁白之操,怀忠謇之节,治经世之术,抱匡时之才者,实不乏人,而或以志不能帅其气,勇不能辅其仁,遂至徒事退缩,不图进取,自比于待僵之春蚕,而助彼辈以共造亡国之恶业。吾实痛之。

吾生平向不持厌世主义,凡与吾游者多能知之,而或疑其为无聊之极思,姑作此语以自壮,而或者又曰,其在前此国事之流失败坏,未至此甚，犹有一线两线之希望，或可以无厌世，今则惟有共趋于此途而已。虽然，吾之所以自持者决不尔尔。夫国家至今日，亡之数什九，而不亡之数仅乃什一，吾方昔昔在噩梦中，更安敢为无聊之语以自壮者？且无实而自壮，谓之客气。客气安可久乎？至常人所认为一两线之希望者，则吾自始不希望之。惟前有希望者，故后有失望。不为不可得之希望，则虽不得，亦无失望也。问者曰：然则子之所谓不持厌世思想者，毋亦效愚公移山，精卫填海，明知其无益，姑为之以行其心之所安而已。应之曰：行吾心之所安则是也，明知其无益而为之则非也。无益之事，吾必不为，亦必不劝人为之。吾实笃信吾佛之教，墨守业报之说，以谓天下决无无结果之事。苟其事之性质为有害者，为之而害必随焉；苟其事之性质为有益者，为之而益必随焉。且如吾国今日之现象，实积多年多数人所造之恶业以致之，今之所以傺焉不可终日者，良由自业自得，固属无可怨怼，亦复何所容其疑怪？吾侪今日，惟有广造善业以禳除之，藉曰未能，亦何可更造恶业？而明知国之将亡而不思救之者，则吾之所认为恶业也。（此非无善无恶之业，何也？见孺子将入于井而不援手，其不得不谓之恶业明矣。）夫造善业毋造恶业，必当先自我始，所谓行吾心之所安者此也。至谓为之而必有益者何也？凡个人所造之业，必有一部分为共业，而能以力熏习社会，夫既言之矣。今之恶报，为恶共业所造成，而此恶共业，亦不过由少数人造之，而熏习遍于社会者耳。今欲得善报，亦惟熏习社会之共业，使趋于善。然此固非绝对的不能致者也，今且就具象的事理以直捷指明之。今之谓国必亡而无可救者，岂非以失望于政府耶？须知政府之人，亦不过社会之一分子，而政府之为物，则社会之所产出者也。腐败之社会，决不能有健全之政府；健全之社会，亦决不容有腐败之政府。今欲责政府以健全，吾诚无术矣。社会欲自求健全，则其权岂不在社会耶？欲使全社会遽进于健全，则吾诚无术矣。欲使吾自己为社会中一健全分子，则其权岂不在我耶？夫我自己固眇乎其小也，曾亦思中国国家，亦不过各四万万个之自己而成。人人皆发愿自己造善业不造恶业，而健全之社会出焉矣。又不必其人人也，但使有百分之一焉，千分之一焉，乃至万分十万分之一焉，则其业力所熏习者，已伟大至不可思议，而谓似此之社会，尚容有腐败之政府得生存于其间乎？吾固谓中国致亡之原因，不全在政府也，藉曰全在政府，则所以易亡为存者，舍此道末由。而信能行此，则又必旋至而立有效者也。今之君子，不希望社会而希望政府；不希望社会分子中之自己，而希望社会分子中之他人，故失望相踵也。天下惟希望自己者，为能永无失望而已。今之君子，既失望于政府，失望于社会之他人，遂乃嗒然自丧，颓然自放，举自己而加入罪业社会中，以汩其泥而扬其波，餔其糟而歠其醨。即稍自爱者，亦不过遁逃于罪业社会以外。然已无术可遁，则甘为废人以自虱于社会而已。如是则社会安得不腐败，而国安得不亡？然则国之亡，非运命能亡之，而四万万人各以自己之力亡之也。夫以自己之力能亡之者，则亦必以自己之力能存之。如曰不能，是自暴自弃也。凡持厌世思想者，皆自暴自弃之人也，皆与于造恶业以亡吾国者也。

问者曰：如子言，则吾国其必可以不亡乎？曰：嘻！吾乌从知之？此其权实操于国民。国民欲存之，则斯存矣；国民欲亡之，则竟亡矣。吾固国民之一，吾固不忍亡吾国者，而岂敢谓人人皆有同心也?问者曰:子言不肯为无益之事,且不肯劝人为之,今子固不能以独力救国亡,且虽少数人之力亦不足以救国亡,然则所为者,安得谓必有益乎?应之曰:能救其亡,固大幸也,藉曰不能,则国虽亡矣,而为国民之分子者,尚当有事焉。历朝当丧乱泯棼之世,恒必有少数畸处岩穴之士,在当时若为举世所弃者,而先民之种性,国家之元气,实赖之以传于后,乾坤之所以不息恃此焉。此亦为因果律所支配,既造业而必有报者也。夫此则岂复吾之所忍言哉?所以有言者,凡以明吾侪无论值何时势,处何境遇,终不可有丝毫自暴自弃之心云尔。要之中国之存亡,惟中国人自存之自亡之。西哲有言:国民恒立于其所欲立之地位。今我国民皆曰国必亡国必亡也,则国乃将真亡也已矣。

(1910年)

欧游心影录（节选）

学说影响一斑

从来社会思潮，便是政治现象的背景，政治现象，又和私人生活息息相关。所以思潮稍不健全，国政和人事一定要受其蔽。从前欧洲人民，呻吟于专制干涉之下，于是有一群学者，提倡自由放任主义，说道政府除保持治安外不要多管闲事，听各个人自由发展，社会自然向上。这种理论，能说他没有根据吗？就过去事实而言，百年来政制的革新和产业的发达，那一件不叨这些学说的恩惠？然而社会上的祸根，就从兹而起。现在贫富阶级的大鸿沟，一方面固由机器发明，生产力集中变化；一方面也因为生计上自由主义，成了金科玉律，自由竞争的结果，这种恶现象自然会演变出来呀。这还罢了，到十九世纪中叶，更发生两种极有力的学说来推波助澜。一个就是生物进化论，一个就是自己本位的个人主义。自达尔文发明生物学大原则，著了一部名山不朽的《种源论》，博洽精辟，前无古人，万语千言，就归结到"生存竞争、优胜劣败"八个大字。这个原则,和穆勒的功利主义、边沁的幸福主义相结合,成了当时英国学派的中坚。同时士梯尼(Max Stirner)、卞戛加(Sören Kierkegaard)盛倡自己本位说,其敝极于德之尼采,谓爱他主义为奴隶的道德,谓剿绝弱者为强者之天职,且为世运进化所必要。这处怪论,就是借达尔文的生物学做个基础,恰好投合当代人的心理。所以就私人方面论,崇拜势力、崇拜黄金,成了天经地义;就国家方面论,军国主义、帝国主义变了最时髦的政治方针。这回全世界国际大战争,其起源实由于此;将来各国内阶级大战争,其起源也实由于此。

科学万能之梦

大凡一个人,若使有个安心立命的所在,虽然外界种种困苦,也容易抵抗过去,近来欧洲人,却把这件没有了。为什么没有了呢?最大的原因,就是过信"科学万能"。原来欧洲近世的文明有三个来源:第一是封建制度;第二是希腊哲学;第三是耶稣教。封建制度,规定各人和社会的关系,形成一个道德的条件和习惯。哲学是从智的方面研究宇宙最高原理及人类精神作用,求出个至善的道德标准;宗教是从情、意的两方面,给人类一个"超世界"的信仰,那现世的道德自然也跟着得个标准。十八世纪前的欧洲,就是靠这个过活。自法国大革命后,封建制度完全崩坏,古来道德的条件和习惯,大半不适于用,欧洲人的内部生活,渐渐动摇了。社会组织变更,原是历史上常态,生活就跟着他慢慢蜕变,本来没有什么难处。但这百年来的变更却与前不同,因科学发达结果,产业组织,从根柢翻新起来。变既太骤,其力又太猛,其范围又太广,他们要把他的内部生活凑上来和外部生活相应,却处处措手不及。最显著的就是现在都会的生活和从前堡聚的村落的生活截然两途,聚了无数素不相识的人在一个市场或一个工厂内共同生活,除了物质的利害关系外,绝无情感之可言,此其一。大多数人无恒产,恃工为活,生活根据,飘摇无着,好像枯蓬断梗,此其二。社会情形太复杂,应接不暇,到处受刺激,神经疲劳,此其三。劳作完了想去耍乐,要乐未完又要劳作,昼夜忙碌,无休养之余裕,此其四。欲望日日加高,百物日日加贵,生活日日加难,竞争日日加烈,此其五。以上所说,不过随手拈出几条,要而言之,近代人因科学发达,生出工业革命,外部生活变迁急剧,内部生活随而动摇,这是很容易看得出的。内部生活,本来可以凭宗教、哲学等等力量,离去了外部生活依然存在,近代人却怎样呢?科学昌明以后,第一个致命伤的就是宗教。人类本从下等动物蜕变而来,哪里有什么上帝创造,还配说人为万物之灵吗?宇宙间一切现象,不过物质和他的运动,哪里有什么灵魂,更哪里有什么天国?讲到哲学,从前康德和黑格尔时代,在思想界俨然有一种权威像是统一天下,自科学渐昌,这派唯心论的哲学便四分五裂。后来冈狄的实证哲学和达尔文的种源论同年出版,旧哲学更是根本动摇。老实说一句,哲学家简直是投降到科学家的旗下了。依着科学家的新心理学,所谓人类心灵这件东西,就不过物质运动现象之一种,精神和物质的对待,就根本不成立;所谓宇宙大原则,是要用科学的方法试验得来,不是用哲学的方法冥想得来的。这些唯物派的哲学家,托庇科学宇下建立一种纯物质的、纯机械的人生观，把一切内部生活、外部生活，都归到物质运动的"必然法则"之下。这种法则，其实可以叫做一种变相的运命前定说。不过旧派的前定说，说运命是由八字里带来或是由上帝注定；这新派的前定说，说运命是由科学的法则完全支配。所凭借的论据虽然不同，结论却是一样。不惟如此，他们把心理和精神看成一物，根据实验心理学，硬说人类精神，也不过一种物质，一样受"必然法则"所支配，于是人类的自由意志，不得不否认了。意志既不能自由，还有什么善恶的责任？我为善不过那"必然法则"的轮子推着我动，我为恶也不过那"必然法则"的轮子推着我动，和我什么相干？如此说来，这不是道德标准应如何变迁的问题，真是道德这件东西能否存在的问题了。现今思想界最大的危机就在这一点。宗教和旧哲学既已被科学打得个旗靡辙乱，这位"科学先生"便自当仁不让起来，要凭他的试验发明个宇宙新大原理。却是那大原理且不消说，敢是各科各科的小原理，也是日新月异，今日认为真理，明日已成谬见。新权威到底树立不来，旧权威却是不可恢复了。所以全社会人心，都陷入怀疑沉闷畏惧之中，好像失了罗针的海船遇着风、遇着雾，不知前途怎生是好。既然如此，所以那些什么乐利主义、强权主义越发得势。死后既没有天堂，只好尽这几十年尽地快活；善恶既没有责任，何妨尽我的手段来充满我个人欲望。然而享用的物质增加速率，总不能和欲望的腾升同一比例，而且没有法子令他均衡。怎么好呢？只有凭自己的力量自由竞争起来，质而言之，就是弱肉强食。近年来甚么军阀、甚么财阀，都是从这条路产生出来。这回大战争，便是一个报应。诸君又须知，我们若是终久立在这种唯物的机械的人生观上头,岂独军阀、财阀的专横可憎可恨,就是工团的同盟抵抗乃至社会革命还不同是一种强权作用?不过从前强权在那一班少数人手里,往后的强权移在这一班多数人手里罢了。总之,在这种人生观底下,那么千千万万人前脚接后脚的来这世界走一趟住几十年,干什么呢?独一无二的目的就是抢面包吃,不然就是怕那宇宙间物质运动的大轮子缺了发动力,特自来供给他燃料。果真这样,人生还有一毫意味,人类还有一毫价值吗?无奈当科学全盛时代,那主要的思潮却是偏在这方面。当时讴歌科学万能的人,满望着科学成功,黄金世界便指日出现。如今功总算成了,一百年物质的进步,比从前三千年所得还加几倍,我们人类不惟没有得着幸福,倒反带来许多灾难,好像沙漠中失路的旅人,远远望见个大黑影,拼命往前赶,以为可以靠他向导,哪知赶上几程,影子却不见了,因此无限凄惶失望。影子是谁?就是这位"科学先生"。欧洲人做了一场科学万能的大梦,到如今却叫起科学破产来。这便是最近思潮变迁一个大关键了。

〔(自注)读者切勿误会,因此菲薄科学。我绝不承认科学破产,不过也不承认科学万能罢了。〕

文学的反射

要晓得时代思潮,最好是看他的文学。欧洲文学,讲到波澜壮阔,在前则有文艺复兴时期,在后则推十九世纪。两者同是思想解放的产物,但气象却有点根本不同之处。前者偏于乐观,后者偏于悲观;前者多春气,后者多秋气;前者当文明萌茁之时,觉得前途希望汪洋无际,后者当文明烂熟之后,觉得样样都试过了,都看透了,却是无一而可。我如今且简单讲几句。百年来的思潮和文学印证出来,十九世纪的文学,大约前半期可称为浪漫忒派(即感想派)全盛时代,后半期可称为自然派(即写实派)全盛时代。浪漫忒派承古典派极敝之后,崛然而起,斥摹仿,贵创造;破形式,纵感情,恰与当时唯心派的哲学和政治上、生计上的自由主义同一趋向。万事皆尚新奇,总要凭主观的想像力描出些新境界、新人物,要令读者跳出现实界的圈子外,生一种精神交替的作用。当时思想初解放,人人觉得个性发展可以绝无限制,梦想一种别开生面完全美满的生活。他们的诗家,有点和我国的李太白一样,游心物表,块然自乐;他们的小说,每部多有一个主人翁,这主人翁就是作者自己写照,性格和生活总是与寻常人不同。好写理想的武士表英雄万能,好写理想的美人表恋爱神圣,结果全落空想,和现在的实生活渺不相涉了。到十九世纪中叶,文学霸权就渐渐移到自然派手里来。自然派所以勃兴,有许多原因。第一件,承浪漫忒派之后,将破除旧套发展个性两种精神做个基础,自然应该更进一步趋到通俗求真的方面来。第二件,其时物质文明剧变骤进,社会情状日趋繁复,多数人无复耽玩幻想的余裕,而且觉得幻境虽佳,总不过过门大嚼,倒不如把眼前事实写来,较为亲切有味。第三件,唯物的人生观正披靡一时,玄虚的理想,当然排斥;一切思想,既都趋实际,文学何独不然?第四件,科学的研究法既已无论何种学问都广泛应用,文学家自然也卷入这潮流,专用客观分析的方法来做基础,要而言之,自然派当科学万能时代,纯然成为一种科学的文学。

他们有一个最重要的信条,说道"即真即美"。他们把社会当作一个理科试验室,把人类的动作行为当作一瓶一瓶的药料,他们就拿他分析化合起来,那些名著,就是极翔实、极明了的试验成绩报告。又像在解剖室中,将人类心理层层解剖,纯用极严格、极冷静的客观分析,不含分毫主观的感情作用。所以他们书中的背景,不是天堂,不是来生,不是古代,不是外国,却是眼面前我们所栖托的社会。书中的人物不是圣贤,不是仙佛,不是英雄,不是美人,却是眼面前一般群众。书中的事迹不是什么惊天动地的大业,不是什么可歌可泣的奇情,却是眼面前日常生活的些子断片。我们从前有句格言,说是"画犬马难于画鬼神",这自然派文学,将社会实相描写逼真,总算极尽画犬马之能事了。诸君试想,人类既不是上帝,如何没有缺点?虽以毛嫱、西施的美貌,拿显微镜照起来,还不是毛孔上一高一低的窟窿纵横满面,何况现在社会,变化急剧,构造不完全,自然更是丑态百出了。自然派文学就把人类丑的方面、兽性的方面赤条条和盘托出,写得个淋漓尽致,真固然是真,但照这样看来,人类的价值差不多到了零度了。总之,自从自然派文学盛行之后,越发令人觉得人类是从下等动物变来,和那猛兽弱虫没有多大分别;越发令人觉得人类没有意志自由,一切行为都是受肉感的冲动和四围环境所支配。我们从前自己夸嘴,说道靠科学来征服自然界。如今科学越发昌明,那自然界的威力却越发横暴,我们快要倒被他征服了。所以受自然派文学影响的人,总是满腔子的怀疑,满腔子的失望。十九世纪末全欧洲社会,都是阴沉沉地一片秋气,就是为此。

思想之矛盾与悲观

凡一个人,若是有两种矛盾的思想在胸中交战,最是苦痛不过的事。社会思潮何独不然?近代的欧洲,新思想和旧思想矛盾,不消说了,就专以新思想而论,因为解放的结果,种种思想同时从各方面迸发出来,都带几分矛盾性。如个人主义和社会主义矛盾,社会主义和国家主义矛盾,国家主义和个人主义也矛盾,世界主义和国家主义又矛盾。从本原上说来,自由、平等两大主义,总算得近代思潮总纲领了,却是绝对的自由和绝对的平等,便是大大一个矛盾。分析起来,哲学上唯物和唯心的矛盾,社会上竞存和博爱的矛盾,政治上放任和干涉的矛盾,生计上自由和保护的矛盾,种种学说,都是言之有故、持之成理,从两极端分头发展,愈发展得速,愈冲突得剧,消灭是消灭不了,调和是调和不来,种种怀疑,种种失望,都是为此。他们有句话叫做"世纪末"。这句话的意味,从狭义的解释,就像一年将近除夕,大小帐务,逼着要清算,却是头绪纷繁,不知从何算起;从广义解释,就是世界末日,文明灭绝的时候快到了。

我们自到欧洲以来,这种悲观的论调,着实听得洋洋盈耳。记得一位美国有名的新闻记者赛蒙氏和我闲谈(他做的战史,公认是第一部好的),他问我:"你回到中国干什么事?是否要把西洋文明带些回去?"我说:"这个自然。"他叹一口气说:"唉,可怜,西洋文明已经破产了。"我问他:"你回到美国却干什么?"他说:"我回去就关起大门老等,等你们把中国文明输进来救拔我们。"我初初听见这种话,还当他是有心奚落我,后来到处听惯了,才知道他们许多先觉之士,着实怀抱无限忧危,总觉得他们那些物质文明是制造社会险象的种子,倒不如这世外桃源的中国,还有办法。这就是欧洲多数人心理的一斑了。

新文明再造之前途

诸君,我想诸君听了我这番话,当下就要起一个疑问,说道:"依你说来,欧洲不是整个完了吗?物质界的枯窘既已如彼,精神界的混乱又复如此,还有什么呢?从前埃及、中亚细亚乃至希腊、罗马,都曾经过极灿烂的文明,后来都是灭绝了或中断了,不要这回欧洲又闹这出戏吧?"我对于这个疑问,敢毅然决然答应道:"不然,不然,大大不然。"欧洲百年来物质上精神上的变化,都是由"个性发展"而来,现在还日日往这条路上去做。他和古代中世乃至十八世纪前的文明,根本上有不同的一点。从前是贵族的文明、受动的文明,如今却是群众的文明、自发的文明;从前的文明是靠少数特别地位、特别天才的人来维持他,自然逃不了"人亡政息"的公例;今世的文明,是靠全社会一般人个个自觉、日日创造出来的,所以他的"质"虽有时比前不如,他的"量"却比从前来得丰富,他的"力"却比从前来得连续。现在的欧洲,一言以蔽之,万事万物都是"群众化"这种现象,连我们有时也看得讨厌。有人说,这不是叫社会向上,倒是叫社会向下了。其实不然,一面固是叫旧日在上的人向下,一面仍是叫旧日在下的人向上。然而旧日在下的人总是大多数,所以扯算起来,社会毕竟是向上了。

这种步骤,英国人所经过的最为明白。英国从前种种权利,都是很少数的贵族专有,渐渐拿出来给中级的人共享,渐渐拿出来给次中级又次中级乃至最低级的人一齐共享。不独物质上的权利如此,就是学问上、艺术上乃至思想上,他那由上而下、由集而散的情形,也复如此。英国固然是最好的模范,其他各国也都是同一趋势。所以他的文明,是建设在大多数人心理上,好像盖房子从地脚修起,打了个很结实的桩儿,任凭暴风疾雨,是不会摇动的。讲到他的思潮,当法国大革命后唯心派哲学、浪漫派文学全盛之时,好像二十来岁一个活泼青年,思想新解放,生气横溢,视天下事像是几着可了,而且不免驰骛于空华幻想,离人生的实际却远了,然而他这种自由研究的精神和尊重个性的信仰,自然会引出第二个时代来,就是所谓科学万能、自然派文学全盛时代。这个时代,由理想入到实际,一到实际,觉得从前什么善咧美咧,都是我们梦里虚构的境界,社会现象却和他正相反,丑秽惨恶,万方同慨。一面从前的理想和信条已经破坏得七零八落,于是全社会都陷入怀疑的深渊,现出一种惊惶沉闷凄惨的景象,就像三十前后的人,出了学校,入了社会,初为人夫,初为人父,觉得前途满目荆棘,从前的理想和希望,丢掉了一大半。十九世纪末叶欧洲的人心,就是这样。虽然,他们并没有入到衰老时期。怎见得呢?凡老年人的心理,总是固定的、沉滞的,但会留恋过去,不想开拓将来,他那精神的生活,也和他的肉体一样,新陈代谢的机能全然没了,破坏性、反抗性是绝不会发动了。现代欧洲人却不是那样。他们还是日日求自我的发展,对于外界的压迫,百折不回的在那里反抗,日日努力精进,正像三四十来岁在社会上奋斗的人,总想从荆天棘地中建立一番事业。如今却不比从前在学校里发空议论了,他们人情世态、甜酸苦辣都经过来,事事倒觉得亲切有味,于是就要从这里头找出一个真正的安身立命所在,如今却渐渐被他找着了。在社会学方面,就有俄国科尔柏特勤一派的互助说,与达尔文的生存竞争说相代兴。他是主张自我要发展的,但是人类总不能遗世独立,大事小事,没有一件不靠别人扶助,所以互相扶助,就是发展自己的唯一手段。他的论据也是从科学上归纳出来,所以在思想界一天一天的占势力。在哲学方面,就有人格的唯心论、直觉的创化论种种新学派出来,把从前机械的、唯物的人生观拨开几重云雾。人格的唯心论由美国占晤士首倡,近来英美学者愈加发挥。从前唯心派哲学家,将"心灵"认作绝对的一个实体,和他对象的"世界"相对待,分为两橛。占晤士一派用科学研究法证明人类心的性能实适应于外界而渐次发达,意力和环境互相提携,便成进化。人类生活的根本义,自然是保全自己、发展自己,但人人各有个自己,用"自己"这个字称呼通换不过来,所以给他一个通名,就叫做"人格"。这"人格"离了各个的自己是无所附丽,但专靠各个的"自己"也不能完成。假如世界上没有别人,我的"人格"从何表现?假如全社会都是罪恶,我的"人格"受了他的渐染和压迫,如何能健全?由此可知,人格是个共通的,不是个孤零的。想自己的人格向上,唯一的方法是要社会的人格向上。然而社会的人格本是从各个"自己"化合而成。想社会的人格向上,唯一的方法又是要自己的人格向上,这就是意力和环境提携便成进化的道理。明白这个道理,那么所谓个人主义、社会主义、国家主义、世界主义种种矛盾,都可以调和过来了。直觉的创化论,由法国柏格森首倡。德国倭铿所说，也大同小异。柏格森拿科学上进化原则做个立脚点，说宇宙一切现象都是意识流转所构成，方生已灭，方灭已生，生灭相衔，便成进化。这些生灭，都是人类自由意志发动的结果，所以人类日日创造，日日进化。这"意识流转"就唤做"精神生活"，是要从反省直觉得来的。我们既知道变化流转就是世界实相，又知道变化流转的权操之在我，自然可以得个"大无畏"，一味努力前进便了。这些见地能够把种种怀疑、失望一扫而空，给人类一服"丈夫再造散"。就学问上而论，不独唯心、唯物两派哲学有调和余地，连科学和宗教也渐渐有调和余地了。以上所述几家学派，都是当本世纪初期早已句出萌达，但未能完成，未能普及，便碰着这回大战。当战争中，人人都忙着应战，思想界的著述，实在寂寥，所以至今没见什么进步，将来能否大成，和康德、黑格尔、达尔文诸先辈的学说有同等的权威，转移一代人心，也不敢必。但是欧人经过这回创巨痛深之后，多数人的人生观因刺激而生变化，将来一定从这条路上打开一个新局面来，这是我敢断言的哩。

物质的再造及欧局现势

人类只要精神生活不枯竭，那物质生活当然不成问题。譬之大病之后元神未亏，虽然疲倦消瘦，培补亦易为力。前文所讲各国财政生计上情形，诚然困难已极，但按到实际，他们国债虽多，外债是可以暂时不还的，内债利息散到民间，依然是供殖产兴业之用。货币价值低减对外汇兑吃亏，固然是大问题，但有时亦可以借作奖励输出的一种手段,这些听他循生计上原则自然变迁,也属无妨。现时最苦的是资本缺乏,然而美国正苦资本过剩,势不能不以欧洲为尾闾。欧人只要善于利用,还不是取诸外府吗?剩下最难解决的,就是劳工问题。我想不出数年,这问题定要告一段落,或是社会党柄政实行了社会主义几个根本大原则,气象自然一新;或是有些国家,竟自继俄国之后,做一番社会革命,虽一时大伤元气,过后反赢得意外发达,也未可定。所以我对于欧洲,觉得他前途虽然是万难,却断不是堕落。至于分国观察,或者有一两国从此雄飞,有一两国渐行衰落,又是别问题了。

我这种拉拉杂杂讲了欧洲这些情形,恐怕诸君有点听得不耐烦了,今且总叙几句,作个收束。第一,我想大战的结果,奥、俄瓦解,中欧、东欧各小民族纷纷建国,加以威尔逊将民族自决四个字大吹大擂,民族主义(一民族一国家主义)越发光焰万丈,十九世纪后半期欧洲民族运动史,总算告一段落,往后怕还要扩充到欧洲以外。虽然国际关系复杂,天下更从此多事,总算人类社会组织一进步。第二,这回战争,协约国方面全恃"互助"得胜,给他们一个绝大的教训,虽然理想的国际联盟,未见完成,国家互助的精神已是日见发达。质而言之,世界主义要从此发轫了。第三,协约各国拿"打破中欧军国"做个旗号,算是起了一回征讨军阀的十字军,如今大功告成,专制主义四个大本营(俄、德、奥、土)连根拔尽,民主主义自然变成政治上绝对的原则,加以社会党日益发展,"社会的民主主义"要渐渐成为最中庸的一种政治。第四,俄国过激派政府居然成立,居然过了两年,不管将来结局如何,假定万一推翻,他那精神毕竟不能磨灭。从前多数人嘲笑的空理想却已结结实实成为一种制度,将来历史价值最少也不在法国大革命之下,影响自然是及于别国,和前条所谓"中庸政治"相争,还不知谁胜谁负哩。第五,一面虽是国内资本劳工两阶级斗争,一面各国仍竞相奖励国产,借此补偿战后疲敝,将来国际间产业战争只有比前更剧,自由贸易主义怕要作废。就这一点看来,突飞的社会主义或者暂时受些限制。第六,科学万能说当然不能像从前一样的猖獗,但科学依然在他自己范围内继续进步。这回战争中各种发明日新月异,可惜大半专供杀人之用,经此番大创,国际上总有三几十年平和可望,好好的拿来应用,物质文明一定更加若干倍发达。第七,这回战争给人类精神上莫大的刺激,人生观自然要起一大变化,哲学再兴,乃至宗教复活,都是意中事。以上几件,是我此行观察所得的大概。如今假定世界大势是在这种前提之下,我们做国际团体一份子的中国,应该怎么样?我国民该走哪条路才能把这国家在世界上站起来?待我略述愚见,写在下半篇。

世界主义的国家

第一,我们须知世界大同为期尚早。国家一时断不能消灭,而且各国战后所耗元气都要取偿于外。环顾宇内,就剩中国一块大肥肉,自然远客近邻,都在那里打我们的主意。若是自己站不起来,单想靠国际联盟当保镖,可是做梦哩。虽然如此,我们却不能将国际联盟这件事看得毫无价值,还要尽自己的力量促他的进步。这回国际联盟总算世界主义和国家主义调和的发轫,把国家相互的观念深入人心,知道国家意志并不是绝对无限,还须受外部多大节制。质而言之,国家与国家相互之间从此加一层密度了。我们是要在这现状之下,建设一种"世界主义的国家"。怎么叫做"世界主义的国家"?国是要爱的,不能拿顽固褊狭的旧思想当是爱国,因为今世国家不是这样能够发达出来。我们的爱国,一面不能知有国家不知有个人,一面不能知有国家不知有世界。我们是要托庇在这国家底下,将国内各个人的天赋能力尽量发挥,向世界人类全体文明大大的有所贡献。将来各国的趋势都是如此。我们提倡这主义的作用也是为此。

中国不亡

第二,我们万不可有丝毫悲观,说中国要亡了。讲到什么财政困难、生计困难,人家不知比我加几十百倍。我们过这小小不顺遂的日子就垂头丧气,欧洲人只好相率跳大西洋了。若因军阀专横、政治腐败,就说没有办法,请读读十九世纪上半期欧洲历史,看是怎样情形。英、法两国现在不是公认做民主政治的模范吗?从前阀族的专横腐败还不是和我一样,为什么就能有今日呢?远的不必说,现在资本阶级的专横又何如?他们可是深根固蒂足智多能,绝非我们那外强中干的军阀和那依草附木的官僚所能比并。我们说没有办法,他们大多数人也只好坐以待毙了。若因为现在人心堕落,丑类横行,便发生根本悲观,这也是知其一、不知其二。当过渡混杂时代,罪恶总浮到面上来,各国都是如此,何独我国?一定说现在人心比从前堕落,这句话我却不能承认。从前罪恶何尝没有?或者因观念不同,不认他是罪恶,或者因社会舆论,不管闲事,不发觉他的罪恶。即以政治论,民国政界固然混浊,难道前清政界又算得清明吗?不过前此没有人理会他,醉生梦死的受他压制。如今虽依然没有脱了压制,却是把他的罪恶尽情暴露,所以看得来越发惊心动魄,像比从前还不如了。其他家庭上、社会上罪恶都是这样。其实昨今同一罪恶,所争的只在揭破不揭破,感觉不感觉。既是罪恶质量相同,所以不能算是堕落。然而揭破和感觉却是一种进步。为什么呢?因为是国民自觉心的表现。古人有言:知病即药。从前我周身是病,却全不知道;如今知道了,就从这"知"字上自然会生出法子来。现在欧洲人日日大声疾呼,说世界末日,说文明破产,不管他说的是否过当,就这一点忧危之心,便是他苏生的左券。一个人最怕是对于现状心满意足,如此,这个人只有退步没有进步,只好当他死了。感觉现状不满足,自然生出努力,这努力便是活路。我们现在知道自己满身罪恶,知道自己住的是万恶社会,中国从此就开出一条活路来了,这是好现象,不是坏现象。只要知道病就赶紧去医,不要因为病就垂头丧气,把自己营卫的本能减掉。这病有什么要紧呢?我说天下从无没办法的事,不办却真没法。我们先把辞典上没办法三个字涂去,办法却多着哩。

阶级政治与全民政治

第三,从前有两派爱国之士,各走了一条错路。甲派想靠国中固有的势力,在较有秩序的现状之下渐行改革。谁想这主意完全错了,结局不过被人利用,何尝看见什么改革来?乙派要打破固有的势力,拿什么来打呢？却是拿和他同性质的势力，说道："你不行，等我来。"谁想这主意也完全错了。说是打军阀，打军阀的人还不是个军阀吗？说是排官僚，排官僚的人还不是个官僚吗？一个强盗不惟没有去掉，倒反替他添许多羽翼，同时又在别方面添出许多强盗来。你看这几年军阀官僚的魔力，不是多谢这两派人直接、间接或推或挽来造成吗？两派本心都是爱国，爱国何故发生祸国的结果呢？原来两派有个共同谬见，都是受了旧社会思想的锢蔽，像杜工部诗说的："二三豪杰为时出，整顿乾坤济时了。"哪里知道民主主义的国家，彻头彻尾都是靠大多数国民，不是靠几个豪杰。从前的立宪党，是立他自己的宪，干国民什么事？革命党也是革他自己的命，又干国民什么事？好比开一瓶啤酒，白泡子在面上乱喷，像是热烘烘的，气候一过，连泡子也没有了，依然是满瓶冰冷。这是和民主主义运动的原则根本背驰。二十年来种种失败，都是为此。今日若是大家承认这个错处，便着实忏悔一番，甲派抛弃那利用军人、利用官僚的卑劣手段，乙派也抛弃那运动军人、运动土匪的卑劣手段，各人拿自己所信，设法注射在多数市民脑子里头，才是一条荡荡平平的大路。质而言之，从国民全体下工夫，不从一部分可以供我利用的下工夫，才是真爱国，才是救国的不二法门。把从前做的一部分人的政治醒转过来，那全民政治才有机会发生哩。

着急不得

第四，我们须知天下事是急不来的，总要把求速效的心事去掉，然后效乃有可言。有人说,时局危险到这地步,不设法弥缝补苴暂时支持,一旦亡了,怎么办呢？我说,姑无论中国决不会亡,别人想亡偌大一个国,决非容易,就是亡国也算不得什么一回大事。波兰不是亡了几百年吗？今日如何？要知暂时支持这种字样,才真是亡国心理。若要不亡,只有扎硬寨、打死仗之一法。这个法儿却是断断急就不来的。我国民主主义在历史上根柢本就浅薄,在地理上更很少养成的机会,所以比欧美诸国,发达较迟,如今突然挂起这个招牌,好像驴蒙虎皮,种种丑态,如何能免？但这些全不要紧,因为人类性能是活的不是死的,只要需以时日,下番工夫,自然会把自己蜕变,和环境适应起来。这却要靠新出来的青年,不能责望老辈。我们并不是菲薄老辈,因为他们在他的时代只能做他适应的事业,如今老了,生理上、心理上新陈代谢的功能一齐停息了,如何能责备他和我们一样？他的地位却也不久就要和现在的青年办交代,他责任自然是轻松了。这些青年,却是万钧责任压到肩上,只要自己认明这责任、实践这责任,天下总没有办不来的事。我信得过我们多数可爱的青年,这点见地、这点志气是有的。但现在未曾磨练完成,而且办交代的时候还没有到,所以目前万不可着急,便急也急不来。若要急时,做得好,不过苟且小成,做得不好,便要堕落断送了。看透这一着,所以我们现在着手的国民运动总要打二三十年后的主意,像区区这种年纪,是不指望看见成功的。其实二三十年光阴,在国史教科书上不过占一叶半叶,算什么呢？我们只管兴会淋漓的做去便了。

尽性主义

第五,国民树立的根本义,在发展个性。《中庸》里头有句话说得最好:"唯天下至诚为能尽其性。"我们就借来起一个名叫做"尽性主义"。这尽性主义是要把各人的天赋良能发挥到十分圆满。就私人而论,必须如此,才不至成为天地间一赘疣。人人可以自立,不必累人,也不必仰人鼻息。就社会国家而论,必须如此,然后人人各用其所长,自动的创造进化,合起来便成强固的国家、进步的社会。这回德国致败之原,就是因为国家主义发达得过于偏畸,人民个性差不多被国家吞灭了,所以碰着英、法、美等个性最发展的国民,到底抵敌不过,因为"人自为战"的功用丧失了,所以能胜而不能败。德国式的国家主义,拿国家自身目的做个标准,把全国人放在个一定的模子里鼓铸出来,要供国家之用,结果犹且不胜其敝。我国则并无所谓国家目的,徒以社会上畸形的组织,学说上惰性的权威,把各人的本能,从小就桎梏斫丧起来。如今人开口便说是中国民智不开,或说是人才消乏,诚然不错。但又须知,在这种旧社会束缚驰骤之下,才智是断不能发生,因为旧社会也有一个模子将中国人一式铸造,脱了模就要在社会上站不住。无论何人,总要带几分矫揉的态度来迁就他。天赋良能绝不能自由扩充到极际。近来中国人,才智不逮欧西都是为此。今日第一要紧的,是人人抱定这尽性主义,如陆象山所谓"总要还我堂堂地做个人",将自己的天才(不论大小,人人总有些)尽量发挥,不必存一毫瞻顾,更不可带一分矫揉,这便是个人自立的第一义,也是国家生存的第一义。

思想解放

第六,要个性发展,必须从思想解放入手。怎样叫做思想解放呢?无论什么人向我说什么道理,我总要穷原竟委想过一番,求出个真知灼见。当运用思想时,绝不许有丝毫先入为主的意见束缚自己,空洞洞如明镜照物,经此一想,觉得对我便信从,觉得不对我便反抗。"曾经圣人手,议论安敢到?"这是韩昌黎极无聊的一句话。圣人做学问,便已不是如此。孔子教人择善而从,不经一番择,何由知得他是善?只这个择字,便是思想解放的关目。欧洲现代文化,不论物质方面、精神方面,都是从"自由批评"产生出来。对于在社会上有力量的学说,不管出自何人,或今或古,总许人凭自己见地所及,痛下批评。批评岂必尽当,然而必经过一番审择,才能有这批评,便是开了自己思想解放的路。因这批评,又引起别人的审择,便是开了社会思想解放的路。互相浚发,互相匡正,真理自然日明,世运自然日进。倘若拿一个人的思想做金科玉律,范围一世人心,无论其人为今人、为古人,为凡人、为圣人,无论他的思想好不好,总之是将别人的创造力抹杀,将社会的进步勒令停止了。须知那人若非经过一番思想,如何能创造这金科玉律来。我们既敬重那人,要学那人,第一件便须学他用思想的方法。他必是将自己的思想脱掉了古代思想和并时思想的束缚,独立自由研究,才能立出一家学说。不然,这学说可不算他的了。既已如此,为什么我们不学他这一点,倒学他一个反面。我中国千余年来,学术所以衰落,进步所以停顿,都是为此。有人说,思想一旦解放,怕人人变了离经叛道。我说,这个全属杞忧。若使不是经不是道,离他叛他不是应该吗?若使果是经果是道,那么,俗语说得好:"真金不怕红炉火。"有某甲的自由批评攻击他,自然有某乙某丙的自由批评拥护他,经一番刮垢磨光,越发显出他真价。倘若对于某家学说不许人批评,倒像是这家学说经不起批评了,所以我奉劝国中老师宿儒,千万不必因此着急,任凭青年纵极他的思想力,对于中外古今学说随意发生疑问,就是闹得过火,有些"非尧舜薄汤武"也不要紧。他的话若没有价值,自然无伤日月,管他则甚。若认为够得上算人心世道之忧,就请痛驳起来呀。只要彼此适用思辨的公共法则,驳得针锋相对,丝丝入扣,孰是孰非自然见个分晓。若单靠禁止批评,就算卫道,这是秦始皇偶语弃市的故技,能够成功吗?还有几句打破后壁的话,待我说来。思想解放,道德条件一定跟着动摇,同时社会上发现许多罪恶,这是万无可逃的公例。但说这便是人心世道之忧,却不见得。道德条件本是适应于社会情形建设起来(孔子所谓时中时宜,最能发明此理),社会变迁,旧条件自然不能适用;不能适用的条件自然对于社会上失了拘束力,成了一种僵石的装饰品。一面旧条件既有许多不适用;一面在新社会组织之下,需要许多新条件,却并未规定出来,道德观念的动摇如何能免?我们主张思想解放,就是受了这动摇的刺激,想披荆斩棘求些新条件,给大家安心立命。他们说解放思想便是破坏道德,道德二字作何解释,且不必辩,就算把思想完全封锁起来,试问他们所谓道德是否就人人奉行。旧道德早已成了具文,新道德又不许商榷,这才真是破坏道德哩。至于罪恶的发现,却有两个原则。第一件,是不受思想解放影响的,因为旧道德本已失了权威,不复能拘束社会,所以恶人横行无忌。你看武人、政客、土匪、流氓,做了几多罪恶,难道是新思想提倡出来吗?第二件,是受思想解放影响的,因为提倡解放思想的人,自然爱说抉破藩篱的话,有时也说得太过,那些坏人就断章取义,拿些话头做护身符,公然作起恶来。须知这也不能算思想解放的不好,因为他本来是满腔罪恶,从前却隐藏、掩饰起来,如今索性尽情暴露,落得个与众共弃,还不是于社会有益吗?所以思想解放只有好处,并无坏处。我苦口谆劝那些关心世道人心的大君子,不必反抗这个潮流吧。

彻　　底

　　第七,提倡思想解放,自然靠这些可爱的青年。但我也有几句忠告的话:"既解放便须彻底,不彻底依然不算解放。"就学问而论,总要拿"不许一毫先入为主的意见束缚自己"这句话做个原则。中国旧思想的束缚固然不受,西洋新思想的束缚也是不受。一种学说到眼前,才要虚心研究,放胆批评。但这话说来甚易,做到实难。因为我们学问根柢本来甚浅,稍有价值的学说到了面前,都会发生魔力,不知不觉就被他束缚起来。我们须知,拿孔孟程朱的话当金科玉律说他神圣不可侵犯,固是不该,拿马克思、易卜生的话当做金科玉律说他神圣不可侵犯,难道又是该的吗?我们又须知,现在我们所谓新思想在欧洲许多已成陈旧,被人驳得个水流花落,就算他果然很新,也不能说"新"便是"真"呀。我们又须知,泰西思想界,现在依然是浑沌过渡时代,他们正在那里横冲直撞寻觅曙光,许多先觉之士正想把中国、印度文明输入,图个东西调和。这种大业,只怕要靠我们才得完成哩。我们青年将来要替全世界人类肩起这个大责任，目前预备工夫，自然是从研究西洋思想入手。一则因为他们的研究方法确属精密，我们应该采用他；二则因为他们思想解放已经很久，思潮内容丰富，种种方面可供参考。虽然，研究只管研究，盲从却不可盲从，须如老吏断狱一般，无论中外古今何种学说，总拿他做供词、证词，助我的判断，不能把判断权径让给他，这便是彻底解放的第一义。就德性论，那层解缚的工夫，却更费力了。德性不坚定，做人先自做不成，还讲什么思想。但我们这德性，也受了无数束缚，非悉数解放不能树立。祖宗的遗传，社会的环境，都是有莫大力量，压得人不能动弹；还有个最凶狠的大敌，就是五官四肢，他和我顷刻不离，他处处要干涉我、诱惑我，总要把我变成他的奴隶。我们要完成自己的个性，却四面遇着怨敌，所以坐在家里头也要奋斗，出来到一切人事交际社会也要奋斗，不是斗别人，却是斗自己，稍松点劲，一败涂地，做了捕房，永世不能自由了。青年人对于种种关头，更是极难通过，因为他生理冲动的作用正在极强、极盛时候，把心性功能压住了，所以有时发扬得越猛，堕落得越快。在没有思想的人，固不足惜，有思想的人，结果得个堕落，那国家元气，真搁不住这种斫丧了。欲救此病，还是从解放着力，常常用内省工夫，体认出一个"真我"。凡一切束缚这"真我"的事物，一层一层的排除打扫，这便是彻底解放的第二义。

组织能力及法治精神

第八，我们中国人最大的缺点，在没有组织能力，在没有法治精神。拿一个一个的中国人和一个一个的欧美人分开比较,无论当学生、当兵、办商业、做工艺,我们的成绩丝毫不让他们。但是他们合起十个人,力量便加十倍,能做成十倍大规模的事业;合起千百万个人,力量便加千百万倍,能做成千百万倍大规模的事业。中国人不然,多合了一个人,不惟力量不能加增,因冲突掣肘的结果,彼此能力相消,比前倒反减了。合的人越发多,力量便减到零度。所以私家开个铺子,都会赚钱,股份公司什有九要倒帐。很勇敢的兵丁,合起来做个军队,都成败类。立宪共和便闹成个四不像。总之,凡属要经一番组织的事业,到中国人手里,总是一塌糊涂了结。但是没组织的社会和有组织的社会碰头,直是挤不过去,结果非被淘汰不可。然则人家的组织能力从何而来?我们为什么竟自没有呢?我想起来,争的只是一件,就是有无"法治精神"的区别。一群人为什么能结合起来,靠的是一种共同生活的规条,大众都在这规条的范围内分工协力。若是始终没有规条,或是规条定了不算帐,或是存了一个利用的心,各人仍旧是希图自己的便利,这群体如何能成立,便不能共同生活。欧美人的社会,大而国家政治,小而团体游戏,人人心坎中,都认定若干应行共守的规则,觉得他神圣不可侵犯。这种规则,无论叫做法律、叫做章程、叫做条例、叫做公约,无论成文或不成文,要之,初时是不肯轻容易公认,一经公认之后,便不许违反又不许利用。一群人靠了这个,便像一副机器有了发动机,个个轮子自然按部就班的运行。我国人这种观念始终没有养成。近来听见世界有个"法治"的名词,也想捡来充个门面,至于法治精神,却分毫未曾领会。国会省议会,天天看见第几条第几项的在那里议,其实政府就没有把他当一回事,人民就没有把他当一回事,议员自身更没有把他当一回事。什么公司咧,什么协会咧,个个都有很体面的几十条章程,按到实际,不过白纸上印了几行黑墨。许多人日日大声疾呼,说最要紧是合群结团体。你想在这种脾气之下,群怎么能合?团体怎么能成?其实提倡的人,先自做了这种脾气的奴隶,这还有什么好说呢。我初时在那里想,这个不要是我国民天赋的劣根性吧?果然如此,便免不了最后的生存淘汰,真可惊心动魄。后来细想,知道不然,乃是从前的历史把这种良能压住了,久未发达。因为从前过的是单调生活,不是共同生活,自然没有什么合理的公守规条。从前国家和家族,都是由命令、服从两种关系结构而成。命令的人权力无上,不容有公认规则来束缚他;服从的人,只随时等着命令出来就去照办,也用不着公认规则。因此之故,法治两字在从前社会,可谓全无意义。人类的开化是向共同生活而趋,便叫我们觉得没有组织便不能存活。若不把组织的良能重新浚发出来,这身子从何托命?什么是良能?只法治精神便是了。

中国人对于世界文明之大责任

以上十二段,我都是信手拈来,没有什么排列组织。但我觉得我们因此反省自己从前的缺点,振奋自己往后的精神,循着这条大路,把国家挽救建设起来,决非难事。我们的责任这样就算尽了吗?我以为还不止此。人生最大的目的,是要向人类全体有所贡献。为什么呢?因为人类全体才是"自我"的极量。我要发展"自我",就须向这条路努力前进。为什么要有国家?因为有个国家才容易把这国家以内一群人的文化力聚拢起来,继续起来,增长起来,好加入人类全体中助他发展。所以建设国家是人类全体进化的一种手段,就像市府乡村的自治结合,是国家成立的一种手段。就此说来,一个人不是把自己的国家弄得富强便了,却是要叫自己国家有功于人类全体。不然,那国家便算白设了。明白这道理,自然知道我们的国家有个绝大责任横在前途。什么责任呢?是拿西洋的文明来扩充我的文明,又拿我的文明去补助西洋的文明,叫他化合起来成一种新文明。我在巴黎曾会着大哲学家蒲陀罗(Boutreu)(柏格森之师),他告诉我说:"一个国民最要紧的是把本国文化发挥光大,好像子孙袭了祖父遗产,就要保住他,而且叫他发生功用。就算很浅薄的文明,发挥出来都是好的,因为他总有他的特质,把他的特质和别人的特质化合,自然会产出第三种更好的特质来。你们中国着实可爱可敬,我们祖宗裹块鹿皮、拿把石刀在野林里打猎的时候,你们不知已出了几多哲人了。我近来读些译本的中国哲学书,总觉得他精深博大,可惜老了,不能学中国文。我望中国人总不要失掉这分家当才好。"我听着他这番话,觉得登时有几百斤重的担子加在我肩上。又有一回,和几位社会党名士闲谈,我说起孔子的"四海之内皆兄弟""不患寡而患不均",跟着又讲到井田制度,又讲些墨子的"兼爱""寝兵",他们都跳起来说道:"你们家里有这些宝贝,却藏起来不分点给我们,真是对不起人啊。"我想我们还够不上说对不起外人,先自对不起祖宗罢了。近来西洋学者,许多都想输入些东方文明,令他们得些调剂。我仔细想来,我们实在有这个资格。何以故呢?从前西洋文明总不免将理想实际分为两橛,唯心唯物,各走极端。宗教家偏重来生,唯心派哲学高谈玄妙,离人生问题都是很远。科学一个反动,唯物派席卷天下,把高尚的理想又丢掉了。所以我从前说道,"顶时髦的社会主义,结果也不过抢面包吃",这算得人类最高目的么?所以最近提倡的实用哲学、创化哲学,都是要把理想纳到实际里头,图个心物调和。我想我们先秦学术,正是从这条路上发展出来。孔、老、墨三位大圣,虽然学派各殊,"求理想与实用一致",却是他们共同的归着点。如孔子的"尽性赞化""自强不息",老子的"各归其根",墨子的"上同于天",都是看出有个"大的自我""灵的自我"和这"小的自我""肉的自我"同体,想要因小通大,推肉合灵。我们若是跟着三圣所走的路,求"现代的理想与实用一致",我想不知有多少境界可以辟得出来哩。又佛教虽创自印度,而实盛于中国。现在大乘各派,五印全绝,正法一脉,全在支那。欧人研究佛学,日盛一日,梵文所有经典差不多都翻出来,但向梵文里头求大乘,能得多少?我们自创的宗派,更不必论了。像我们的禅宗,真可以算得应用的佛教。世间的佛教,的确是要印度以外才能发生,的确是表现中国人特质,叫出世法和现世法并行不悖。现在柏格森、倭铿等辈,就是想走这条路还没走通。我常想,他们若能读唯识宗的书,他的成就一定不止这样。他们若能理解禅宗,成就更不止这样。你想,先秦诸哲,隋唐诸师,岂不都是我们仁慈圣善的祖宗积得好几大宗遗产给我们吗?我们不肖,不会享用,如今倒要闹学问饥荒了。就是文学、美术各方面,我们又何尝让人?国中那些老辈,故步自封,说什么西学都是中国所固有,诚然可笑。那沉醉西风的,把中国什么东西都说得一钱不值,好像我们几千年来就像土蛮部落,一无所有,岂不更可笑吗?须知凡一种思想,总是拿他的时代来做背景。我们要学的,是学那思想的根本精神,不是学他派生的条件。因为一落到条件,就没有不受时代支配的,譬如孔子,说了许多贵族性的伦理,在今日诚然不适用,却不能因此菲薄孔子。柏拉图说奴隶制度要保存,难道因此就把柏拉图抹杀吗?明白这一点,那么研究中国旧学,就可以得公平的判断,去取不至谬误了。却还有很要紧的一件事,要发挥我们的文化,非借他们的文化做途径不可。因为他们研究的方法实在精密。所谓"欲善其事,必先利其器"。不然,从前的中国人,哪一个不读孔夫子,哪一个不读李太白,为什么没有人得着他好处呢?所以我希望我们可爱的青年,第一步要人人存一个尊重爱护本国文化的诚意;第二步要用那西洋人研究学问的方法去研究他,得他的真相;第三步把自己的文化综合起来,还拿别人的补助他,叫他起一种化合作用,成了一个新文化系统;第四步把这新系统往外扩充,叫人类全体都得着他好处。我们人数居全世界人口四分之一,我们对于人类全体的幸福该负四分之一的责任,不尽这责任,就是对不起祖宗,对不起同时的人类,其实是对不起自己。我们可爱的青年啊,立正,开步走!大海对岸那边有好几万万人,愁着物质文明破产,哀哀欲绝的喊救命,等着你来超拔他哩!我们在天的祖宗三大圣和许多前辈,眼巴巴盼望你完成他的事业,正在拿他的精神来加佑你哩!

(1918年)

在中国公学演说

此次游欧,为时短而历地多,故观察亦不甚清切。所带来之土产固不甚多,唯有一件可使精神大受影响者,即悲观之观念完全扫清是已。因此精神得以振作,换言之即将暮气一扫而空。此次游欧所得止此。何以能致此?则因观察欧洲百年来所以进步之故,而中国又何以效法彼邦而不能相似之故,鄙人对于此且有所感想。

考欧洲所以致此者,乃因其社会上、政治上固有基础,而自然发展以成者也。其固有基础与中国不同,故中国不能效法。欧洲在此百年中可谓在一种不自然之状态中,亦可谓在病的状态中。中国效法此种病态,故不能成功。

第一以政治论。例如代议制乃一大潮流,亦十九世纪唯一之实物。各国皆趋此途,稍有成功,而中国独否。此何故?盖代议制在欧洲确为一种阶级,而在中国则无可能性。盖必有贵族地主,方能立宪,以政权集中于少数贤人之手,以为交付于群众之过渡。如英国确有此种少数优秀之人,先由贵族扩至中产阶级,再扩至平民,以必有阶级始能次第下移,此少数人皆有自任心。日本亦然,以固有阶级之少数优秀代表全体人民。至于中国则不然。自秦以来,久无阶级,故欲效法英日,竟致失败,盖因社会根底完全不同故也。中国本有民意政治之雏形,全国人久已有舆论民岩之印象,但其表示之方法,甚为浑漠为可憾耳。如御史制度,即其一例。其实自民本主义而言,中国人民向来有不愿政府干涉之心,亦殊合民本主义之精神。对于此种特性,不可漠视。往者吾人徒作中央集权之迷梦,而忘却此种固有特性。须知集权与中国民性最不相容,强行之,其结果不生反动,必生变态。此所以吾人虽欲效法欧洲,而不能成功者也。但此种不成功,果为中国之不幸乎?抑幸乎?先以他国为喻,如日德究竟其效法于美者为成功欤,抑失败欤?日本则因结果未揭晓,悬而勿论。且言德国,其先本分两派,一为共和统一派,一为君主统一派,迨俾士麦出,君主统一乃成。假定无俾氏,又假定出于共和统一之途,吾敢断言亦必成功,特不过稍迟耳。又假定其早已采用民本主义,吾敢决其虽未能发展如现在之速,然必仍发达如故,则可见此五十年乃绕道而走,至今须归原路,则并非幸也可知矣。总之,德国虽学英而成,然其价值至今日则仍不免于重新估定。如中国虽为学而失败者,然其失败未必为不幸。譬如一人上山,一人走平路,山后无路,势必重下,而不能上山者则有平路可走。可知中国国民此次失败不过小受波折,固无伤于大体,且将来大有希望也。

第二论社会亦然。中国社会制度颇有互助精神,竞争之说,素为中国人所不解,而互助则西方人不甚了解。中国礼教及祖先崇拜,皆有一部分出于克己精神与牺牲精神者。中国人之特性不能抛弃个人享乐，而欧人则反之。夫以道德上而言，决不能谓个人享乐主义为高，则中国人之所长，正在能维持社会的生存与增长。故中国数千年来经外族之蹂躏，而人数未尝减少。职此之故，因此吾以为不必学他人之竞争主义，不如就固有之特性而修正与扩充之也。

第三论经济。西方经济之发展，全由于资本主义，乃系一种不自然之状态，并非合理之组织。现在虽十分发达，然已将趋末路，且其积重难返，不能挽救，势必破裂。中国对于资本集中，最不适宜，数十年欲为之效法，而始终失败。然此失败未必为不幸。盖中国因无贵族地主，始终实行小农制度；法国自革命后始得之；俄多数派亦主张此制。而中国则固有之现代经济，皆以农业经济为基础，则中国学资本主义而未成，岂非天幸！将来大可取新近研究所得之制度而采用之。鄙人觉中国之可爱，正在此。

总之，吾人当将固有国民性发挥光大之，即以消极变为积极是也。如政治本为民本主义，惜其止在反对方面，不在组织方面；社会制度本为互助主义，亦惜止限于家庭方面，若变为积极，斯佳矣。鄙人自作此游，对于中国甚为乐观，兴会亦浓，且觉由消极变积极之动机，现已发端。诸君当知中国前途绝对无悲观，中国固有之基础亦最合世界新潮，但求各人高尚其人格，励进前往可也。以人格论，在现代以李宁为最，其刻苦之精神，其忠于主义之精神，最足以感化人，完全以人格感化全俄，故其主义能见实行。惟俄国国民极端与中国人之中庸性格不同。吾以为中国人亦非设法调和不可，即于思想当为彻底解放，而行为则当踏实，必自立在稳当之地位。学生诸君当人人有自任心，极力从培植能力方面着想，总须将自己发展到圆满，方可对于中国不必悲观,对于自己则设法养成高尚人格,则前途诚未可量也。

(原载《申报》1920年3月10日)

辛亥革命之意义与十年双十节之乐观

双十节天津学界全体庆祝会讲演

今日天津全学界公祝国庆，鄙人得参列盛会，荣幸之至。我对于今日的国庆，有两种感想：第一，是辛亥革命之意义；第二，是十年双十节之乐观。请分段说明，求诸君指教。

"革命"两个字真算得中国历史上的家常茶饭。自唐虞三代以到今日，做过皇帝的大大小小不下三四十家，就算是经了三四十回的革命，好像戏台上一个红脸人鬼混一会，被一个黄脸人打下去了；黑脸人鬼混一会，又被一个花脸人打下去了。拿历史的眼光看过去，真不知所为何来。一千多年前的刘邦、曹操、刘渊、石勒是这副嘴脸，一千多年后的赵匡胤、朱元璋、忽必烈、福临也是这副嘴脸。他所走的路线完全是"兜圈子"，所以可以说是绝无意义。我想中国历史上有意义的革命只有三回：第一回是周朝的革命，打破黄帝、尧、舜以来部落政治的局面；第二回是汉朝的革命，打破三代以来贵族政治的局面；第三回就是我们今天所纪念的辛亥革命了。

辛亥革命有什么意义呢？简单说：

一面是现代中国人自觉的结果，

一面是将来中国人自发的凭借。

自觉，觉些什么呢？

第一，觉得凡不是中国人都没有权来管中国的事。

第二，觉得凡是中国人都有权来管中国的事。

第一件叫做民族精神的自觉，第二件叫做民主精神的自觉。这两种精神原是中国人所固有，到最近二三十年间，受了国外环境和学说的影响，于是多年的"潜在本能"忽然爆发，便把这回绝大的自觉产生出来。如今请先说头一件的民族精神。原来一个国家被外来民族征服，也是从前历史上常有之事。因为凡文化较高的民族，一定是安土重迁，流于靡弱，碰着外来游牧慓悍的民族，很容易被他蹂躏，所以二三千年来世界各文明国，没有那一国不经过这种苦头，但结果这民族站得住或站不住，就要看民族自觉心的强弱何如。所谓自觉心，最要紧的是觉得自己是"整个的国民"，永远不可分裂、不可磨灭。例如犹太人，是整个却不是国民；罗马人是国民却不是整个；印度人既不是国民更不是整个了。所以这些国从前虽然文化灿烂，一被外族征服，便很难爬得转来。讲到我们中国，这种苦头真算吃得够受了。自五胡乱华以后，跟着什么北魏咧，北齐咧，北周咧，辽咧，金咧，把我们文化发祥的中原闹得稀烂，后来蒙古、满洲更了不得，整个的中国完全被他活吞了。虽然如此，我们到底把他们撑了出去。四五千年前祖宗留下来这份家产，毕竟还在咱们手里，诸君别要把这件事情看得很容易啊。请放眼一看，世界上和我们平辈的国家，如今都往那里去了？现在赫赫有名的国家，都是比我们晚了好几辈。我们好像长生不老的寿星公，活了几千年，经过千灾百难，如今还是和小孩子一样，万事都带几分幼稚态度，这是什么原故呢？因为我们自古以来就有一种觉悟，觉得我们这一族人像同胞兄弟一般，拿快利的刀也分不开；又觉得我们这一族人，在人类全体中关系极大，把我们的文化维持扩大一分，就是人类幸福扩大一分。这种观念，任凭别人说我们是保守也罢，说我们是骄慢也罢，总之我们断断乎不肯自己看轻了自己，确信我们是世界人类的优秀分子，不能屈服在别的民族底下，这便是我们几千年来能够自立的根本精神。民国成立前二百多年不是满洲人做了皇帝吗？到了后来，面子上虽说是中国人被满洲人征服，骨子里已经是满洲人被中国人征服。因为满洲渐渐同化到中国，他们早已经失了一个民族的资格了。虽然如此，我们对于异族统治的名义，也断断不能忍受。这并不是争什么面子问题，因为在这种名义底下，国民自立的精神总不免萎缩几分，所以晚明遗老像顾亭林、黄梨洲、王船山、张苍水这一班人，把一种极深刻的民族观念传给后辈。二百多年，未尝断绝。到甲午年和日本打一仗打败了，我们觉得这并不是中国人打败，是满洲人拖累着中国人打败。恰好碰着欧洲也是民族主义最昌的时代，他们的学说给我们极大的激刺，所以多年来磅礴郁积的民族精神尽情发露，排满革命，成为全国人信仰之中坚。那性质不但是政治的，简直成为宗教的了。

第二件再说那民主精神。咱们虽说是几千年的专制古国，但咱们向来不承认君主是什么神权，什么天授。欧洲中世各国，都认君主是国家的主人，国家是君主的所有物。咱们脑筋里头，却从来没有这种谬想。咱们所笃信的主义，就是孟子说的"民为贵，社稷次之，君为轻"。拿一个铺子打譬，人民是股东，皇帝是掌柜；股东固然有时懒得管事，到他高兴管起事来，把那不妥当的掌柜撵开，却是认为天经地义。还有一件，咱们向来最不喜欢政府扩张权力，干涉人民，咱们是要自己料理自己的事。咱们虽然是最能容忍的国民，倘若政府侵咱们自由超过了某种限度，咱们断断不能容忍。咱们又是二千年来没有什么阶级制度，全国四万万人都是一般的高，一样的大。一个乡下穷民，只要他有本事，几年间做了当朝宰相并不为奇。宰相辞官回家去，还同小百姓一样，受七品知县的统治，法律上并不许有什么特权。所以政治上自由、平等两大主义，算是我们中国人二千年来的公共信条。事实上能得到什么程度，虽然各时代各有不同，至于这种信条，在国民心目中，却是神圣不可侵犯。我近来常常碰着些外国人，很疑惑我们没有民治主义的根柢，如何能够实行共和政体。我对他说，恐怕中国人民治主义的根柢只有比欧洲人发达的早，并没比他们发达的迟；只有比他们打叠的深，并没比他们打叠的浅。我们本来是最"德谟克拉西"的国民，到近来和外国交通，越发看真"德谟克拉西"的好处，自然是把他的本性起一种极大的冲动作用了。回顾当时清末的政治，件件都是和我们的信条相背，安得不一齐动手端茶碗送客呢！

当光绪、宣统之间，全国有智识、有血性的人，可算没有一个不是革命党，但主义虽然全同，手段却有小小差异。一派注重种族革命，说是只要把满洲人撵跑了，不愁政治不清明；一派注重政治革命，说是把民治机关建设起来，不愁满洲人不跑。两派人各自进行，表面上虽像是分歧，目的总是归着到一点。一面是同盟会的人，暗杀咧，起事咧,用秘密手段做了许多壮烈行为;一面是各省咨议局中立宪派的人,请愿咧,弹劾咧,用公开手段做了许多群众运动。这样子闹了好几年,牺牲了许多人的生命财产,直到十年前的今日,机会凑巧,便不约而同的起一种大联合运动。武昌一声炮响,各省咨议局先后十日间,各自开一场会议,发一篇宣言,那二百多年霸占铺产的掌柜,便乖乖的把全盘交出,我们永远托命的中华民国,便头角峥嵘的诞生出来了。这是谁的功劳呢?可以说谁也没有功劳,可以说谁也有功劳。老实说一句,这是全国人的自觉心到时一齐迸现的结果。现在咱们中华民国,虽然不过一个十岁小孩,但咱们却是千信万信,信得过他一定与天同寿。从今以后,任凭他那一种异族,野蛮咧,文明咧,日本咧,欧美咧,独占咧,共管咧,若再要来打那统治中国的坏主意,可断断乎做不到了。任凭什么人,尧舜咧,桀纣咧,刘邦、李世民、朱元璋咧,王莽、朱温、袁世凯咧,若再要想做中国皇帝,可是海枯石烂不会有这回事了。这回革命,就像经过商周之间的革命,不会退回到部落酋长的世界;就像经过秦汉之间的革命,不会退回到贵族阶级的世界。所以从历史上看来,是有空前绝大的意义,和那红脸打倒黑脸的把戏性质完全不同。诸君啊,我们年年双十节纪念,纪念个什么呢?就是纪念这个意义。为什么要纪念这个意义?为要我们把这两种自觉精神越加发扬,越加普及,常常提醒,别要忘记。如其不然,把这双十节当作前清阴历十月初十的皇太后万寿一般看待,白白放一天假,躲一天懒,难道我们的光阴这样不值钱,可以任意荒废吗?诸君想想啊!

我下半段要说的是十年双十节之乐观。想诸君骤然听着这个标题，总不免有几分诧异，说是现在人民痛苦到这步田地，你还在那里乐观，不是全无心肝吗？但我从四方八面仔细研究，觉得这十年间的中华民国除了政治一项外，没有那一样事情不是可以乐观的。就算政治罢，不错，现时是十分悲观，但这种悲观资料也并非很难扫除，只要国民加一番劳力，立刻可以转悲为乐。请诸君稍耐点烦，听我说明。

乐观的总根源还是刚才所说那句老话："国民自觉心之发现。"因为有了自觉，自然会自动；会自动，自然会自立。一个人会自立，国民里头便多得一个优良分子；个个人会自立，国家当然自立起来了。十年来这种可乐观的现象在实业教育两界表现得最为明显。我如今请从实业方面举几件具体的事例。宣统三年，全国纺纱的锭数不满五十万锭；民国十年已超过二百万锭了。日本纱的输入，一年一年的递减，现在已到完全封绝的地步。宣统三年，全国产煤不过一千二三百万吨；民国十年增加到二千万吨了。还有一件应该特别注意的，从前煤矿事业完全中国人资本，中国人自当总经理，中国人自当工程师，这三个条件具备的矿一个也没有，所出的煤一吨也没有；到民国十年，在这条件之下所产的煤四百万吨，几乎占全产额四分之一了。此外像制丝咧，制面粉咧，制烟咧，制糖咧，制盐咧，农垦咧，渔牧咧，各种事业，我也不必列举统计表上许多比较的数目字，免得诸君听了麻烦，简单说一句，都是和纱厂、煤矿等业一样，有相当的比例进步。诸君试想，从前这种种物品都是由外国输入，或是由外国资本家经营，我们每年购买出了千千万万金钱去胀外国人，如今挽回过来的多少呢？养活职工又多少呢？至如金融事业，宣统三年，中国人自办的只有一个大清银行，一个交通银行，办得实在幼稚可笑；说到私立银行，全国不过两三家，资本都不过十万以内，全国金融命脉，都握在上海、香港几家外国银行手里头，捏扁搓圆，凭他尊便。到今民国十年，公私大小银行有六七十家，资本五百万以上的亦将近十家，金融中心渐渐回到中国人手里。像那种有外国政府站在后头的中法银行，宣告破产，还是靠中国银行家来救济整理；中国银行公会的意见，五国银行团不能不表相当的尊重了。诸君啊，诸君别要误会，以为我要替资本家鼓吹。现在一部分的资本家诚不免用不正当的手段，掠得不正当的利益，我原是深恶痛恨，而且他们的事业也难保他都不失败，但这些情节暂且不必多管。我总觉得目前这点子好现象，确是从国民自觉心发育出来。"中国人用的东西，为什么一定仰给外国人？"这是自觉的头一步。"外国人经营的事业，难道中国人就不能经营吗？"这是自觉的第二步。"外国人何以经营得好，我们从前赶不上人家的在什么地方？"这是自觉的第三步。有了这三种自觉，自然会生出一种事实来，就是"用现代的方法，由中国人自动来兴办中国应有的生产事业"。我从前很担心，疑惑中国人组织能力薄弱，不能举办大规模的事业，近来得了许多反证，把我的疑惧逐日减少。我觉得中国人性质，无论从那方面看去，总看不出比外国人弱的地方，所差者还是旧有的学问智识，对付不了现代复杂的社会。即如公司一项，前清所办的十有八失败，近十年内却是成功的成数比失败的多了。这也没什么稀奇，从前办公司的不是老官场便是老买办，一厘新智识也没有。如今年富力强的青年或是对于所办事业有专门学识的，或是受过相当教育常识丰富的，渐渐插足到实业界，就算老公司里头的老辈,也不能不汲引几位新人物来做臂膀。简单说一句,实业界的新人物、新方法,对于那旧的,已经到取而代之的地位了,所以有几家办得格外好的,不惟事事不让外国人,只有比他们还要崭新进步。刚才所说的是组织方面,至于技术方面,也是同样的进化。前几天有位朋友和我说一段新闻,我听了甚有感触,诸君若不厌麻烦,请听我重述一番。据说北京近来有个制酒公司,是几位外国留学生创办的,他们卑礼厚币,从绍兴请了一位制酒老师傅来。那位老师傅头一天便设了一座酒仙的牌位,要带领他们致敬尽礼的去祷拜。这班留学生,自然是几十个不愿意,无奈那老师傅说不拜酒仙,酒便制不成,他负不起这责任。那些留学生因为热心学他的技术,只好胡乱陪着拜了。后来这位老师傅很尽职的在那里日日制酒,却是每回所制总是失败。一面这几位学生在旁边研究了好些日子,知道是因为南北气候和其他种种关系所致,又发明种种补救方法,和老师傅说,老师傅总是不信。后来这些学生用显微镜把发酵情状打现出来,给老师傅瞧,还和他说明所以然之故,老师傅闻所未闻,才恍然大悟的说道:"我向来只怪自己拜酒仙不诚心,或是你们有什么冲撞,如今才明白了完全不是那么一回事。"从此老师傅和这群学生教学相长,用他的经验来适用学生们的学理,制出很好的酒来了。这段新闻,听着像很琐碎无关轻重,却是"科学的战胜非科学的"真凭实据。又可见青年人做事,要免除老辈的阻力而且得他的帮助,也并非难,只要你有真实学问再把热诚贯注过去,天下从没有办不通的事啊!我对民国十年来生产事业的现象,觉得有一种趋势最为可喜,就是科学逐渐占胜。科学的组织,科学的经营,科学的技术,一步一步的在我们实业界中得了地盘。

此后凡属非科学的事业，都要跟着时势，变计改良，倘其不然，就要劣败淘汰去了。这种现象，完全是自觉心发动扩大的结果，完全是民国十年来的新气象。诸君想想，这总算够得上乐观的好材料罢？

在教育方面，越发容易看得出来。前清末年办学堂，学费、膳费、书籍费，学堂一揽千包，还倒贴学生膏火，在这种条件底下招考学生，却是考两三次还不足额。如今怎么样啦？送一位小学生到学校，每年百打百块钱，大学生要二三百，然而稍为办得好点的学校，那一处不是人满？为什么呢？这是各家父兄有极深刻的自觉，觉得现代的子弟非求学问不能生存。在学生方面，从前小学生逼他上学，好像拉牛上树，如今却非到学堂不快活了。大学生十个里头，总有六七个晓得自己用功，不必靠父师督责。一上十五六岁，便觉得倚赖家庭是不应该的，时时刻刻计算到自己将来怎样的自立。从前的普通观念是想做官才去读书，现在的学生，他毕业后怎么的变迁虽然说不定，若当他在校期间，说是打算将来拿学问去官场里混饭吃，我敢保一千人里头找不着一个。以上所说这几种现象，在今日看来，觉得很平常，然而在十年前却断断不会有的。为什么呢？因为多数人经过一番自觉之后才能得来，所以断断不容假借。讲到学问本身方面，那忠实研究的精神，一天比一天增长，固然是受了许多先辈提倡的影响，至于根本的原因，还是因为全国学问界的水平线提高了，想要学十年前多数学生的样子，靠那种"三板斧""半瓶醋"的学问来自欺欺人，只怕不会站得住。学生有了这种自觉，自然会趋到忠实研究一路了。既有了研究精神，兴味自然是愈引愈长，程度自然是愈进愈深。近两年来"学问饥饿"的声浪弥漫于青年社会。须知凡有病的人，断不会觉得饥饿。我们青年觉得学问饥饿，便可证明他那"学问的胃口"消化力甚强。消化力既强，营养力自然也大。咱们学问界的前途，谁能够限量他呢？有人说："近来新思潮输入，引得许多青年道德堕落，是件极可悲观的事。"这些话，老先生们提起来，十有九便皱眉头。依我的愚见，劝他们很可以不必白操这心。人类本来是动物不是神圣，"不完全"就是他的本色。现在不长进的青年固然甚多，难道受旧教育的少爷小姐们，那下流种子又会少吗？不过他们的丑恶遮掩起来许多人看不见罢了。凡一个社会当过渡时代，鱼龙混杂的状态，在所不免，在这个当口，自然会有少数人走错了路，成了时代的牺牲品。但算起总帐来，革新的文化在社会总是有益无害，因为这种走错路的人，对于新文化本来没有什么领会，就是不提倡新文化，他也会堕落。那些对于新文化确能领会的人，自然有法子鞭策自己、规律自己，断断不至于堕落。不但如此，那些借新文化当假面具的人，终久是在社会上站不住，任凭他出风头出三两年，毕竟要屏出社会活动圈以外。剩下这些在社会上站得住的人，总是立身行己，有些根柢，将来新社会的建设，靠的是这些人，不是那些人。所以我对于现在青年界的现象，觉得是纯然可以乐观的。别人认为悲观的材料，在我的眼内，都不成问题。

以上不过从实业、教育两方面立论。别的事在今天的短时间内恕我不能多举。总起来说一句，咱们十个年头的中华民国的确是异常进步。前人常说，理想比事实跑得快。照这十年的经验看来，倒是事实比理想跑得快了。因为有许多事项，我们当宣统三年的时候绝不敢说十年之内会办得到，哈哈，如今早已实现了！尤可喜的，是社会进步所走的路，一点儿没有走错。你看，近五十年来的日本，不是跑得飞快吗，可惜路走歪了，恐怕跑得越发远，越发回不过头来。我们现在所走的，却是往后新世界平平坦坦的一条大路。因为我们民族，本来自由平等的精神是很丰富的，所以一到共和的国旗底下，把多年的潜在本能发挥出来，不知不觉便和世界新潮流恰恰相应。现在万事在草创时代，自然有许多不完全的地方，而且常常生出许多毛病，这也无庸为讳，但方向既已不错，能力又不缺乏，努力前进的志气又不是没有，像这样的国民，你说会久居人下吗？还有一件，请诸君别要忘记，我们这十年内社会的进步，乃是从极黑暗、极混乱的政治状态底下，勉强挣扎得来，人家的政治，是用来发育社会；我们的政治，是用来摧残社会。老实说一句，十年来中华民国的人民，只算是国家的孤臣孽子。他们在这种境遇之下，还挣得上今日的田地，倘使政治稍为清明几分，他的进步还可限量吗？

讲到这里，诸君怕要说："梁某人的乐观主义支持不下去了。"我明白告诉诸君，我对于现在的政治，自然是十二分悲观；对于将来的政治，却还有二十四分的乐观哩。到底可悲还是可乐，那关键却全在国民身上。国民个个都说"悲呀，悲呀，"那真成了旧文章套调说的"不亦悲乎"，只怕跟着还有句"呜呼哀哉"呢！须知政治这样东西，不是一件矿物，也不是一个鬼神，离却人没有政治，造政治的横竖不过是人，所以人民对于政治，要他好他便好了，随他坏他便坏了。须知十年来的坏政治，大半是由人民纵坏。今日若要好政治，第一是要人民确然信得过自己有转移政治的力量，第二是人民肯把这分力量拿出来用。只要从这两点上有彻底的自觉，政治由坏变好，有什么难？

拿一家打譬，主人懒得管事，当差的自然专横；专横久了，觉得他像不知有多大的神通，其实主人稍为发一发威，那一个不怕？现在南南北北什么总统咧，巡帅咧，联帅咧，督军咧，总司令咧，都算是素来把持家政的悍仆。试问他们能有多大的力量？能有多久的运命？眼看着从前在台面上逞威风的，已经是一排一排的倒下去。你要知道现时站在台上的人结果如何，从前站的人就是他的榜样。我们国民多半拿军阀当作一种悲观资料，我说好像怕黑的小孩，拿自己的影子吓自己。须知现在纸糊老虎的军阀，国民用力一推，固然要倒，就是不推他也自己要倒，不过推他便倒得快些，不推他便倒得慢些，他们的末日已经在阎罗王册上注了定期，在今日算不了什么大问题。只是一件，倘若那主人还是老拿着不管事的态度，那么这一班坏当差的去了，别一班坏当差的还推升上来，政治却永远无清明之日了。讲到这一点吗，近来许多好人打着不谈政治的招牌，却是很不应该。社会上对于谈政治的人，不问好歹，一概的厌恶冷淡，也是很不应该。国家是谁的呀？政治是谁的呀？正人君子不许谈，有学问的人不许谈，难道该让给亡清的贪官污吏来谈？难道该让给强盗头目来谈？难道该让给流氓痞棍来谈？我奉劝全国中优秀分子，要从新有一种觉悟："国家是我的，政治是和我的生活有关系的。谈，我是要谈定了；管，我是要管定了。"多数好人都谈政治，都管政治，那坏人自然没有站脚的地方。再申说一句，只要实业界、教育界有严重监督政治的决心，断不愁政治没有清明之日。好在据我近一两年来冷眼的观察，国民吃政治的苦头已经吃够了，这种觉悟，已经渐渐成熟了。我信得过我所私心祈祷的现象，不久便要实现。方才说的对于将来政治有二十四分乐观,就是为此。

  诸君,我的话太长了,麻烦诸君好几点钟,很对不起,但盼望还容我总结几句。诸君啊,要知道希望是人类第二个生命,悲观是人类活受的死刑。一个人是如此,一个民族也是如此。古来许多有文化的民族为什么会灭亡得无影无踪呀?因为国民志气一旦颓丧了,那民族便永远翻不转身来。我在欧洲看见德、奥两国战败国人民,德国人还是个个站起了,奥国人已经个个躺下去。那两国前途的结果,不问可知了。我们这十岁大的中华民国,虽然目前像是多灾多难,但他的禀赋原来是很雄厚的,他的环境又不是和他不适,他这几年来的发育已经可观,难道还怕他会养不活不成?养活成了还怕没有出息吗?只求国民别要自己看不起自己,别要把志气衰颓下去,将来在全人类文化上,大事业正多着哩!

(1921 年)

科学精神与东西文化

八月二十日在南通为科学社年会讲演

一

今日我感觉莫大的光荣，得有机会在一个关系中国前途最大的学问团体——科学社的年会来讲演。但我又非常惭愧而且惶恐，像我这样对于科学完全门外汉的人，怎样配在此讲演呢？这个讲题——"科学精神与东西文化"，是本社董事部指定要我讲的。我记得科举时代的笑话，有些不通秀才去应考，罚他先饮三斗墨汁，预备倒吊着滴些墨点出来。我今天这本考卷，只算倒吊着滴墨汁，明知一定见笑大方，但是句句话都是表示我们门外汉对于门内的"宗庙之美、百官之富"如何欣羡、如何崇敬、如何爱恋的一片诚意。我希望国内不懂科学的人或是素来看轻科学、讨厌科学的人，听我这番话得多少觉悟，那么，便算我个人对于本社一点贡献了。

近百年来科学的收获如此其丰富，我们不是鸟，也可以腾空；不是鱼，也可以入水；不是神仙，也可以和几百千里外的人答话。……

诸如此类，那一件不是受科学之赐？任凭怎么顽固的人，谅来"科学无用"这句话，再不会出诸口了。然而中国为什么直到今日还得不着科学的好处？直到今日依然成为"非科学的国民"呢？我想，中国人对于科学的态度，有根本不对的两点。

其一，把科学看得太低了、太粗了。我们几千年来的信条，都说的"形而上者谓之道，形而下者谓之器""德成而上艺成而下"这一类话。多数人以为科学无论如何高深，总不过属于艺和器那部分，这部分原是学问的粗迹，懂得不算稀奇，不懂得不算耻辱。又以为，我们科学虽不如人，却还有比科学更宝贵的学问——什么超凡入圣的大本领，什么治国平天下的大经纶，件件都足以自豪，对于这些粗浅的科学，顶多拿来当一种补助学问就够了。因为这种故见横亘在胸中，所以从郭筠仙、张香涛这班提倡新学的先辈起，都有两句自鸣得意的话，说什么"中学为体，西学为用"。这两句话现在虽然没有从前那么时髦了，但因为话里的精神和中国人脾胃最相投合，所以话的效力，直到今日依然为变相的存在。老先生们不用说了，就算这几年所谓新思潮、所谓新文化运动，不是大家都认为蓬蓬勃勃有生气吗？试检查一检查他的内容，大抵最流行的莫过于讲政治上、经济上这样主义那样主义，我替他起个名字叫做西装的治国平天下大经纶；次流行的莫过于讲哲学上、文学上这种精神那种精神，我也替他起个名字叫做西装的超凡入圣大本领。至于那些脚踏实地平淡无奇的科学，试问有几个人肯去讲求？学校中能够有几处像样子的科学讲座？有了，几个人肯去听？出版界能够有几部有价值的科学书、几篇有价值的科学论文？有了，几个人肯去读？我固然不敢说现在青年绝对的没有科学兴味,然而兴味总不如别方面浓。须知,这是积多少年社会心理遗传下来,对于科学认为"艺成而下"的观念,牢不可破。直到今日,还是最爱说空话的人最受社会欢迎。做科学的既已不能如别种学问之可以速成,而又不为社会所尊重,谁肯埋头去学他呢?

其二,把科学看得太呆了、太窄了。那些绝对的鄙厌科学的人且不必责备,就是相对的尊重科学的人还是十个有九个不了解科学性质。他们只知道科学研究所产结果的价值,而不知道科学本身的价值;他们只有数学、几何学、物理学、化学……概念,而没有科学的概念。他们以为学化学便懂化学,学几何便懂几何,殊不知并非化学能教人懂化学,几何能教人懂几何,实在是科学能教人懂化学和几何。他们以为只有化学、数学、物理、几何……才算科学,以为只有学化学、数学、物理、几何……才用得着科学,殊不知所有政治学、经济学、社会学……只要够得上一门学问的,没有不是科学,我们若不拿科学精神去研究,便做那一门子学问也做不成。中国人因为始终没有懂得"科学"这个字的意义,所以五十年前很有人奖励学制船、学制炮,却没有人奖励科学。近十几年学校里都教的数学、几何、化学、物理,但总不见教会人做科学。或者说,只有理科、工科的人们才要科学,我不打算当工程师,不打算当理化教习,何必要科学?中国人对于科学的看法大率如此。

我大胆说一句话,中国人对于科学这两种态度倘若长此不变,中国人在世界上便永远没有学问的独立,中国人不久必要成为现代被淘汰的国民。

二

科学精神是什么？我姑从最广义解释："有系统之真智识，叫做科学；可以教人求得有系统之真智识的方法，叫做科学精神。"这句话要分三层说明。

第一层，求真智识。智识是一般人都有的，乃至连动物都有。科学所要给我们的，就争一个"真"字。一般人对于自己所认识的事物，很容易便信以为真，但只要用科学精神研究下来，越研究便越觉求真之难。譬如说"孔子是人"这句话不消研究，总可以说是真，因为人和非人的分别是很容易看见的。譬如说"老虎是恶兽"这句话真不真便待考了。欲证明他是真，必要研究兽类具备某种某种性质才算恶，看老虎果曾具备了没有？若说老虎杀人算是恶，为什么人杀老虎不算恶？若说杀同类算是恶，只听见有人杀人，从没听见老虎杀老虎，然则人容或可以叫做恶兽，老虎却绝对不能叫做恶兽了。譬如说"性是善"或说"性是不善"，这两句话真不真，越发待考了。到底什么叫做"性"，什么叫做"善"，两方面都先要弄明白。倘如孟子说的性咧、情咧、才咧，宋儒说的义理咧、气质咧，闹成一团糟，那便没有标准可以求真了。譬如说"中国现在是共和政治"这句话便很待考，欲知他真不真，先要把共和政治的内容弄清楚，看中国和他合不合。譬如说"法国是共和政治"这句话也待考，欲知他真不真，先要问"法国"这个字所包范围如何。若安南也算法国，这句话当然不真了。看这几个例，便可以知道，我们想对于一件事物的性质得有真知灼见，很是不容易。要钻在这件事物里头去研究,要绕着这件事物周围去研究,要跳在这件事物高头去研究,种种分析研究结果,才把这件事物的属性大略研究出来,算是从许多相类似容易混淆的个体中,发现每个个体的特征。换一个方向,把许多同有这种特征的事物归成一类,许多类归成一部,许多部归成一组,如是综合、研究的结果,算是从许多各自分离的个体中发现出他们相互间的普遍性。经过这种种工夫,才许你开口说"某件事物的性质是怎么样",这便是科学第一件主要精神。

第二层,求有系统的真智识。智识不但是求知道一件一件事物便了,还要知道这件事物和那件事物的关系,否则零头断片的智识全没有用处。知道事物和事物相互关系,而因此推彼,得从所已知求出所未知,叫做有系统的智识。系统有二:一竖,二横。横的系统,即指事物的普遍性——如前段所说。竖的系统,指事物的因果律——有这件事物,自然会有那件事物;必须有这件事物,才能有那件事物。倘若这件事物有如何如何的变化,那件事物便会有或才能有如何如何的变化,这叫做因果律。明白因果,是增加新智识的不二法门,因为我们靠他才能因所已知推见所未知。明白因果,是由智识进到行为的向导,因为我们预料结果如何,可以选择一个目的做去。虽然,因果是不轻容易谈的。第一,要找得出证据;第二,要说得出理由。因果律虽然不能说都要含有"必然性",但总是愈逼近"必然性"愈好,最少也要含有很强的"盖然性"。倘若仅属于"偶然性"的,便不算因果律。譬如说:"晚上落下去的太阳,明早上一定再会出来。"说:"倘若把水煮过了沸度,他一定会变成蒸汽。"这等算是含有必然性,因为我们积千千万万回的经验,却没有一回例外,而且为什么如此,可以很明白说出理由来。譬如说:"冬间落去的树叶,明年春天还会长出来。"这句话便待考,因为再长出来的并不是这块叶,而且这树也许碰着别的变故再也长不出叶来。譬如说:"西边有虹霓,东边一定有雨。"这句话越发待考,因为虹霓不是雨的原因,他是和雨同一个原因,或者还是雨的结果。翻过来说:"东边有雨,西边一定有虹霓。"这句话也待考,因为雨虽然可以为虹霓的原因,却还须有别的原因凑拢在一处,虹霓才会出来。譬如说:"不孝的人要着雷打。"这句话便大大待考,因为虽然我们也曾听见某个不孝人着雷,但不过是偶然的一回,许多不孝的人不见得都着雷,许多着雷的东西不见得都不孝,而且宇宙间有个雷公会专打不孝人,这些理由完全说不出来。譬如说:"人死会变鬼。"这句话越发大大待考,因为从来得不着绝对的证据,而且绝对的说不出理由。譬如说:"治极必乱,乱极必治。"这句话便很要待考,因为我们从中国历史上虽然举出许多前例,但说治极是乱的原因,乱极是治的原因,无论如何,总说不下去。譬如说:"中国行了联省自治制后,一定会太平。"这话也待考,因为联省自治虽然有致太平的可能性,无奈我们未曾试过。看这些例,便可知我们想应用因果律求得有系统的智识,实在不容易,总要积无数的经验——或照原样子继续忠实观察,或用人为的加减改变试验,务找出真凭实据,才能确定此事物与彼事物之关系。这还是第一步。再进一步,凡一事物之成毁,断不止一个原因。知道甲和乙的关系还不够,又要知道甲和丙丁戊……关系。原因之中又有原因。想真知道乙和甲的关系,便须先知道乙和庚、庚和辛、辛和壬……关系,不经过这些工夫,贸贸然下一个断案说某事物和某事物有何等关系,便是武断,便是非科学的。科学家以许多有证据的事实为基础,逐层逐层看出他们的因果关系,发明种种含有必然性或含有极强盖然性的原则,好像拿许多结实麻绳组织成一张网,这网愈织愈大,渐渐的函盖到这一组智识的全部,便成了一门科学。这是科学第二件主要精神。

第三层,可以教人的智识。凡学问有一个要件,要能"传与其人"。人类文化所以能成立,全由于一人的智识能传给多数人,一代的智识能传给次代。我费了很大的工夫得一种新智识,把他传给别人,别人费比较小的工夫承受我的智识之全部或一部,同时腾出别的工夫又去发明新智识,如此教学相长递相传授,文化内容自然一日一日的扩大。倘若智识不可以教人,无论这项智识怎样的精深博大,也等于"人亡政息",于社会文化绝无影响。中国凡百学问,都带一种"可以意会不可以言传"的神秘性,最足为智识扩大之障碍。例如医学,我不敢说中国几千年没有发明,而且我还信得过确有名医,但总没有法传给别人,所以今日的医学和扁鹊、仓公时代一样,或者还不如。又如修习禅观的人,所得境界,或者真是圆满庄严,但只好他一个人独享,对于全社会文化竟不发生丝毫关系。中国所有学问的性质,大抵都是如此。这也难怪,中国学问,本来是由几位天才绝特的人"妙手偶得"——本来不是按部就班的循着一条路去得着,何从把一条应循之路指给别人?科学家恰恰相反,他们一点点智识,都是由艰苦经验得来。他们说一句话总要举出证据,自然要将证据之如何搜集、如何审定一概告诉人;他们主张一件事总要说明理由,理由非能够还原不可,自然要把自己思想经过的路线顺次详叙,所以别人读他一部书或听他一回讲义,不惟能够承受他研究所得之结果,而且一并承受他如何能研究得此结果之方法,而且可以用他的方法来批评他的错误。方法普及于社会,人人都可以研究,自然人人都会有发明,这是科学第三件主要精神。

三

中国学术界因为缺乏这三种精神,所以生出如下之病证。

一、笼统。标题笼统——有时令人看不出他研究的对象为何物。用语笼统——往往一句话容得几方面解释。思想笼统——最爱说大而无当不着边际的道理,自己主张的是什么,和别人不同之处在那里,连自己也说不出。

二、武断。立说的人,既不必负找寻证据、说明理由的责任,判断下得容易,自然流于轻率。许多名家著述,不独违反真理而且违反常识的,往往而有。既已没有讨论学问的公认标准,虽然判断谬误,也没有人能驳他,谬误便日日侵蚀社会人心。

三、虚伪。武断还是无心的过失,既已容许武断,便也容许虚伪。虚伪有二:一、语句上之虚伪,如隐匿真证、杜撰假证或曲说理由等等;二、思想内容之虚伪,本无心得,貌为深秘,欺骗世人。

四、因袭。把批评精神完全消失,而且没有批评能力,所以一味盲从古人,剽窃些绪余过活,所以思想界不能有弹力性,随着时代所需求而开拓,倒反留着许多沉淀废质在里头为营养之障碍。

五、散失。间有一两位思想伟大的人,对于某种学术有新发明,但是没有传授与人的方法,这种发明便随着本人的生命而中断,所以他的学问,不能成为社会上遗产。

以上五件。虽然不敢说是我们思想界固有的病证,这病最少也自秦汉以来受了二千年。我们若甘心抛弃文化国民的头衔,那更何话可说。若还舍不得吗?试想,二千年思想界内容贫乏到如此,求学问的途径榛塞到如此,长此下去,何以图存?想救这病,除了提倡科学精神外,没有第二剂良药了。

我最后还要补几句话。我虽然照董事部指定的这个题目讲演,其实科学精神之有无,只能用来横断新旧文化,不能用来纵断东西文化。若说欧美人是天生成科学的国民,中国人是天生成非科学的国民,我们可绝对的不能承认。拿我们战国时代和欧洲希腊时代比较,彼此都不能说是有现代这种崭新的科学精神,彼此却也没有反科学的精神。秦汉以后,反科学精神弥漫中国者二千年;罗马帝国以后反科学精神弥漫于欧洲者也一千多年。两方比较,我们隋唐佛学时代,还有点"准科学的"精神不时发现,只有比他们强,没有比他们弱。

我所举五种病证,当他们教会垄断学问时代,件件都有,直到文艺复兴以后,渐渐把思想界的健康恢复转来,所谓科学者,才种下根苗。讲到枝叶扶疏,花实烂漫,不过最近一百年内的事。一百年的先进后进,在历史上值得计较吗?只要我们不讳疾忌医,努力服这剂良药,只怕将来生天成佛未知谁先谁后哩。我祝祷科学社能做到被国民信任的一位医生。我祝祷中国文化添入这有力的新成分再放异彩。

(1922 年)

东南大学课毕告别辞

诸君：我在这边讲学半年，大家朝夕在一块儿相处，我很觉得快乐。并且因为我任有一定的功课，也催逼着我把这部十万余言的《先秦政治思想史》著成。不然，恐怕要等到十年或十余年之后。中间不幸身体染有小病，即今还未十分复原。我常常恐怕不能完课，如今幸得讲完了。这半年以来，听讲的诸君，无论是正式选课或是旁听，都是始终不曾旷课，可以证明诸君对于我所讲有十分兴味。今当分别，彼此实在很觉得依恋难舍。因为我们这半年来，彼此人格上的交感不少。最可惜者，因为时间短促，以致仅有片面的讲授，没有相互的讨论。所谓教学相长，未能如愿做到。今天为这回最末的一次讲演，当作与诸君告别之辞。

诸君千万不要误解，说梁某人是到这边来贩卖知识。我自计知识之能贡献于诸君者实少。知识之为物，实在是无量的广漠，谁也不能说他能给谁以绝对不易的知识。顶多，亦只承认他有相对的价值。即如讲奈端罢，从前总算是众口同词的认为可靠，但是现在，安斯坦又几乎完全将他推倒。专门的知识,尚且如此,何况像我这种泛滥杂博的人并没有一种专门名家的学问呢?所以切盼诸君,不要说我有一艺之长,讲的话便句句可靠。最多,我想,亦只叫诸君知道我自己做学问的方法。譬如诸君看书,平素或多忽略不经意的地方,必要寻着这个做学问的方法,乃能事半功倍。真正做学问,乃是找着方法去自求,不是仅看人家研究所得的结果。因为人家研究所得的结果,终是人家的,况且所得的,也未必都对。讲到此处,我有一个笑话告诉诸君。记得某一本小说里说:"吕纯阳下山觅人传道,又不晓得谁是可传,他就设法来试验。有一次,在某地方,遇着一个人。吕纯阳登时将手一指,点石成金,就问那个人要否?那人只摇着头,说不要。吕纯阳再点一块大的试他,那人仍是不为所动。吕纯阳心里便十分欢喜,以为道有可传的人了。但是还恐怕靠不住,再以更大的金块试他,那人果然仍是不要。吕纯阳便问他不要的原因,满心承望他答覆一个热心向道。那晓得那人不然,他说,我不要你点成了的金块,我是要你那点金的指头。因为有了这指头,便可以自由点用。"这虽是个笑话,但却很有意思。所以很盼诸君,要得着这个点石成金的指头——做学的方法,那么,以后才可以自由探讨,并可以辩正师传的是否。教拳术的教师最少要希望徒弟能与他对敌,学者亦当悬此为鹄,最好是要青出于蓝而胜于蓝。若仅仅是看前人研究所得,而不自行探讨,那么,得一便不能知其二。且取法乎上,得仅在中,这样,学术岂不是要一天退化一天吗?人类知识进步,乃是要后人超过前人。后人应用前人的治学方法,而复从旧方法中,开发出新方法来。方法一天一天的增多,便一天一天的改善。拿着改善的新方法去治学,自然会优于前代。我个人的治学方法，或可以说是不错，我自己应用来也有些成效。可惜这次全部书中所说的，仍为知识的居多，还未谈做学的方法。倘若诸君细心去看，也可以寻找得出来。既经找出，再循着这方法做去，或者更能发现我的错误，或是来批评我，那就是我最欢喜的。

我今天演讲，不是关于知识方面的问题。诚然，知识在人生地位上，也是非常紧要，我从来并未将他看轻。不过，若是偏重知识，而轻忽其他人生重要之部，也是不行的。现在中国的学校，简直可说是贩卖知识的杂货店。文哲工商，各有经理。一般来求学的，也完全以顾客自命。固然欧美也同坐此病，不过病的深浅，略有不同。我以为长此以往，一定会发生不好的现象。中国现今政治上的窳败，何尝不是前二十年教育不良的结果。盖二十年前的教育，全采用日德的军队式，并且仅能袭取皮毛，以至造成今日一般无自动能力的人。现以哩，教育是完全换了路了，美国式代日式、德式而兴。不出数年，我敢说是全部要变成美国化。或许我们这里——东南大学——就是推行美化的大本营。美国式的教育，诚然是比德国式、日本式的好，但是毛病还很多，不是我们理想之鹄。英人罗素回国后，颇艳称中国的文化，发表的文字很多。他非常盼望我们这占全人类四分之一的特殊民族，不要变成了美国的"丑化"。这一点可说是他看得很清楚。美国人切实敏捷，诚然是他们的长处。但是中国人即使全部将他移植过来，使纯粹变成了一个东方的美国，慢讲没有这种可能，即能，我不知道诸君怎样，我是不愿的。因为倘若果然如此，那真是罗素所说的，把这有特质的民族，变成了丑化了。我们看得很清楚，今后的世界,决非美国式的教育所能域领。现在多数美国的青年,而且是好的青年,所作何事? 不过是一生到死,急急忙忙的,不任一件事放过:忙进学校、忙上课、忙考试、忙升学、忙毕业、忙得文凭、忙谋事、忙花钱、忙快乐、忙恋爱、忙结婚、忙养儿女,还有最后一忙——忙死。他们的少数学者,如詹姆士之流,固然总想为他们别开生面,但是大部分已经是积重难返。像在这种人生观底下过活,那么,千千万万人,前脚接后脚的来这世界上走一趟,住几十年,干些什么哩? 唯一无二的目的,岂不是来做消耗面包的机器吗? 或是怕那宇宙间的物质运动的大轮子,缺了发动力,特自来供给他燃料。果真这样,人生还有一毫意味吗? 人类还有一毫价值吗? 现在全世界的青年,都因此无限的凄惶失望。知识愈多,沉闷愈苦,中国的青年,尤为利害。因为政治社会不安宁,家国之累,较他人为甚;环顾宇内,精神无可寄托。从前西人唯一维系内心之具,厥为基督教,但是科学昌明后,第一个致命伤,便是宗教。从前在苦无可诉的时候,还得远远望着冥冥的天堂;现在呢? 知道了人类不是什么上帝创造,天堂更渺不可凭,这种宗教的麻醉剂,已是无法存在。讲到哲学吗,西方的哲人,素来只是高谈玄妙,不得真际,所足恃为人类安身立命之具,也是没有;再如讲到文学吗,似乎应该少可慰藉,但是欧美现代的文学,完全是刺戟品,不过叫人稍醒麻木,但一切耳目口鼻所接,都足陷人于疲敝。刺戟一次,疲麻的程度又增加一次,如吃辣椒然,寖假而使舌端麻木到极点,势非取用极辣的胡椒来刺戟不可。这种刺戟的功用,简直如有烟癖的人,把鸦片或吗啡提精神一般。虽精神或可暂时振起,但是这种精神,不是鸦片和吗啡带得来的,是预支将来的精神。所以说,一次预支,一回减少;一番刺戟,一度疲麻。现在他们的文学,只有短篇的最合胃口,小诗两句或三句,戏剧要独幕的好。至于荷马、但丁、屈原、宋玉,那种长篇的作品,可说是不曾理会。因为他们碌碌于舟车中,时间来不及,目的只不过取那种片时的刺激,大大小小,都陷于这种病的状态中。所以他们一般有先见的人,都在遑遑求所以疗治之法。我们把这看了,那么,虽说我们在学校应求西学,而取舍自当有择。若是不问好歹,无条件的移植过来,岂非人家饮鸩,你也随着服毒?可怜可笑孰甚。

近来国中青年界很习闻的一句话,就是"智识饥荒",却不晓得还有一个顶要紧的"精神饥荒"在那边。中国这种饥荒,都闹到极点。但是只要我们知道饥荒所在,自可想方法来补救。现在精神饥荒,闹到如此,而人多不自知,岂非危险? 一般教导者,也不注意在这方面提倡,只天天设法怎样将知识去装青年的脑袋子,不知道精神生活完全,而后多的知识才是有用。苟无精神生活的人,为社会计,为个人计,都是知识少装一点也好。因为无精神生活的人,知识愈多,痛苦愈甚,作歹事的本领也增多。例如黄包车夫,知识粗浅,他决没有有知识的青年这样的烦闷,并且作恶的机会也很少。大奸慝的卖国贼,都是智识阶级的人做的。由此可见,没有精神生活的人,有知识实在危险。盖人苟无安身立命之具,生活便无所指归,生理心理,并呈病态。试略分别言之。就生理言,阳刚者必至发狂自杀,阴柔者自必委靡沉溺。再就心理言,阳刚者便悍然无顾,充分的恣求物质上的享乐。然而欲望与物质的增加率,相竞腾升。故虽有妻妾宫室之奉,仍不觉快乐;阴柔者便日趋消极,成了一个竞争场上落伍的人,凄惶失望,更为痛苦。故谓精神生活不全,为社会、为个人,都是知识少点的为好。因此,我可以说为学的首要,是救精神饥荒。

救济精神饥荒的方法,我认为东方的——中国与印度——比较最好。东方的学问,以精神为出发点;西方的学问,以物质为出发点。救知识饥荒,在西方找材料;救精神饥荒,在东方找材料。东方的人生观,无论中国、印度,皆认物质生活为第二位,第一,就是精神生活。物质生活,仅视为补助精神生活的一种工具,求能保持肉体生存为已足。最要,在求精神生活的绝对自由。精神生活,贵能对物质界宣告独立,至少,要不受其牵掣。如吃珍味,全是献媚于舌,并非精神上的需要,劳苦许久,仅为一寸软肉的奴隶,此即精神不自由。以身体全部论,吃面包亦何尝不可以饱?甘为肉体的奴隶,即精神为所束缚;必能不承认舌——一寸软肉为我,方为精神独立。东方的学问道德,几全部是教人如何方能将精神生活对客观的物质或己身的肉体宣告独立。佛家所谓解脱,近日所谓解放,亦即此意。客观物质的解放尚易,最难的为自身——耳目口鼻……的解放。西方言解放,尚不及此。所以就东方先哲的眼光看去,可以说是浅薄的、不彻底的;东方的主要精神,即精神生活的绝对自由。

求精神生活绝对自由的方法,中国、印度不同。印度有大乘、小乘不同,中国有儒、墨、道各家不同。就讲儒家,又有孟、荀、朱、陆的不同,任各人性质机缘之异,而各择一条路走去。所以具体的方法,很难讲出。且我用的方法,也未见真是对的,更不能强诸君从同。但我自觉烦闷时少,自二十余岁到现在,不敢说精神已解脱,然所以烦闷少,也是靠此一条路,以为精神上的安慰。至于先哲教人救济精神

饥荒的方法,约有两条:

(一)裁抑物质生活,使不得猖獗,然后保持精神生活的圆满。如先平盗贼,然后组织强固的政府。印度小乘教,即用此法。中国墨家、道家的大部,以及儒家程朱,皆是如此。以程朱为例,他们说的持敬制欲,注重在应事接物上裁抑物质生活,以求达精神自由的境域。

(二)先立高尚美满的人生观,自己认清楚将精神生活确定,靠其势力以压抑物质生活。如此,不必细心检点,用拘谨功夫,自能达到精神生活绝对自由的目的。此法可谓积极的,即孟子说:"先立乎其大者,则其小者不能夺也。"不主张一件一件去对付,且不必如此。先组织强固的政府,则地方自安,即有小丑跳梁,不必去管,自会消灭。如雪花飞近大火,早已自化了。此法佛家大乘教,儒家孟子、陆王皆用之,所谓"浩然之气",即是此意。

以上二法,我不过介绍与诸君,并非主张诸君一定要取某种方法。两种方法虽异,而认清精神要解脱这一点却同。不过说青年时代应用的,现代所适用的,我以为采积极的方法较好,就是先立定美满的人生观,然后应用之以处世。至于如何的人生观方为美满,我却不敢说。因为我的人生观,未见得真是对的,恐怕能认清最美满的人生观,只有孔子、释迦牟尼有此功夫。我现在将我的人生观讲一讲。对不对,好不好,另为一问题。

我自己的人生观,可以说是从佛经及儒书中领略得来。我确信儒家、佛家有两大相同点。

(一)宇宙是不圆满的,正在创造之中,待人类去努力,所以天天流动不息,常为缺陷,常为未济。若是先已造成——既济的,那就死了,固定了。正因其在创造中,乃如儿童时代,生理上时时变化。这种变化,即人类之努力。除人类活动以外,无所谓宇宙。现在的宇宙,离光明处还远,不过走一步比前好一步,想立刻圆满,不会有的。最好的境域——天堂、大同、极乐世界——不知在几千万年之后,决非我们几十年生命所能做到的。能了解此理,则作事自觉快慰。以前为个人、为社会做事,不成功或做坏了,常感烦闷。明乎此,知做事不成功,是不足忧的。世界离光明尚远,在人类努力中,或偶有退步,不过是一现相。譬如登山,虽有时下,但以全部看仍是向上走。青年人烦闷,多因希望太过。知政治之不良,以为经一次改革,即行完满。及屡试而仍有缺陷,于是不免失望。不知宇宙的缺陷正多,岂是一步可升天的? 失望之因,即根据于奢望过甚。《易经》说:"乐则行之,忧则违之,确乎其不可拔。"此言甚精采。人要能如此看,方知人生不能不活动;而有活动,却不必往结果处想。最要不可有奢望。我相信孔子即是此人生观。所以"发愤忘食,乐以忘忧,不知老之将至。"他又说:"智者乐水,仁者乐山。智者动,仁者静。智者乐,仁者寿。"天天快活,无一点烦闷气象,这是一件最重要的事。

(二) 人不能单独存在。说世界上那一部分是我,很不对的。所以孔子"毋我",佛家亦主张"无我"。所谓无我,并不是将固有的我压下或抛弃,乃根本就找不出我来。如说几十斤的肉体是我,那么,科学发明,证明我身体上的原质,也在诸君身上,也在树身上。如说精神的某部分是我,我敢说今天我讲演,我已跑入诸君精神里去了。常住学校中许多精神,变为我的一部分。读孔子的书及佛经,孔、佛的精神,又有许多变为我的一部分。再就社会方面说,我与我的父母妻子,究竟有若干区别。许多人——不必尽是纯孝——看父母比自己还重要,此即我父母将我身之我压小。又如夫妇之爱,有妻视其夫、或夫视其妻,比己身更重的。然而何为我呢?男子为我,抑女子为我,实不易分,故彻底认清我之界限,是不可能的事。(此理佛家讲得最精,惜不能多说。)世界上本无我之存在,能体会此意,则自己作事,成败得失,根本没有。佛说:"有一众生不成佛,我不成佛。""我不入地狱,谁入地狱?"至理名言,洞若观火。孔子也说:"诚者非但诚己而已也。……"将为我的私心扫除,即将许多无谓的计较扫除,如此,可以做到"仁者不忧"的境域。有忧时,就是"先天下之忧而忧",为人类——如父母、妻子、朋友、国家、世界——而痛苦。免除私忧,即所以免烦恼。

我认东方宇宙未济、人类无我之说,并非论理学的认识,实在如此。我用功虽少,但时时能看清此点,此即我的信仰。我常觉快乐,悲愁不足扰我,即此信仰之光明所照。我现已年老,而趣味淋漓,精神不衰,亦靠此人生观。至于我的人生观,对不对,好不好,或与诸君的病合不合,都是另外一问题。我在此讲学,并非对于诸君有知识上的贡献。有呢?就在这一点。好不好?我自己也不知道。不过诸君要知道自己的精神饥荒,要找方法医治。我吃此药,觉得有效,因此贡献诸君采择。世界的将来,要靠诸君努力。

(1923年)

治国学的两条大路

为东大国学研究演讲

诸君，我对于贵会，本来预定讲演的题目是："古书之真伪及其年代。"中间因为有病，不能履行原约。现在我快要离开南京了，那个题目不是一回可以讲完，而且范围亦太窄。现在改讲本题，或者较为提纲挈领，于诸君有益罢。

我以为研究国学有两条应走的大路：

一、文献的学问，应该用客观的科学方法去研究；

二、德性的学问，应该用内省的和躬行的方法去研究。

第一条路，便是近人所讲的"整理国故"这部分事业。这部分事业最浩博、最繁难而且最有趣的，便是历史。我们是有五千年文化的民族，我们一家里弟兄姊妹们，便占了全人类四分之一。我们的祖宗世世代代在"宇宙进化线"上头不断的做他们的工作。我们替全人类积下一大份遗产，从五千年前的老祖宗手里一直传到今日没有失掉。我们许多文化产品，都用我们极优美的文字记录下来。虽然记录方法不很整齐，虽然所记录的随时散失了不少，但即以现存的正史、别史、杂史、编年、纪事本末、法典、政书、方志、谱牒，以至各种笔记、金石刻文等类而论，十层大楼的图书馆也容不下。拿历史家眼光看来，一字一句，都藏有极可宝贵的史料，又不独史部书而已。一切古书，有许多人见为无用者，拿他当历史读，都立刻变成有用。章实斋说："六经皆史。"这句话我原不敢赞成，但从历史家的立脚点看，说"六经皆史料"，那便通了。既如此说，则何只六经皆史，也可以说诸子皆史，诗文集皆史，小说皆史。因为里头一字一句都藏有极可宝贵的史料，和史部书同一价值。我们家里头这些史料，真算得世界第一个丰富矿穴。从前仅用土法开采，采不出什么来。现在我们懂得西法了，从外国运来许多开矿机器了。这种机器是什么？是科学方法。我们只要把这种方法运用得精密巧妙而且耐烦，自然会将这学术界无尽藏的富源开发出来。不独对得起先人，而且可以替世界人类恢复许多公共产业。

  这种方法之应用，我在我去年所著的《历史研究法》和前两个月在本校所讲的《历史统计学》里头，已经说过大概。虽然还有许多不尽之处，但我敢说这条路是不错的。诸君倘肯循着路深究下去，自然也会发出许多支路，不必我细说了。但我们要知道，这个矿太大了，非分段开采不能成功，非一直开到深处不能得着宝贝。我们一个人一生的精力，能够彻底开通三几处矿苗，便算了不得的大事业。因此我们感觉着有发起一个合作运动之必要，合起一群人，在一个共同目的、共同计划之下，各人从其性之所好以及平时的学问根柢，各人分担三两门做"窄而深"的研究，拼着一二十年工夫下去，这个矿或者可以开得有点眉目了。

此外，和史学范围相出入或者性质相类似的文献学还有许多，都是要用科学方法研究去。例如：

（一）文字学——我们的单音文字，每一个都含有许多学问意味在里头。若能用新眼光去研究，做成一部《新说文解字》，可以当作一部民族思想变迁史或社会心理进化史读。

（二）社会状态学——我国幅员广漠，种族复杂。数千年前之初民的社会组织，与现代号称最进步的组织，同时并存。试到各省区的穷乡僻壤，更进一步入到苗子、番子居住的地方，再拿二十四史里头"蛮夷传"所记的风俗来参证，我们可以看见现代社会学者许多想像的事项，或者证实，或者要加修正。总而言之，几千年间一部竖的进化史，在一块横的地平上可以同时看出，除了我们中国以外恐怕没有第二个国了。我们若从这方面精密研究，真是最有趣味的事。

（三）古典考释学——我们因为文化太古，书籍太多，所以真伪杂陈，很费别择；或者文义艰深，难以索解。我们治国学的人，为节省后人精力，而且令学问容易普及起见，应该负一种责任：将所有重要古典，都重新审定一番，解释一番。这种工作，前清一代的学者已经做得不少。我们一面凭借他们的基础，容易进行；一面我们因外国学问的触发，可以有许多补他们所不及。所以从这方面研究，又是极有趣味的事。

（四）艺术鉴评学——我们有极优美的文学美术作品，我们应该认识他的价值；而且将赏鉴的方法传授给多数人，令国民成为"美化"。这种工作，又要另外一帮人去做。我们里头有性情近于这一路的，便应该以此自任。

以上几件，都是举其最重要者。其实文献学所包含的范围还有许多，就是上所讲的几件，剖析下去，每件都有无数的细目。我们做这类文献学问，要悬着三个标准以求到达：

第一，求真。凡研究一种客观的事实，须先要知道他"的确是如此"，才能判断他为什么如此。文献部分的学问，多属过去陈迹，以讹传讹、失其真相者甚多。我们总要用很谨严的态度，仔细别择，把许多伪书和伪事剔去，把前人的误解修正，才可以看出真面目来。这种工作，前清"乾嘉诸老"也曾努力做过一番，有名的清学正统派之考证学便是。但依我看来，还早得很哩。他们的工作，算是经学方面做得最多，史学、子学方面便差得远，佛学方面却完全没有动手呢。况且我们现在做这种工作，眼光又和先辈不同，所凭借的资料也比先辈们为多。我们应该开出一派"新考证学"。这片大殖民地，很够我们受用咧。

第二，求博。我们要明白一件事物的真相，不能靠单文孤证便下武断。所以要将同类或有关系的事情网罗起来贯串比较，愈多愈妙。比方做生物学的人，采集各种标本，愈多愈妙。我们可以用统计的精神作大量观察，我们可以先立出若干种"假定"，然后不断的搜罗资料，来测验这"假定"是否正确。若能善用这些法门，真如韩昌黎说的"牛溲马勃，败鼓之皮，兼收并蓄，待用无遗"。许多前人认为无用的资料，我们都可以把他废物利用了。但求博也有两个条件。荀子说："好一则博。"又说："以浅持博。"我们要做博的工夫，只能择一两件专门之业为自己性情最近者做去，从极狭的范围内生出极博来。否则，件件要博，便连一件也博不成。这便是好一则博的道理。又，满屋散钱,穿不起来,虽多也是无用。资料越发丰富,则驾驭资料越发繁难。总须先求得个"一以贯之"的线索,才不至"博而寡要"。这便是"以浅持博"的道理。

第三,求通。"好一"固然是求学的主要法门,但容易发生一种毛病。这毛病我替他起个名,叫做"显微镜生活"。镜里头的事物看得纤悉周备,镜以外却完全不见。这样子做学问,也常常会判断错误。所以我们虽然专门一种学问,却切不要忘却别门学问和这门学问的关系。在本门中,也常要注意各方面相互之关系。这些关系,有许多在表面上看不出来的,我们要用锐利眼光去求得他,能常常注意关系,才可以成通学。

以上关于文献学,算是讲完。两条路已言其一,此外则为德性学。此学应用内省及躬行的方法来研究,与文献学之应以客观的科学方法研究者绝不同。这可说是国学里头最重要的一部分,人人应当领会的。必走通了这一条路,乃能走上那一条路。

近来国人对于知识方面很是注意,整理国故的名词,我们也听得纯熟。诚然,整理国故,我们是认为急务,不过若是谓除整理国故外,遂别无学问,那却不然。我们的祖宗遗予我们的文献宝藏,诚然足以傲世界各国而无愧色。但是我们最特出之点,仍不在此。其学为何?即人生哲学是。

欧洲哲学上的波澜,就哲学史家的眼光看来,不过是主智主义与反主智主义两派之互相起伏。主智者主智,反主智者即主情、主意。本来人生方面,也只有智、情、意三者。不过欧人对主智,特别注重;而于主情、主意,亦未能十分贴近人生。盖欧人讲学,始终未以人生为出发点。至于中国先哲则不然。无论何时代、何宗派之著述,凤皆归纳于人生这一途,而于西方哲人精神萃集处之宇宙原理、物质公例等等,倒都不视为首要。故《荀子·儒效篇》曰:"道,仁之隆也。……非天之道,非地之道,人之所以道也。"儒家既纯以人生为出发点,所以以"人之所以为道"为第一位,而于天之道等等,悉以置诸第二位。而欧西则自希腊以来,即研究他们所谓的形而上学。一天到晚,只在那里高谈宇宙原理,凭空冥索,终少归宿到人生这一点。苏格拉底号称西方的孔子,很想从人生这一方面做工夫,但所得也十分幼稚。他的弟子柏拉图,更不晓得循着这条路去发挥,至全弃其师传,而复研究其所谓天之道。亚里斯多德出,于是又反趋于科学。后人有谓道源于亚里斯多德的话,其实他也不过仅于科学方面,有所创发,离人生毕竟还远得很。迨后斯端一派,大概可与中国的墨子相当,对于儒家,仍是望尘莫及。一到中世纪,欧洲全部统成了宗教化。残酷的罗马与日耳曼人,悉受了宗教的感化,而渐进于迷信。宗教方面,本来主情意的居多,但是纯以客观的上帝来解决人生,终竟离题尚远。后来再一个大反动,便是"文艺复兴",遂一变主情、主意之宗教,而代以理智。近代康德之讲范畴、范围更过于严谨,好像我们的临"九宫格"一般。所以他们这些,都可说是没有走到人生的大道上去。直至詹姆士、柏格森、倭铿等出,才感觉到非改走别的路不可,很努力的从体验人生上做去,也算是把从前机械的、唯物的人生观,拨开几重云雾。但是真果拿来与我们儒家相比,我可以说仍然幼稚。

总而言之,西方人讲他的形而上学,我们承认有他独到之处。换一方面,讲客观的科学,也非我们所能及。不过最奇怪的,是他们讲人生也用这种方法，结果真弄到个莫明其妙。譬如用形而上学的方法讲人，是绝不想到从人生的本体来自证，却高谈玄妙，把冥冥莫测的上帝来对喻。再如用科学的方法讲，尤为妙极。试问人生是什么？是否可以某部当几何之一角、三角之一边？是否可以用化学的公式来化分、化合，或是用几种原质来造成？再如达尔文之用生物进化论来讲人生，征考详博，科学亦莫能摇动，总算是壁垒坚固。但是果真要问他人之所以异于禽兽者安在？人既自猿进化而来，为什么人自人而猿终为猿，恐怕他也不能给我们以很有理由的解答。总之，西人所用的几种方法，仅能够用之以研究人生以外的各种问题。人，决不是这样机械易懂的。欧洲人却始终未彻悟到这一点，只盲目的往前做。结果造成了今日的烦闷，彷徨莫知所措。盖中世纪时，人心还能依赖着宗教过活；及乎今日，科学昌明，赖以醉麻人生的宗教，完全失去了根据。人类本从下等动物蜕化而来，那里有什么上帝创造？宇宙一切现象，不过是物质和他的运动，还有什么灵魂？来世的天堂，既不可凭，眼前的利害，复日相肉搏；怀疑失望，都由之而起，真正是他们所谓的世纪末了。

以上我等看西洋人何等可怜，肉搏于这种机械唯物的枯燥生活当中，真可说是始终未闻大道。我们不应当导他们于我们祖宗这一条路上去吗？以下便略讲我们祖宗的精神所在。我们看看是否可以终身受用不尽，并可以救他们西人物质生活之疲敝。

我们先儒始终看得知行是一贯的，从无看到是分离的，后人多谓知行合一之说，为王阳明所首倡。其实阳明也不过是就孔子已有的发挥。孔子一生为人，处处是知行一贯。从他的言论上，也可以看得出来。他说"学而不厌",又说"为之不厌"。可知"学"即是"为","为"即是"学"。盖以知识之扩大,在人努力的自为,从不像西人之从知识方法而求知识。所以王阳明曰:"知而不行,是谓不知。"所以说这类学问,必须自证,必须躬行,这却是西人始终未看得的一点。

又儒家看得宇宙人生是不可分的,宇宙绝不是另外一件东西,乃是人生的活动。故宇宙的进化,全基于人类努力的创造。所以《易经》曰:"天行健,君子以自强不息。"又看得宇宙永无圆满之时,故易卦六十四,始《乾》而以《未济》终。盖宇宙"既济",则乾坤已息,还复有何人类?吾人在此未圆满的宇宙中,只有努力的向前创造。这一点,柏格森所见的,也很与儒家相近。他说宇宙一切现象,乃是意识流转所构成,方生已灭,方灭已生,生灭相衔,方成进化。这些生灭,都是人类自由意识发动的结果。所以人类日日创造,日日进化。这意识流转,就唤作精神生活,是要从内省直觉得来的。他们既知道变化流转,就是宇宙真相;又知道变化流转之权,操之在我。所以孔子曰:"人能弘道,非道弘人。"儒家既看清了以上各点,所以他的人生观,十分美渥,生趣盎然。人生在此不尽的宇宙当中,不过是蜉蝣、朝露一般。向前做得一点是一点,既不望其成功,若乐遂不系于目的物,完全在我,真所谓"无入而不自得"。有了这种精神生活,再来研究任何学问,还有什么不成?那么,或有人说:宇宙既是没有圆满的时期,我们何不静止不作,好吗?其实不然。人既为动物,便有动作的本能,穿衣吃饭,也是要动的。既是人生非动不可,我们就何妨就我们所喜欢做的、所认为当做的做下去。我们最后的光明,固然是远在几千万年几万万年之后,但是我们的责任,不是叫一蹴而几的达到目的地,是叫我们的目的地,日近一日。我们的祖宗,尧、舜、禹、汤、孔、孟……在他们的进行中,长的或跑了一尺,短的不过跑了数寸。积累而成,才有今日。我们现在无论是一寸半分,只要往前跑才是,为现在及将来的人类受用,这都是不可逃的责任。孔子曰:"士不可以不弘毅。任重而道远,仁以为己任,不亦重乎?死而后已,不亦远乎?"所以我们虽然晓得道远之不可致,还是要努力的到死而后已。故孔子是"知其不可而为之者"。正为其知其不可而为,所以生活上才含着春意。若是不然,先计较他可为不可为,那么,情志便系于外物,忧乐便关乎得失;或竟因为计较利害的原故,使许多应做的事,反而不做。这样,还那里领略到生活的乐趣呢?

再其次,儒家是不承认人是单独可以存在的。故"仁"的社会,为儒家理想的大同社会。仁字,从二人。郑玄曰:"仁,相人偶也。"(《礼记》注)非人与人相偶,则"人"的概念不能成立。故孤行执异,绝非儒家所许。盖人格专靠各个自己,是不能完成。假如世界没有别人,我的人格,从何表现?譬如全社会都是罪恶,我的人格受了传染和压迫,如何能健全?由此可知人格是个共同的,不是孤另的。想自己的人格向上,唯一的方法,是要社会的人格向上。然而社会的人格,本是各个自己化合而成;想社会的人格向上,唯一的方法,又是要自己的人格向上。明白了这个,力和环境提携,便成进化的道理。所以孔子教人"己欲立,而立人;己欲达,而达人"。所谓立人、达人,非立、达别人之谓,乃立、达人类之谓。彼我合组成人类,故立达彼,即是立、达人类。立、达人类,即是立、达自己。更用"取譬"的方法,来体验这个达字,才算是"仁之方"。其他《论语》一书,讲仁字的,屡见不一见。儒家何其把仁字看得这么重要呢？即上面所讲的，儒家学问，专以研究"人之所以为道"为本。明乎仁，人之所以为道自见。孟子曰："仁也者，人也；合而言之，道也。"盖仁之概念，与人之概念相函。人者，通彼我而始得名。彼我通，乃得谓之仁。知乎人与人相通，所以我的好恶，即是人的好恶；我的精神中，同时也含有人的精神，不徒是现世的人为然。即如孔孟远在二千年前，他的精神，亦浸润在国民脑中不少。可见彼我相通，虽历百世不变。儒家从这一方面看得至深且切，而又能躬行实践，"无终食之间违仁"。这种精神，影响于国民性者至大。即此一分家业，我可以说真是全世界唯一无二的至宝。这绝不是用科学的方法，可以研究得来的。要用内省的工夫，实行体验；体验而后，再为躬行实践，养成了这副美妙的仁的人生观。生趣盎然的向前进，无论研究什么学问，管许是兴致勃勃。孔子曰："仁者不忧"，就是这个道理。不幸汉以后这种精神便无人继续的弘发，人生观也渐趋于机械。八股制兴，孔子的真面目日失。后人日称"寻孔颜乐处"，究竟孔颜乐处在那里，还是莫明其妙。我们既然诵法孔子，应该好好保存这分家私——美妙的人生观，才不愧是圣人之徒啊！

此外，我们国学的第二源泉，就是佛教。佛，本传于印度，但是盛于中国。现在大乘各派，五印全绝。正法一派，全在中国。欧洲人研究佛学的甚多，梵文所有的经典，差不多都翻出来。但向梵文里头求大乘，能得多少？我们自创的宗派，更不必论了。像我们的禅宗，真可算得应用的佛教。世间的佛教的确是印度以外才能发生，的确是表现中国人的特质，叫出世法与入世法并行不悖，他所讲的宇宙精微的确还在儒家之上。说宇宙流动不居,永无圆满,可说是与儒家相同。曰:"一众生不成佛,我誓不成佛。"即孔子立人、达人之意。盖宇宙最后目的,乃是求得一大人格实现之圆满相,绝非得少数个人超拔的意思。儒、佛所略不同的,就是一偏于现世的居多,一偏于出世的居多。至于他的共同目的,都是愿世人精神方面完全自由。现在自由二字,误解者不知多少。其实人类外界的束缚,他力的压迫,终有方法解除。最怕的是"心为形役",自己做自己的奴隶。儒、佛都用许多的话来教人,想叫把精神方面的自缚,解放净尽,顶天立地,成一个真正自由的人。这点,佛家弘发得更为深透,真可以说佛教是全世界文化的最高产品。这话,东西人士,都不能否认。此后全世界受用于此的正多。我们先人既辛苦的为我们创下这分产业,我们自当好好的承受,因为这是人生唯一安身立命之具。有了这种安身立命之具,再来就性之所近的,去研究一种学问,那么,才算尽了人生的责任。

  诸君听了我这夜的演讲,自然明白我们中国文化,比世界各国并无逊色。那一般沉醉西风,说中国一无所有的人,自属浅薄可笑,《论语》曰:"人虽欲自绝,其何伤于日月乎?多见其不知量也。"这边的诸同学,从不对于国学轻下批评,这是很好的现象。自然,我也闻听有许多人讽刺南京学生守旧。但是只要旧的是好,守旧又何足病诟?所以我很愿此次的讲演,更能够多多增进诸君以研究国学的兴味。

(1923年)

人生观与科学

对于张丁论战的批评

一

张君劢在清华学校演说一篇《人生观》,惹起丁在君做了一篇《玄学与科学》和他宣战。我们最亲爱的两位老友忽然在学界上变成对垒的两造,我不免也见猎心喜,要把我自己的意见写点出来助兴了。

当未写以前要先声叙几句话。

第一,我不是加在那一造去"参战",也不是想斡旋两造做"调人",尤其不配充当"国际法庭的公断人"。我不过是一个观战的新闻记者,把所视察得来的战况随手批评一下便了。读者还须知道,我是对于科学、玄学都没有深造研究的人。我所批评的一点不敢自以为是,我两位老友以及其他参战人、观战人把我的批评给我一个心折的反驳,我是最欢迎的。

第二,这回战争范围,已经蔓延得很大了,几乎令观战人应接不暇。我为便利起见,打算分项批评。做完这篇之后,打算还跟着做几篇：(一)科学的智识论与所谓"玄学鬼"；(二)科学教育与超科学教育；(三)论战者之态度等等。但到底作几篇，要看我趣味何如。万一兴尽，也许不作了。

第三，听说有几位朋友都要参战。本来想等读完了各人大文之后再下总批评，但头一件，因技痒起来等不得了。第二件，再多看几篇，也许"崔颢题诗"叫我搁笔，不如随意见到那里说到那里。所以这一篇纯是对于张、丁两君头一次交绥的文章下批评。他们二次彼此答辩的话，只好留待下次。其余陆续参战的文章，我很盼早些出现。或者我也有继续批评的光荣，或者我要说的话被人说去，或者我未写出来的意见已经被人驳倒，那末，我只好不说了。

二

凡辩论先要把辩论对象的内容确定。先公认甲是什么乙是什么，才能说到甲和乙的关系何如。否则一定闹到"驴头不对马嘴"，当局的辩论没有结果，旁观的越发迷惑。我很可惜君劢这篇文章，不过在学校里随便讲演，未曾把"人生观"和"科学"给他一个定义；在君也不过拈起来就驳。究竟他们两位所谓"人生观"、所谓"科学"，是否同属一件东西，不惟我们观战人摸不清楚，只怕两边主将也未必能心心相印哩。我为替读者减除这种迷雾起见，拟先规定这两个名词的内容如下：

（一）人类从心界、物界两方面调和结合而成的生活，叫做"人生"；我们悬一种理想来完成这种生活，叫做"人生观"。（物界包含自己的肉体及己身以外的人类,乃至己身所属之社会等等。)

(二)根据经验的事实,分析综合求出一个近真的公例,以推论同类事物,这种学问叫做"科学"。(应用科学改变出来的物质或建设出来的机关等等,只能谓之"科学的结果",不能与"科学"本身并为一谈。)

我解释这两个名词的内容,不敢说一定对。假令拿以上所说做个标准,我的答案便如下:

"人生问题,有大部分是可以——而且必要用科学方法来解决的,却有一小部分——或者还是最重要的部分是超科学的。"因此,我对于君劢、在君的主张,觉得他们各有偏宕之处。今且先驳君劢。

君劢既未尝高谈无生,那么,无论尊重心界生活到若何程度,终不能说生活之为物能够脱离物界而单独存在。既涉到物界,自然为环境上——时间空间——种种法则所支配,断不能如君劢说的那么单纯,专凭所谓"直觉"的"自由意志"的来片面决定。君劢列举"我对非我"之九项,他以为不能用科学方法解答者,依我看来十有八九倒是要用科学方法解答。他说"忽君主,忽民主,忽自由贸易,忽保护贸易等等,试问论理学、公例何者能证其合不合乎?"其意以为这类问题既不能骤然下一个笼统普遍的断案,便算屏逐在科学范围以外。殊不知科学所推寻之公例乃是:(一)在某种条件之下,会发生某种现象;(二)欲变更某种现象,当用某种条件笼统普遍的断案,无论其不能,即能,亦断非科学之所许。若仿照君劢的论调,也可以说"忽衣裘,忽衣葛,忽附子玉桂,忽大黄芒硝……试问论理学、公例何者能证其合不合乎?"然则连衣服、饮食都无一定公例可以支配了,天下有这种理吗？殊不知科学之职务不在绝对的、普遍的证明衣裘、衣葛之孰为合、孰为不合,他却能证明某种体气的人在某种温度之下非衣裘或衣葛不可。君劢所列举种种问题,正复如此。若离却事实的基础,劈地凭空说君主绝对好,民主绝对好,自由贸易绝对好,保护贸易绝对好……当然是不可能。却是在某种社会结合之下宜于君主,在某种社会结合之下宜于民主,在某种经济状态之下宜自由贸易,在某种经济状态之下宜保护贸易。……那么,论理上的说明自然是可能,而且要绝对的尊重。君劢于意云何？难道能并此而不承认吗？总之凡属于物界生活之诸条件,都是有对待的;有对待的自然一部或全部应为"物的法则"之所支配。我们对于这一类生活,总应该根据"当时此地"之事实,用极严密的科学方法,求出一种"比较合理"的生活。这是可能而且必要的。就这点论,在君说,"人生观不能和科学分家",我认为含有一部分真理。

君劢尊直觉、尊自由意志,我原是赞成的,可惜他应用的范围太广泛而且有错误。他说:"……当有所观察也、主张也、希望也、要求也,是之谓人生观。甲时之所以为善者,至乙时则又以为不善而求所以革之;乙时之所以为善者,至丙时又以为不善而求所以革之。……"君劢所用"直觉"这个字,到底是怎样的内容,我还没有十分清楚。照字面看来,总应该是超器官的一种作用。若我猜得不错,那么,他说的"有所观察而甲乙丙时或以为善,或以为不善",便纯然不是直觉的范围。为什么"甲时以为善,乙时以为不善"？因为"常有所观察"。因观察而以为不善,跟着生出主张、希望、要求;不观察便罢,观察离得了科学程序吗？"以为善不善",正是理智产生之结果。

一涉理智,当然不能逃科学的支配。若说到自由意志吗,他的适用,当然该有限制。我承认人类所以贵于万物者在有自由意志;又承认人类社会所以日进,全靠他们的自由意志。但自由意志之所以可贵,全在其能选择于善不善之间而自己作主,以决从违。所以自由意志是要与理智相辅的。若像君劢全抹杀客观以谈自由意志,这种盲目的自由,恐怕没有什么价值了。(君劢清华讲演所列举人生观五项特征,第一项说人生观为主观的,以与客观的科学对立,这话毛病很大。我以为人生观最少也要主观和客观结合才能成立。)

然则我全部赞成在君的主张吗?又不然。在君过信科学万能,正和君劢之轻蔑科学同一错误。在君那篇文章,很像专制宗教家口吻,殊非科学者态度。这是我最替在君可惜的地方,但也无须一一指摘了。在君说:"我们有求人生观统一的义务。"又说:"用科学方法求出是非真伪,将来也许可以把人生观统一。"(他把医学的进步来做比喻。)我说,人生观的统一,非惟不可能,而且不必要;非惟不必要,而且有害。要把人生观统一,结果岂不是"别黑白而定一尊"?不许异己者跳梁反侧,除非中世的基督教徒才有这种谬见,似乎不应该出于科学家之口。至于用科学来统一人生观,我更不相信有这回事。别的且不说,在君说:"世界上的玄学家一天没有死完,自然一天人生观不能统一。"我倒要问:万能的科学,有没有方法令世界上的玄学家死完?如其不能,即此已可见科学功能是该有限制了。闲话少叙,请归正文。

人类生活,固然离不了理智,但不能说理智包括尽人类生活的全内容。此外,还有极重要一部分——或者可以说是生活的原动力,就是"情感"。情感表出来的方向很多,内中最少有两件的的确确带有神秘性的,就是"爱"和"美"。"科学帝国"的版图和威权,无论扩大到什么程度,这位"爱先生"和那位"美先生",依然永远保持他们那种"上不臣天子,下不友诸侯"的身分。请你科学家把"美"来分析研究吧,什么线,什么光,什么韵,什么调……任凭你说得如何文理密察,可有一点儿搔着痒处吗? 至于"爱",那更"玄之又玄"了。假令有两位青年男女相约为"科学的恋爱",岂不令人喷饭? 又何止两性之爱呢? 父子朋友……间至性,其中不可思议者何限? 孝子割股疗亲,稍有常识的也该知道是无益。但他情急起来,完全计较不到这些。程婴、杵臼,代人抚孤,抚成了还要死。田横岛上五百人,死得半个也不剩。这等举动,若用理智解剖起来,都是很不合理的,却不能不说是极优美的人生观之一种。推而上之,孔席不煖,墨突不黔,释迦割臂饲鹰,基督钉十字架替人赎罪,他们对于一切众生之爱,正与恋人之对于所欢同一性质。我们想用什么经验、什么轨范去测算他的所以然之故,真是痴人说梦。又如随便一个人对于所信仰的宗教,对于所崇拜的人或主义,那种狂热情绪,旁观人看来,多半是不可解,而且不可以理喻的。然而一部人类活历史,却什有九从这种神秘中创造出来。从这方面说,却用得着君劢所谓主观、所谓直觉、所谓综合而不可分析等等话头。想用科学方法去支配他,无论不可能,即能,也把人生弄成死的没有价值了。

我把我极粗浅、极凡庸的意见总括起来,是:

"人生关涉理智方面的事项,绝对要用科学方法来解决;关涉情感方面的事项,绝对的超科学。"

我以为君劢和在君所说，都能各明一义。可惜排斥别方面太过，都弄出语病来。我还信他们不过是"语病"，他们本来的见解，也许和我没有什么大分别哩。

以上批评"人生观与科学"的话，暂此为止。改天还想讨论别的问题。

（1923 年）

道德大原

自由书（节选）

文野三界之别

泰西学者，分世界人类为三级：一曰蛮野之人，二曰半开之人，三曰文明之人。其在《春秋》之义，则谓之据乱世、升平世、太平世。皆有阶级，顺序而升。此进化之公理，而世界人民所公认也。其轨度与事实，有确然不可假借者。今略胪列之如下。

第一，居无常处，食无常品；逐便利而成群，利尽则辄散去；虽能佃渔以充衣食，而不知器械之用；虽有文字，而不知学问；常畏天灾，冀天幸，坐待偶然之祸福，仰仗人为之恩威，而不能操其主权于己身，如是者谓之蛮野之人。

第二，农业大开，衣食颇具，建邦设都，自外形观之，虽已成为一国，然观其内，实则不完备者甚多。文学虽盛，而务实学者少；其于交际也，猜疑之心虽甚深，及谈事物之理，则不能发疑以求真是;模拟之细工虽巧,而创造之能力甚乏;知修旧而不知改旧;交际虽有规则,而其所谓规则者,皆由习惯而成,如是者谓之半开之人。

第三,范围天地间种种事物于规则之内,而以己身入其中以鼓铸之;其风气随时变易,而不惑溺于旧俗所习惯;能自治其身,而不仰仗他人之恩威;自修德行,自辟智慧,而不以古为限,不以今自画,不安小就,而常谋未来之大成,有进而无退,有升而无降;学问之道,不尚虚谈,而以创辟新法为尚;工商之业,日求扩充,使一切人皆进幸福,如是者谓之文明之人。

论世界文野阶级之分,大略可以此为定点。我国民试一反观,吾中国于此三者之中居何等乎?可以瞿然而兴矣!

国之治乱,常与其文野之度相比例。而文野之分,恒以国中全部之人为定断,非一二人之力所能强夺而假借也。故西儒云:国家之政事,譬之则寒暑表也;民间之风气,譬之则犹空气也。空气之燥湿冷热,而表之升降随之,丝毫不容假借。故民智、民力、民德不进者,虽有英仁之君相,行一时之善政,移时而扫地以尽矣。如以沸水浸表,虽或骤升,及水冷而表内之度仍降至与空气之度相等。此至浅之理,而一定之例也。故善治国者,必先进化其民。非有孟的斯鸠、卢梭,则法国不能成革命之功。非有亚丹斯密之徒,则英国不能行平税之政。故曰:英雄之能事在造时势而已。

近因、远因之说

凡天下事，无论大小，必有其所由来。中国学者谓之为"所以然之故"。省而言之，谓之曰"原因"。论事者必求得其原因，然后下断案，是断案必不谬。治事者必针对其原因，然后施方法，则方法必有功。朱子曰："能求所以然之故，方是第一等学问，第一等事业。"此之谓也。

虽然，原因之中，又分近因、远因两者。近因易见，远因难知。试举一例而明之。譬有酒客，堕马伤腰，遂得半身不遂之症，其治之之法当如何？寻常庸医必曰：病之原因在堕马，当以跌打之药熨贴腰际。如此疗法，必不可愈，何也？盖堕马者不过其近因耳。实则由多年饮酒过度，脊髓既衰，正当蓄病将发之时，适以堕马，激动全体，故遂瘫痪耳。善医者则必先使戒酒，断其病之远因，使脊髓复原，则瘳之易易矣。夫医国亦何莫不然。今之口言经济者，辄曰中国之患，贫也弱也，官吏不忠也，乱民遍地也，外国凌逼也。其救之之法则曰练兵也、办团也、筹饷也、劝商也。其尤高识者则曰变旧法也、兴民权也。彼持其论，谁谓不然？以吾观之，虽其所见有高下大小之不同，要之皆治近因之方法，而非治远因之方法。不治远因而欲治近因，则必不可得治。

且犹有一说。近因者常繁多混杂，而使人难觅其头绪。远因则不然，一旦寻得之，则颠扑不破，可依之而定办事之方向。盖近因者每一事必有一因，远因者常合数因以为一因，故递而推之，愈推愈远，则其原因之数愈减少,而据原因以定方法,乃若网在纲,有条而不紊。更举一例以明之。譬诸水之沸腾,由薪火而起,人之呼吸,由空气而生,此近因也。更进一层以求之,则薪之所以燃者,由薪中所含炭气,与空中之养气相和合而生热也;人之所以呼吸者,由引空中之养气入肺,与血中留存之炭气相和合而吐纳也。然则薪火也、空气也,皆近因也。而其远因则同出于养气。水之沸与人之呼吸,其外形绝异,而其原因之相同乃如此。苟知其故,则欲止沸欤,息喘欤,或欲扬沸欤,顺气欤,皆可以同理之法而治之。所谓通其一,万事毕。其为道虽似迂远,其为法实甚简易。然则求远因者,论事之秘诀,治事之捷法也。夫所谓治远因者何?曰造时势而已。

惟　　心

境者,心造也。一切物境皆虚幻,惟心所造之境为真实。同一月夜也,琼筵羽觞,清歌妙舞,绣帘半开,素手相携,则有余乐;劳人思妇,对影独坐,促织鸣壁,枫叶绕船,则有余悲;同一风雨也,三两知己,围炉茅屋,谈今道故,饮酒击剑,则有余兴;独客远行,马头郎当,峭寒侵肌,流潦妨毂,则有余闷。"月上柳梢头,人约黄昏后"与"杜宇声声不忍闻,欲黄昏,雨打梨花深闭门",同一黄昏也,而一为欢憨,一为愁惨,其境绝异。"桃花流水杳然去,别有天地非人间"与"人面不知何处去,桃花依旧笑春风",同一桃花也,而一为清净,一为爱恋,其境绝异。"舳舻千里,旌旗蔽空。酾酒临江,横槊赋诗"与"浔阳江头夜送客,枫叶荻花秋瑟瑟。主人下马客在船,举酒欲饮无管弦",同一江也,同一舟也,同一酒也,而一为雄壮,一为冷落,其境绝异。然则天下岂有物境哉?但有心境而已。戴绿眼镜者所见物一切皆绿,戴黄眼镜者所见物一切皆黄;口含黄连者所食物一切皆苦,口含蜜饴者所食物一切皆甜。一切物果绿耶、果黄耶、果苦耶、果甜耶?一切物非绿、非黄、非苦、非甜,一切物亦绿、亦黄、亦苦、亦甜。一切物即绿、即黄、即苦、即甜。然则绿也、黄也、苦也、甜也,其分别不在物而在我,故曰三界惟心。

有二僧因风飐刹幡,相与对论。一僧曰风动,一僧曰幡动,往复辨难无所决。六祖大师曰:非风动,非幡动,仁者心自动。任公曰:三界惟心之真理,此一语道破矣。天地间之物一而万、万而一者也。山自山,川自川,春自春,秋自秋,风自风,月自月,花自花,鸟自鸟,万古不变,无地不同。然有百人于此,同受此山、此川、此春、此秋、此风、此月、此花、此鸟之感触,而其心境所现者百焉。千人同受此感触,而其心境所现者千焉。亿万人乃至无量数人同受此感触,而其心境所现者亿万焉,乃至无量数焉。然则欲言物境之果为何状,将谁氏之从乎?仁者见之谓之仁,智者见之谓之智,忧者见之谓之忧,乐者见之谓之乐。吾之所见者,即吾所受之境之真实相也。故曰惟心所造之境为真实。

然则欲讲养心之学者,可以知所从事矣。三家村学究,得一第,则惊喜失度,自世胄子弟视之何有焉?乞儿获百金于路,则挟持以骄人,自富豪家视之何有焉?飞弹掠面而过,常人变色,自百战老将视之何有焉?"一箪食,一瓢饮,在陋巷,人不堪其忧",自有道之士视之何有焉?天下之境,无一非可乐、可忧、可惊、可喜者,实无一可乐、可忧、可惊、可喜者。乐之、忧之、惊之、喜之,全在人心。所谓"天下本无事,庸人自扰之",境则一也,而我忽然而乐,忽然而忧,无端而惊,无端而喜,果胡为者?如蝇见纸窗而竞钻,如猫捕树影而跳掷,如犬闻风声而狂吠,扰扰焉送一生于惊喜忧乐之中,果胡为者?若是者谓之知有物而不知有我,知有物而不知有我,谓之我为物役,亦名曰心中之奴隶。

是以豪杰之士,无大惊,无大喜,无大苦,无大乐,无大忧,无大惧。其所以能如此者,岂有他术哉?亦明三界唯心之真理而已,除心中之奴隶而已。苟知此义,则人人皆可以为豪杰。

干涉与放任

古今言治术者不外两大主义:一曰干涉,二曰放任。干涉主义者,谓当集权于中央,凡百皆以政府之力监督之助长之。其所重者在秩序。放任主义者,谓当散权于个人,凡百皆听民间自择焉、自治焉、自进焉。其所重者在自由。此两派之学者,各是其所是,非其所非,皆有颠扑不破之学理,以自神明其说。泰西数千年历史,实不过此两主义之迭为胜负而已。于政治界有然,于生计界亦有然。大抵中世史纯为干涉主义之时代;十六七世纪,为放任主义与干涉主义竞争时代;十八世纪及十九世纪之上半,为放任主义全胜时代;十九世纪之下半,为干涉主义与放任主主竞争时代;二十世纪,又将为干涉主义全胜时代。

请言政治界。中世史之时,无所谓政治上之自由也。及南欧市府勃兴，独立自治之风略起。尔后霍布士、洛克诸哲渐倡民约之论。然霍氏犹主张君权。及卢梭兴，而所以掊击干涉主义者，不遗余力，全世界靡然应之，演成十九世纪之局。近儒如约翰·穆勒，如斯宾塞，犹以干涉主义为进化之敌焉。而伯伦知理之国家全权论，亦起于放任主义极盛之际，不数十年已有取而代之之势。畴昔谓国家恃人民而存立，宁牺牲凡百之利益以为人民者，今则谓人民恃国家而存立，宁牺牲凡百之利益以为国家矣。自今以往，帝国主义益大行，有断然也。帝国主义者，干涉主义之别名也。

请言生计界。十六七世纪，重商学派盛行，所谓哥巴政略者，披靡全欧，各国相率仿效之。此为干涉主义之极点。及十八世纪重农学派兴，其立论根据地，与卢梭等天赋人权说同出一源。斯密亚丹出，更取自由政策，发挥而光大之。此后有门治斯达派者，益为放任论之本营矣。而自由竞争之趋势，乃至兼并盛行，富者益富，贫者益贫。于是近世所谓社会主义者出而代之。社会主义者，其外形若纯主放任，其内质则实主干涉者也。将合人群使如一机器然，有总机以纽结而旋掣之，而于不平等中求平等。社会主义，其必将磅礴于二十世纪也明矣。故曰二十世纪为干涉主义全胜时代也。

然则此两主义者，果孰是而孰非耶？孰优而孰劣耶？曰：皆是也。各随其地，各随其时，而异其用。用之而适于其时与其地者则为优，反是则为劣。曰：今日之中国，于此两主义者，当何择乎？曰：今日中国之弊，在宜干涉者而放任，宜放任者而干涉。窃计治今日之中国，其当操干涉主义者十之七，当操放任主义者十之三。至其部分条理，则非片言所能尽也。

治具与治道

太史公曰:"法令者,治之具,而非制治清浊之源也。"可谓至言。近世之立宪国,学者亦称之为法治国。吾国人慕其名,津津然道之,一若彼国中舍法之外,即无所以为治者。不知法乃其治具,而所以能用此具者,别有其道焉。苟无其道,则虽法如牛毛,亦不过充架之空文而已。故全世界中立宪国以数十计,而其声光烂然日进无疆者,仅数国也。道者何?曰官方,曰士习,曰民风而已。此其言虽若老生常谈,闻者鲜不以为迂。然舍此以外,则实无可以厝国于不拔之途。真欲救国者,可能无急哉!贾子亦曰:"今世以侈靡相竞,弃礼谊捐廉耻日甚,可谓月异而岁不同矣。而大臣特以簿书不报期会之间,以为大故,至于俗流失,世坏败,因恬而不知怪。夫移风易俗,使天下回心而乡道,类非俗吏之所能为也。俗吏之所务,在于刀笔筐箧,而不知大体。"呜呼!是不啻为今日言之矣。

(1899 年)

新民说（节选）

第一节　叙　论

自世界初有人类以迄今日，国于环球上者何啻千万。问其岿然今存，能在五大洲地图占一颜色者，几何乎？曰百十而已矣。此百十国中，其能屹然强立，有左右世界之力，将来可以战胜于天演界者，几何乎？曰四五而已矣。夫同是日月，同是山川，同是方趾，同是圆颅，而若者以兴，若者以亡，若者以弱，若者以强，则何以故？或曰：是在地利。然今之亚美利加，犹古阿美利加，而盎格鲁-撒逊民族何以享其荣？古之罗马，犹今之罗马，而拉丁民族何以堕其誉？或曰：是在英雄。然非无亚历山大，而何以马基顿今已成灰尘？非无成吉思汗，而何以蒙古几不保残喘？呜呼噫嘻，吾知其由。国也者，积民而成。国之有民，犹身之有四肢、五脏、筋脉、血轮也。未有四肢已断，五脏已瘵，筋脉已伤，血轮已涸，而身犹能存者。则亦未有其民愚陋、怯弱、涣散、混浊，而国犹能立者。故欲其身之长生久视，则摄生之术不可不明;欲其国之安富尊荣,则新民之道不可不讲。

第二节　论新民为今日中国第一急务

吾今欲极言新民为当务之急。其立论之根柢有二:一曰关于内治者,二曰关于外交者。

所谓关于内治者何也?天下之论政术者多矣,动曰某甲误国,某乙殃民,某之事件,政府之失机,某之制度,官吏之溺职。若是者,吾固不敢谓为非然也。虽然,政府何自成?官吏何自出?斯岂非来自民间者耶?某甲某乙者,非国民之一体耶?久矣!夫聚群盲不能成一离娄,聚群聋不能成一师旷,聚群怯不能成一乌获。以若是之民,得若是之政府官吏,正所谓种瓜得瓜,种豆得豆,其又奚尤?西哲常言:政府之与人民,犹寒暑表之与空气也。室中之气候,与针里之水银,其度必相均,而丝毫不容假借。国民之文明程度低者,虽得明主贤相以代治之,及其人亡则其政息焉。譬犹严冬之际,置表于沸水中,虽其度骤升,水一冷而坠如故矣。国民之文明程度高者,虽偶有暴君污吏,虔刘一时,而其民力自能补救之而整顿之。譬犹溽暑之时,置表于冰块上,虽其度忽落,不俄顷则冰消而涨如故矣。然则苟有新民,何患无新制度,无新政府,无新国家?非尔者,则虽今日变一法,明日易一人,东涂西抹,学步效颦,吾未见其能济也。夫吾国言新法数十年而效不睹者,何也?则于新民之道未有留意焉者也。

今草野忧国之士,往往独居深念,叹息相望,曰:安得贤君相,庶拯我乎!吾未知其所谓贤君相者,必如何而始为及格。虽然,若以今日之民德、民智、民力，吾知虽有贤君相，而亦无以善其后也。夫拿破仑旷世之名将也，苟授以旗绿之惰兵，则不能敌黑蛮。哥仑布航海之大家也，苟乘以朽木之胶船，则不能渡溪沚。彼君相者非能独治也，势不得不任疆臣，疆臣不得不任监司，监司不得不任府县，府县不得不任吏胥。此诸级中人，但使其贤者半，不肖者半，犹不足以致治，而况乎其百不得一也。今为此论者，固知泰西政治之美，而欲吾国之效之矣。但推其意，得毋以若彼之政治，皆由其君若相独力所制造耶？试与一游英美德法之都，观其人民之自治何如？其人民与政府之关系何如？观之一省，其治法俨然一国也；观之一市、一村落，其治法俨然一国也；观之一党会、一公司、一学校，其治法俨然一国也；乃至观之一人，其自治之法，亦俨然治一国也。譬诸盐有咸性，积盐如陵，其咸愈浓，然剖分此如陵之盐为若干石，石为若干斗，斗为若干升，升为若干颗，颗为若干阿屯，无一不咸，然后，大咸乃成。搏沙揉粉而欲以求咸，虽隆之高于泰岱，犹无当也。故英美各国之民常不待贤君相而足以致治。其元首，则尧、舜之垂裳可也，成王之委裘亦可也；其官吏，则曹参之醇酒可也，成瑨之坐啸亦可也。何也？以其有民也。故君相常倚赖国民，国民不倚赖君相。小国且然，况吾中国幅员之广，尤非一二人之长鞭所能及者耶？

则试以一家譬一国。苟一家之中，子妇弟兄，各有本业，各有技能，忠信笃敬，勤劳进取，家未有不浡然兴者。不然者，各委弃其责任，而一望诸家长，家长而不贤，固阖室为饿殍，藉令贤也，而能荫庇我者几何？即能荫庇矣，而为人子弟，累其父兄，使终岁勤动，日夕忧劳，微特于心不安，其毋乃终为家之累耶？今之动辄责政府望贤君相者,抑何不恕?抑何不智?英人有常言曰:"That's your mistake. I couldn't help you."译意言:"君误矣,吾不能助君也。"此虽利己主义之鄙言,而实鞭策人自治自助之警句也。故吾虽日望有贤君相,吾尤恐即有贤君相亦爱我而莫能助也。何也?责望于贤君相者深,则自责望者必浅。而此责人不责己、望人不望己之恶习,即中国所以不能维新之大原。我责人,人亦责我,我望人,人亦望我,是四万万人,遂互消于相责、相望之中,而国将谁与立也?新民云者,非新者一人,而新之者又一人也,则在吾民之各自新而已。孟子曰:"子力行之。亦以新子之国。"自新之谓也,新民之谓也。

所谓关于外交者何也?自十六世纪以来,欧洲所以发达,世界所以进步,皆由民族主义(Nationalism)所磅礴冲激而成。民族主义者何?各地同种族、同言语、同宗教、同习俗之人,相视如同胞,务独立自治,组织完备之政府,以谋公益而御他族是也。此主义发达既极,驯至十九世纪之末,乃更进而为民族帝国主义(National Imperialism)。民族帝国主义者何?其国民之实力,充于内而不得不溢于外,于是汲汲焉求扩张权力于他地,以为我尾闾。其下手也,或以兵力,或以商务,或以工业,或以教会,而一用政策以指挥调护之是也。近者如俄国之经略西伯利亚、土耳其,德国之经略小亚细亚、阿非利加,英国之用兵于波亚,美国之县夏威①、掠古巴、攘非律宾,皆此新主义之潮流,迫之不得不然也。而今也于东方大陆,有最大之国,最腴之壤,最腐败之政府,最散弱之国民,彼族一旦窥破内情,于是移

---

① 夏威,即夏威夷。——编者

其所谓民族帝国主义者,如群蚁之附膻,如万矢之向的,离然而集注于此一隅。彼俄人之于满洲,德人之于山东,英人之于扬子江流域,法人之于两广,日人之于福建,亦皆此新主义之潮流,迫之不得不然也。

夫所谓民族帝国主义者,与古代之帝国主义迥异。昔者有若亚历山大,有若查理曼,有若成吉思汗,有若拿破仑,皆尝抱雄图,务远略,欲蹂躏大地,吞并弱国。虽然,彼则由于一人之雄心,此则由于民族之涨力。彼则为权威之所役,此则为时势之所趋。故彼之侵略,不过一时。所谓暴风疾雨,不崇朝而息矣。此之进取,则在久远。日扩而日大,日入而日深。吾中国不幸而适当此盘涡之中心点,其将何以待之?曰:彼为一二人之功名心而来者,吾可以恃一二之英雄以相敌;彼以民族不得已之势而来者,非合吾民族全体之能力,必无从抵制也;彼以一时之气焰骤进者,吾可以鼓一时之血勇以相防;彼以久远之政策渐进者,非立百年宏毅之远猷,必无从幸存也。不见乎瓶水乎?水仅半器,他水即从而入之。若内力能自充塞本器,而无一隙之可乘,他水未有能入者也。故今日欲抵挡列强之民族帝国主义,以挽浩劫而拯生灵,惟有我行我民族主义之一策。而欲实行民族主义于中国,舍新民未由。

今天下莫不忧外患矣。虽然,使外而果能为患,则必非一忧之所能了也。夫以民族帝国主义之顽强突进如彼其剧,而吾犹商榷于外之果能为患与否,何其愚也!吾以为患之有无,不在外而在内。夫各国固同用此主义也,而俄何以不施诸英?英何以不施诸德?德何以不施诸美?欧美诸国何以不施诸日本?亦曰有隙与无隙之分而已。

人之患瘵者,风寒、暑湿、燥火,无一不足以侵之。若血气强盛、肤革充盈者,冒风雪,犯暴暵,冲瘴疠,凌波涛,何有焉?不自摄生,而怨风雪、暴暵、波涛、瘴疠之无情,非盲彼不任受,而我亦岂以善怨而获免耶?然则为中国今日计,必非恃一时之贤君相而可以弭乱,亦非望草野一二英雄崛起而可以图成,必其使吾四万万人之民德、民智、民力,皆可与彼相埒,则外自不能为患,吾何为而患之?此其功虽非旦夕可就乎,然孟子有言:"七年之病,求三年之艾。苟为不蓄,终身不得。"今日舍此一事,别无善图。宁复可蹉跎蹉跎,更阅数年,将有欲求如今日而不可复得者。呜呼!我国民可不悚耶?可不勖耶?

第三节　释新民之义

新民云者,非欲吾民尽弃其旧以从人也。新之义有二:一曰,淬厉其所本有而新之;二曰,采补其所本无而新之。二者缺一,时乃无功。先哲之立教也,不外因材而笃与变化气质之两途,斯即吾淬厉所固有、采补所本无之说也。一人如是,众民亦然。

凡一国之能立于世界,必有其国民独具之特质。上自道德法律,下至风俗习惯、文学美术,皆有一种独立之精神。祖父传之,子孙继之,然后群乃结,国乃成。斯实民族主义之根柢源泉也。我同胞能数千年立国于亚洲大陆,必其所具特质,有宏大、高尚、完美,厘然异于群族者。吾人所当保存之而勿失坠也。虽然,保之云者,非任其自生自长,而漫曰:"我保之,我保之"云尔。譬诸木然,非岁岁有新芽之萌,则其枯可立待;譬诸井然,非息息有新泉之涌,则其涸不移时。夫新芽新泉,岂自外来者耶?旧也而不得不谓之新,惟其日新,正所以全其旧也。濯之拭之,发其光晶;锻之炼之,成其体段;培之浚之,厚其本原;继长增高,日征月迈,国民之精神,于是乎保存,于是乎发达。世或以"守旧"二字为一极可厌之名词,其然岂其然哉。吾所患不在守旧,而患无真能守旧者。真能守旧者何?即吾所谓淬厉其固有而已。

仅淬厉固有而遂足乎?曰不然。今之世非昔之世,今之人非昔之人。昔者吾中国有部民而无国民,非不能为国民也,势使然也。吾国夙巍然屹立于大东,环列皆小蛮夷,与他方大国,未一交通,故我民常视其国为天下。耳目所接触,脑筋所濡染,圣哲所训示,祖宗所遗传,皆使之有可以为一个人之资格,有可以为一家人之资格,有可以为一乡一族人之资格,有可以为天下人之资格,而独无可以为一国国民之资格。夫国民之资格,虽未必有以远优于此数者,而以今日列国并立、弱肉强食、优胜劣败之时代,苟缺此资格,则决无以自立于天壤。故今日不欲强吾国则已,欲强吾国,则不可不博考各国民族所以自立之道,汇择其长者而取之,以补我之所未及。今论者于政治、学术、技艺,皆莫不知取人长以补我短矣,而不知民德、民智、民力,实为政治、学术、技艺之大原。不敢于此而取于彼,弃其本而摹其末,是何异见他树之蓊郁,而欲移其枝以接我槁干;见他井之汩涌,而欲汲其流以实我窨源也。故采补所本无以新我民之道,不可不深长思也。

世界上万事之现象,不外两大主义:一曰保守,二曰进取。人之运用此两主义者,或偏取甲,或偏取乙,或两者并起而相冲突,或两者并存而相调和。偏取其一,未有能立者也。有冲突则必有调和。冲突者,调和之先驱也。善调和者,斯为伟大国民,盎格鲁-撒逊人种是也。譬之颐步,以一足立,以一足行;譬之拾物,以一手握,以一手取。故吾所谓新民者,必非如心醉西风者流,蔑弃吾数千年之道德、学术、风俗,以求伍于他人;亦非如墨守故纸者流,谓仅抱此数千年之道德、学术、风俗,遂足以立于大地也。

第五节　论公德

我国民所最缺者,公德其一端也。公德者何?人群之所以为群,国家之所以为国,赖此德焉以成立者也。人也者,善群之动物也。人而不群,禽兽奚择?而非徒空言高论曰:群之群之,而遂能有功者也,必有一物焉贯注而联络之,然后群之实乃举。若此者谓之公德。

道德之本体一而已,但其发表于外,则公私之名立焉。人人独善其身者谓之私德,人人相善其群者谓之公德,二者皆人生所不可缺之具也。无私德则不能立,合无量数卑污、虚伪、残忍、愚懦之人,无以为国也。无公德则不能团,虽有无量数束身自好、廉谨良愿之人,仍无以为国也。吾中国道德之发达,不可谓不早。虽然,偏于私德,而公德殆阙如。试观《论语》《孟子》诸书,吾国民之木铎,而道德所从出者也。其中所教,私德居十之九,而公德不及其一焉。如《皋陶谟》之九德,《洪范》之三德;《论语》所谓"温良恭俭让",所谓"克己复礼",所谓"忠信笃敬",所谓"寡尤寡悔",所谓"刚毅木讷",所谓"知命知言";《大学》所谓"知止、慎独","戒欺、求慊";《中庸》所谓"好学、力行、知耻",所谓"戒慎恐惧",所谓"致曲";《孟子》所谓"存心养性",所谓"反身强恕"。凡此之类,关于私德者,发挥几无余蕴,于养成私人之资格,庶乎备矣。虽然,仅有私人之资格,遂足为完全人格乎？是固不能。今试以中国旧伦理,与泰西新伦理相比较。旧伦理之分类,曰君臣,曰父子,曰兄弟,曰夫妇,曰朋友；新伦理之分类,曰家族伦理,曰社会伦理,曰国家伦理。旧伦理所重者,则一私人对于一私人之事也。（一私人之独善其身,固属于私德之范围,即一私人与他私人交涉之道义,仍属于私德之范围也。此可以法律上公法、私法之范围证明之。）新伦理所重者,则一私人对于一团体之事也。（以新伦理之分类归纳旧伦理,则关于家族伦理者三：父子也、兄弟也、夫妇也。关于社会伦理者一,朋友也；关于国家伦理者一,君臣也。然朋友一伦,决不足以尽社会伦理；君臣一伦,尤不足以尽国家伦理。何也？凡人对于社会之义务,决不徒在相知之朋友而已,即绝迹不与人交者,仍于社会上有不可不尽之责任。至国家者,尤非君臣所能专有。若仅言君臣之义,则使以礼,事以忠,全属两个私人感恩效力之事耳,于大体无关也。将所谓逸民不事王侯者,岂不在此伦范围之外乎？夫人必备此三伦理之义务,然后人格乃成。若中国之五伦,则惟于家族伦理稍为完整。至社会、国家伦理,不备滋多。此缺憾之必当补者也,皆由重私德、轻公德所生之结果也。）夫一私人之所以自处,与一私人之对于他私人,其间必贵有道德者存,此奚待言。虽然,此道德之一部分,而非其全体也。全体者,合公私而兼善之者也。

私德公德,本并行不悖者也。然提倡之者既有所偏,其末流或遂至相妨。若微生亩讥孔子以为佞,公孙丑疑孟子以好辩。此外道浅学之徒,其不知公德,不待言矣。而大圣达哲,亦往往不免。吾今固不欲撷拾古人片言只语有为而发者,摘之以相诟病。要之,吾中国数千年来,束身寡过主义,实为德育之中心点。范围既日缩日小,其间有言论行事,出此范围外,欲为本群本国之公利公益有所尽力者,彼曲士贱儒,动辄援"不在其位、不谋其政"等偏义,以非笑之、挤排之。谬种流传,习非胜是,而国民益不复知公德为何物。今夫人之生息于一群也,安享其本群之权利,即有当尽于其本群之义务。苟不尔者,则直为群之蠹而已。彼持束身寡过主义者,以为吾虽无益于群,亦无害于群,庸讵知无益之即为害乎?何则?群有以益我,而我无以益群,是我逋群之负而不偿。夫一私人与他私人交涉,而逋其所应偿之负,于私德必为罪矣,谓其害之将及于他人也。而逋群负者,乃反得冒善人之名,何也?使一群之人,皆相率而逋焉,彼一群之血本,能有几何?而此无穷之债客,日夜蠹蚀之而瓜分之,有消耗,无增补,何可长也?然则其群必为逋负者所拽倒,与私人之受累者同一结果,此理势之所必然矣。今吾中国所以日即衰落者,岂有他哉?束身寡过之善士太多,享权利而不尽义务,人人视其所负于群者如无有焉。人虽多,曾不能为群之利,而反为群之累,夫安得不日蹙也?

父母之于子也,生之育之,保之教之,故为子者有报父母恩之义务。人人尽此义务,则子愈多者,父母愈顺,家族愈昌;反是则为家之索矣。故子而逋父母之负者,谓之不孝,此私德上第一大义,尽人能知者也。群之于人也,国家之于国民也,其恩与父母同。盖无群无国,则吾性命财产无所托,智慧能力无所附,而此身将不可以一日立于天地。故报群报国之义务,有血气者所同具也。苟放弃此责任者,无论其私德上为善人、为恶人,而皆为群与国之蟊贼。譬诸家有十子,或披剃出家,或博弈饮酒,虽一则求道,一则无赖,其善恶之性质迥殊,要之,不顾父母之养,为名教罪人则一也。明乎此义,则凡独善其身以自足者,实与不孝同科。案公德以审判之,虽谓其对于本群而犯大逆不道之罪,亦不为过。

某说部寓言,有官吏死而冥王案治其罪者。其魂曰:"吾无罪,吾作官甚廉。"冥王曰:"立木偶于庭,并水不饮,不更胜君乎?于廉之外一无所闻,是即君之罪也。"遂炮烙之。欲以束身寡过为独一无二之善德者,不自知其已陷于此律而不容赦也。近世官箴,最脍炙人口者三字:曰清、慎、勤。夫清、慎、勤岂非私德之高尚者耶?虽然,彼官吏者受一群之委托而治事者也,既有本身对于群之义务,复有对于委托者之义务,曾是清、慎、勤三字,遂足以塞此两重责任乎?此皆由知有私德,不知有公德。故政治之不进,国华之日替,皆此之由。彼官吏之立于公人地位者且然,而民间一私人更无论也。我国民中无一人视国事如己事者,皆公德之大义未有发明故也。

且论者亦知道德所由起乎?道德之立,所以利群也。故因其群文野之差等,而其所适宜之道德,亦往往不同。而要之以能固其群、善其群、进其群者为归。夫英国宪法,以侵犯君主者为大逆不道;法国宪法,以谋立君主者为大逆不道;美国宪法,乃至以妄立贵爵名号者为大逆不道。其道德之外形相反如此,至其精神则一也。一者何?曰为一群之公益而已。乃至古代野蛮之人,或以妇女公有为道德,或以奴隶非人为道德;而今世哲学家,犹不能谓其非道德,盖以彼当时之情状,所以利群者,惟此为宜也。然则道德之精神,未有不自一群之利益而生者;苟反于此精神,虽至善者,时或变为至恶矣。是故公德者，诸德之源也，有益于群者为善，无益于群者为恶。此理放诸四海而准，俟诸百世而不惑者也。至其道德之外形，则随其群之进步以为比例差。群之文野不同，则其所以为利益者不同，而其所以为道德者亦自不同。德也者，非一成而不变者也。（吾此言颇骇俗，但所言者，德之条理，非德之本原。其本原固亘万古而无变者也。读者幸勿误会。本原惟何？亦曰利群而已。）非数千年前之古人所能立一定格式以范围天下万世者也。（私德之条目变迁较少，公德之条目变迁尤多。）然则吾辈生于此群，生于此群之今日，宜纵观宇内之大势，静察吾族之所宜，而发明一种新道德，以求所以固吾群、善吾群、进吾群之道，未可以前王先哲所罕言者，遂以自画而不敢进也。知有公德，而新道德出焉矣，而新民出焉矣。（今世士夫谈维新者，诸事皆敢言新，惟不敢言新道德。此由学界之奴性未去，爱群、爱国、爱真理之心未诚也。盖以为道德者，日月经天，江河行地，自无始以来，不增不减，先圣昔贤尽揭其奥以诏后人，安有所谓新焉旧焉者？殊不知道德之为物，由于天然者半，由于人事者亦半，有发达，有进步，一循天演之大例。前哲不生于今日，安能制定悉合今日之道德？使孔孟复起，其不能不有所损益也，亦明矣。今日正当过渡时代，青黄不接，前哲深微之义，或湮没而未彰，而流俗相传简单之道德，势不足以范围今后之人心，且将有厌其陈腐而一切吐弃之者。吐弃陈腐，犹可言也；若并道德而吐弃，则横流之祸，曷其有极？今此祸已见端矣，老师宿儒或忧之劬劬焉，欲持宋元之余论，以遏其流。岂知优胜劣败，固无可逃，捧坏土以塞孟津，沃杯水以救薪火，虽竭吾才，岂有当焉？苟不及今急急斟酌古今中外，发明一种新道德者而提倡之，吾恐今后智育愈盛,则德育愈衰。泰西物质文明尽输入中国,而四万万人且相率而为禽兽也。呜呼,道德革命之论,吾知必为举国之所诟病。顾吾特恨吾才之不逮耳。若夫与一世之流俗人挑战决斗,吾所不惧,吾所不辞。世有以热诚之心爱群、爱国、爱真理者乎?吾愿为之执鞭,以研究此问题也。)公德之大目的,既在利群,而万千条理即由是生焉。本论以后各子目,殆皆可以"利群"二字为纲以一贯之者也。故本节但论公德之急务,而实行此公德之方法,则别著于下方。

第八节　论权利思想

人人对于人而有当尽之责任,人人对于我而有当尽之责任。对人而不尽责任者,谓之间接以害群。对我而不尽责任者,谓之直接以害群。何也?对人而不尽责任,譬之则杀人也;对我而不尽责任,譬之则自杀也。一人自杀,则群中少一人,举一群之人而皆自杀,则不啻其群之自杀也。

我对我之责任奈何?天生物而赋之以自捍、自保之良能,此有血气者之公例也。而人之所以贵于万物者,则以其不徒有"形而下"之生存,而更有"形而上"之生存。"形而上"之生存,其条件不一端,而权利其最要也。故禽兽以保生命为对我独一无二之责任,而号称人类者,则以保生命、保权利两者相倚,然后此责任乃完。苟不尔者,则忽丧其所以为人之资格,而与禽兽立于同等之地位。故罗马法视奴隶与禽兽等,于论理上诚得其当也。故形而下之自杀,所杀者不过一人;形而上之自杀,则举全社会而禽兽之,且禽兽其苗裔以至于无穷。

吾故曰直接以害群也。呜呼！吾一不解吾中国人之甘于自杀者何其多也。

权利何自生？曰生于强。彼狮、虎之对于群兽也，酋长国王之对百姓也，贵族之对平民也，男子之对女子也，大群之对于小群也，雄国之对于孱国也，皆常占优等绝对之权利。非狮、虎、酋长等之暴恶也，人人欲伸张己之权利而无所厌，天性然也。是故权利之为物，必有甲焉先放弃之，然后有乙焉能侵入之。人人务自强以自保吾权，此实固其群、善其群之不二法门也。古代希腊有供养正义之神者，其造像也，左手握衡，右手提剑。衡所以权权利之轻重，剑所以护权利之实行。有剑无衡，是豺狼也；有衡无剑，则权利者亦空言而卒归于无效。德儒伊耶陵（Jhering）所著《权利竞争论》云："权利之目的在平和，而达此目的之方法则不离战斗。有相侵者则必相拒，侵者无已时，故拒者亦无尽期。质而言之，则权利之生涯，竞争而已。"又曰："权利者不断之勤劳也，勤劳一弛，而权利即归于灭亡。"若是乎权利之为物，其所以得之与所以保之者，如此其不易也。

藉欲得之，藉欲保之，则权利思想，实为之原。夫人之有四肢五脏也，是形而下生存之要件也，使内而或肝或肺，外而或指或趾，其有一不适者，孰不感苦痛而急思疗治之。夫肢脏之苦痛，是即其身内机关失和之征也，是即其机关有被侵焉之征也。而疗治者，即所以防御此侵害以自保也。形而上者之侵害亦有然。有权利思想者，一遇侵压，则其苦痛之感情，直刺焉激焉，动机一拨而不能自制，亟亟焉谋抵抗以复其本来。夫肢脏受侵害而不觉苦痛者，必其麻木不仁者也。权利受侵害而不觉苦痛，则又奚择焉？故无权利思想者，虽谓之麻木不仁可也。

权利思想之强弱,实为其人品格之所关。彼夫为臧获者,虽以穷卑极耻之事廷辱之,其受也泰然。若在高尚之武士,则虽掷头颅以抗雪其名誉,所不辞矣。为穿窬者,虽以至丑极垢之名过毁之,其居也恬然。若在纯洁之商人,则虽倾万金以表白其信用,所不辞矣。何也?当其受侵受压受诬也,其精神上无形之苦痛,直感觉而不能自已。彼误解权利之真相者,以为是不过于形骸上物质上之利益,斷斷计较焉。嘻,鄙哉!其为浅丈夫之言也!譬诸我有是物而横夺于人,被夺者奋然抗争于法庭,彼其所争之目的,非在此物也,在此物之主权也。故常有诉讼之先,声言他日讼直所得之利益,悉以充慈善事业之用者。苟其志而在利也,则此胡为者?故此等之诉讼,可谓之道德上问题,而不可谓算学上之问题。苟为算学上之问题,则必先持筹而计之,曰:吾诉讼费之所损,可以偿讼直之所得乎?能偿则为之,不能则已之。此鄙夫之行也,夫此等计算者,对于无意识之损害,可以用之。譬如坠物于渊,欲佣人而索之,因预算其物值与佣值之相偿,是理之当然也。其目的在得物之利益也。争权利则不然,其目的非在得物之利益也。故权利与利益,其性质正相反对。贪目前之苟安,计锱铢之小费者,其势必至视权利如弁髦。此正人格高下垢净所由分也。

昔蔺相如叱秦王曰:"臣头与璧俱碎。"以赵之大,何区区一璧是爱?使其爱璧,则碎之胡为者?乃知璧可毁,身可杀,敌可犯,国可危,而其不可屈者,别有在焉。噫!此所谓权利者也。伊耶陵又言曰:"英国人之游历欧洲大陆者,或偶遇旅馆舆夫,有无理之需索,辄毅然斥之。斥之不听,或争议不决者,往往宁延迟行期数日数旬,所耗旅费视所争之数增至十倍,亦所不恤焉。无识者莫不笑其大愚,而岂知此人所争之数喜林①,实所以使堂堂英吉利国屹然独立于世界之要具也。盖权利思想之丰富,权利感情之敏锐,即英人所以立国之大原也。今试举一奥大利人(伊氏著书教授于奥大利,故以此鞭策奥人),与此英人地位同、财力同者相比较,其遇此等事,则所以处置者何如?必曰:此区区者,岂值以之自苦而滋事也?直掷金拂衣而去耳。而乌知夫此英人所拒奥人所掷数片喜林之中,有一绝大之关系隐伏焉,即两国数百年来政治上之发达,社会上之变迁,皆消息乎其间也。"呜呼,伊氏之言,可谓博深而切明矣。吾国人试一自反,吾侪之权利思想,视英人奥人谁似也?

论者或疑此事为微末而不足道乎?请言其大者。譬有两国于此,甲国用无理之手段,以夺乙国硗确不毛之地一方里。此被害国者,将默而息乎?抑奋起而争,争之不得而继以战乎?战役一起,则国帑可以竭,民财可以尽,数十万之壮丁,可以一朝暴骨于原野之中,帝王之琼楼玉宇,窭民之筚门圭窦,可以同成一烬,驯至宗社可以屋,国祀可以灭,其所损与一方里地之比较,何啻什佰千万!就其得之,亦不过一方里石田耳。若以算学上两两相衡,彼战焉者可不谓大愚哉?而岂知一方里被夺而不敢问者,则十里亦夺,百里亦夺,千里亦夺,其势不至以全国委于他人而不止也。而此避竞争、贪安逸之主义,即使其国丧其所以立国之原也。故夫受数喜林之欺骗屈辱而

---

① 喜林,今译"先令"。——编者

默然忍容者，则亦可以对于本身死刑之宣告自署名而不辞者也。被夺一方里之地而不发愤者，则亦可以举其父母之邦之全图献卖于他人，而不以动其心者也。此其左证岂在远？反观我国，而使我渐悚无地矣。

盎格鲁-撒逊人不待言矣，条顿人不待言矣，欧洲之白种人不待言矣，试就近比照之于日本。日本当四十年前，美国一军舰始到，不过一测量其海岸耳，而举国无论为官、为士、为农、为工、为商、为僧、为俗，莫不瞋目切齿，攘臂扼腕，风起水涌，遂以奏尊攘之功，成维新之业。而我中国以其时燔圆明园，定《南京条约》，割香港，开五口，试问我国民之感情何如也？当八年前，俄、德、法三国逼日本还辽，不过以其所夺人者归原主耳，而举国无论为官、为士、为农、为工、为商、为僧、为俗，莫不瞋目切齿，攘臂扼腕，风起水涌，汲汲焉扩张军备，卧薪尝胆，至今不忘。而我中国以其时割胶州旅顺等六七军港，定各国势力范围，浸假而联军入京，燕蓟涂炭，试问我国民之感情何如也？彼其智宁不知曰：此我之权利也。但其有权利而不识有之之为尊荣，失权利而不知失之之为苦痛。一言蔽之曰：无权利思想而已。

吾中国先哲之教，曰宽柔以教，不报无道；曰犯而不校；曰以德报怨，以直报怨。此自前人有为而发之言，在盛德君子偶一行之。虽有足令人起敬者，而末俗承流，遂藉以文其怠惰恇怯之劣根性，而误尽天下。如所谓百忍成金，所谓唾面自干，岂非世俗传为佳话者耶？夫人而至于唾面自干，天下之顽钝无耻，孰过是焉？今乃欲举全国人而惟此之为务，是率全国人而为无骨无血无气之怪物，吾不知如何而可也。中国数千年来，误此见解，习非成是，并为一谈，使勇者日即于销磨，怯者反有所藉口。遇势力之强于己者，始而让之，继而畏之，终而媚之，弱者愈弱，强者愈强，奴隶之性，日深一日。对一人如是，对团体亦然，对本国如是，对外国亦然。以是而立于生存竞争最剧最烈之场，吾不知如何而可也。

大抵中国善言仁，而泰西善言义。仁者人也，我利人，人亦利我，是所重者常在人也；义者我也，我不害人，而亦不许人之害我，是所重者常在我也。此二德果孰为至乎？在千万年后大同太平之世界，吾不敢言。若在今日，则义也者，诚救时之至德要道哉。夫出吾仁以仁人者，虽非侵人自由，而待仁于人者，则是放弃自由也。仁焉者多，则待仁于人者亦必多，其弊可以使人格日趋于卑下。（欧西百年前，以施济贫民为政府之责任，而贫民日以多。后悟此理，厘而裁之，而民反殷富焉。君子爱人以德，不闻以姑息。故使人各能自立而不倚赖他人者，上也。若曰吾举天下人而仁之，毋乃降斯人使下己一等乎？）若是乎仁政者，非政体之至焉者也。吾中国人惟日望仁政于其君上也，故遇仁焉者，则为之婴儿，遇不仁焉者，则为之鱼肉。古今仁君少而暴君多，故吾民自数千年来祖宗之遗传，即以受人鱼肉为天经地义，而"权利"二字之识想，断绝于吾人脑质中者固已久矣。

杨朱曰："人人不损一毫，人人不利天下，天下治矣。"吾畴昔最深恶痛恨其言，由今思之，盖亦有所见焉矣。其所谓人人不利天下，固公德之蟊贼；其所谓人人不损一毫，抑亦权利之保障也。夫人虽至鄙吝，至不肖，亦何至爱及一毫，而顾断断焉争之者？非争此一毫，争夫人之损我一毫所有权也（所有权，即主权）。是推权利思想充类至义之尽者也。一部分之权利，合之即为全体之权利；一私人之权利思想,积之即为一国家之权利思想。故欲养成此思想,必自个人始。人人皆不肯损一毫,则亦谁复敢撄他人之锋而损其一毫者? 故曰天下治矣,非虚言也。虽然,杨朱非能解权利之真相者也,彼知权利当保守而勿失,而不知权利以进取而始生。放佚也,偷乐也,任运也,厌世也,皆杀权利之刽子手也。而杨朱日昌言之,以是求权利,则何异饮鸩以祈永年也。此吾中国所以虽盛行杨学,而惟熏染其人人不利天下之流毒,而不能实行其人人不损一毫之理想也。权利思想薄弱使然也。

权利思想者,非徒我对于我应尽之义务而已,实亦一私人对于一公群应尽之义务也。譬之两阵交绥,同队之人,皆赌生命以当公敌,而一人独贪安逸避竞争,曳兵而走焉。此人之牺牲其名誉,不待言矣。而试思此人何以能幸保首领,且其祸仍未延及于全群者,毋亦恃同队之人,有代己而抗敌者耳。使全军将卒,皆与此怯夫同流,望风争逃,则此怯夫与其群,非悉为敌所屠而同归于尽不止也。彼一私人自抛弃其权利者,与此逃亡之弱卒何择也? 不宁惟是,权利者常受外界之侵害而无已时者也,故亦必常出内力之抵抗而无已时,然后权利始成立。抵抗力厚薄,即为权利强弱比例差。试更以前喻明之,夫以千人之队,则其间一卒之去就,微末亦甚矣。然使百人乃至数百人,脱队而逃,则其结果如何? 其所余不逃之卒,必不可不加数倍之苦战,代此逃者而荷其负担。虽复忠勇义烈,而其力亦有所不逮矣。是何异逃者亲揿不逃者之胸而剚以刃也! 夫权利之竞争,亦若是则已耳。为国民者协力各尽其分内竞争之责任,则侵压自不得行。设有苟免幸脱而避其冲者,是不啻对于国民全体而为叛逆也。何也? 是使公敌增其力,而跳梁暴肆之所由行也。彼浅见者,以为一私人之放弃权利,不过其本身之受亏被害,而影响不及于他人,何其瞆也!

权利竞争之不已,而确立之保障之者厥恃法律。故有权利思想者,必以争立法权为第一要义。凡一群之有法律,无论为良为恶,而皆由操立法权之人制定之以自护其权利者也。强于权利思想之国民,其法律必屡屡变更,而日进于善。盖其始由少数之人,出其强权以自利,其后由多数之人,复出其强权相抵制,而亦以自利。权利思想愈发达,则人人务为强者,强与强相遇,权与权相衡,于是平和善美之新法律乃成。虽然,当新法律与旧法律相嬗之际,常为最剧最惨之竞争。盖一新法律出,则前此之凭藉旧法律以享特别之权利者,必受异常之侵害。故倡议制新法律者,不啻对于旧有权力之人而下宣战书也。夫是以动力与反动力相搏,而大争起焉,此实生物天演之公例也。当此时也,新权利、新法律之能成就与否,全视乎抗战者之力之强弱以为断,而道理之优劣不与焉。而此过渡时代,则倚旧者与倡新者,皆不可不受大损害。试一读欧美诸国法律发达史,如立宪政,废奴隶,释佣农,劳力自由,信教自由等,诸大法律,何一不自血风肉雨中薰浴而来,使倡之者有所偷、有所惮、有所姑息,而稍稍迁就于其间乎?则此退一步,彼进一步,而所谓新权利者,亦必终归于灭亡而已。吾中国人数千年来不识权利之为何状,亦未始不由迂儒煦煦之说阶之厉也。质而言之,则权利之诞生,与人类之诞生略同。分娩拆副之苦痛,势所不免。惟其得之也艰,故其护之也力,遂使国民与权利之间,其爱情一如母子之关系。母之生子也,实自以其性命为孤注,故其爱有非他人他事所能易者也。权利之不经艰苦而得者,如飞鸿之遗雏，猛鸷狡狐，时或得而攫之；若慈母怀中之爱儿，虽千百狐鸐，岂能褫也？故权利之薰浴于血风肉雨而来者，既得之后，而永不可复失焉。谓余不信，请观日本人民拥护宪法之能力，与英美人民之能力相比较，其强弱之率何如矣。若是乎专言仁政者，果不足以语于立国之道，而人民之望仁政以得一支半节之权利者，实含有亡国民之根性明也。

夫专言仁政犹且不可，而虐政更何论焉。大抵人生之有权利思想也，天赋之良知良能也。而其或强、或弱、或隐伏、或渐亡至不齐者，何也？则常缘其国家之历史、政治之浸润以为差。孟子牛山之喻，先我言之矣。非无萌蘖，牛羊又从而牧之，是以若彼濯濯也。历览东西古今亡国之史乘，其始非无一二抵抗暴制以求自由者，一锄之，三四锄之，渐萎废，渐衰颓，渐销铄，久之而猛烈沉酣之权利思想，愈制而愈驯，愈冲而愈淡，乃至回复之望绝，而受羁受轭，以为固然。积之数十年数百年，每下愈况，而常至澌亡。此固由其人民能力之薄弱，而政府之罪，又乌可逭也。夫此等政府，岂尝有一焉能嗣续其命脉以存于今日者？即有一二，亦不过风烛残年，旦夕待死而已。政府以此道杀人，毋乃适为自杀之利刃乎？政府之自杀，己作之而己受之，其又奚尤？顾所最痛者，其祸乃延及于国家全体而不能救也。国民者，一私人之所结集也；国权者，一私人之权利所团成也。故欲求国民之思想、之感觉、之行为，舍其分子之各私人之思想、感觉、行为而终不可得见。其民强者谓之强国，其民弱者谓之弱国，其民富者谓之富国，其民贫者谓之贫国，其民有权者谓之有权国，其民无耻者谓之无耻国。夫至以"无耻国"三字成一名词，而犹欲其国之立于天地，有是理耶？有是理耶？其能受阉宦、差役之婪索一钱而安之者，必其能受外国之割一省而亦安之者也；其能现奴颜婢膝昏暮乞怜于权贵之间者，必其能悬顺民之旗箪食壶浆以迎他族之师者也。譬之器然，其完固者，无论何物，不能渗也，苟有穴焉，有罅焉，我能渗之，他人亦能渗之。夫安知乎虐政所从入之门，乃即外寇所从入之门也。挑邻妇而利其从我，及为我妇，则欲其为我詈人，安可得也？平昔之待其民也，鞭之挞之，敲之削之，戮之辱之，积千数百年霸者之余威，以震荡摧锄天下之廉耻，既殄既狁既夷，一旦敌国之艨艟麇集于海疆，寇仇之貔貅迫临于城下，而后欲藉人民之力以捍卫是而纲维是，是何异不胎而求子，蒸沙而求饭也？嗟夫嗟夫，前车之覆者，不知几何矣！而独不解丁兹阳九者，曾一自审焉否也。

重为言曰：国家譬犹树也，权利思想譬犹根也，其根既拔，虽复干植崔嵬，华叶蓊郁，而必归于槁亡，遇疾风横雨，则摧落更速焉。即不尔，而旱暵之所暴炙，其萎黄凋敝，亦须时耳。国民无权利思想者以之当外患，则槁木遇风雨之类也。即外患不来，亦遇旱暵之类。《孟子》有言："逸居而无教，则近于禽兽。"若取罗马法之法理，而以论理解释之，则岂惟近法而已？一国之大，而仅有四万万禽兽居焉，天下之可耻，孰过是也。我同胞其耻之乎？为政治家者，以勿摧压权利思想为第一义。为教育家者，以养成权利思想为第一义；为一私人者，无论士焉农焉工焉商焉男焉女焉，各以自坚持权利思想为第一义。国民不能得权利于政府也，则争之。政府见国民之争权利也，则让之。欲使吾国之国权与他国之国权平等，必先使吾国中人人固有之权皆平等，必先使吾国民在我国所享之权利与他国民在彼国所享之权利相平等。若是者国庶有瘳,若是者国庶有瘳!

第十一节　论进步

(一名《论中国群治不进之原因》)

泰西某说部,载有西人初航中国者,闻罗针盘之术之传自中国也,又闻中国二千年前即有之也,默忖此物入泰西,不过数纪,而改良如彼其屡,效用如彼其广,则夫母国数千年之所增长,更当何若。登岸后不遑他事,先入市购一具,乃问其所谓最新式者,则与历史读本中所载十二世纪时亚剌伯①人传来之罗盘图,无累黍之异。其人乃废然而返云。此虽讽刺之寓言,实则描写中国群治濡滞之状,谈言微中矣。

吾昔读黄公度《日本国志》,好之,以为据此可以尽知东瀛新国之情状矣。入都见日使矢野龙豁,偶论及之,龙豁曰:"是无异据《明史》以言今日中国之时局也。"余怫然,叩其说。龙豁曰:"黄书成于明治十四年,我国自维新以来,每十年间之进步,虽前此百年不如也。然则二十年前之书,非《明史》之类如何?吾当时犹疑其言。东游以来,证以所见,良信。斯密·亚丹《原富》,称元代时有意大利人玛可·波罗游支那,归而著书,述其国情,以较今人游记,殆无少异。吾以为岂惟玛氏之作,即《史记》《汉书》二千年旧籍,其所记载,与今日相去能

---

① 亚剌伯,即"阿拉伯"。——编者

几何哉?夫同在东亚之地,同为黄族之民,而何以一进一不进,霄壤若此?

中国人动言郅治之世在古昔,而近世则为浇末,为叔季。此其义与泰西哲学家进化之论最相反。虽然,非谰言也,中国之现状实然也。试观战国时代,学术蜂起,或明哲理,或阐技术,而后此则无有也;两汉时代,治具粲然,宰相有责任,地方有乡官,而后此则无有也。自余百端,类此者不可枚举。夫进化者天地之公例也,譬之流水,性必就下;譬之抛物,势必向心,苟非有他人焉从而搏之,有他物焉从而吸之,则未有易其故常者。然则吾中国之反于彼进化之大例,而演出此凝滞之现象者,殆必有故。求得其故而讨论焉、发明焉,则知病而药于是乎在矣。

论者必曰:由于保守性质之太强也。是固然也。虽然,吾国中人保守性质,何以独强,是亦一未解决之问题也。且英国人以善保守闻于天下,而万国进步之速,殆莫英若,又安见夫保守之必为群害也?吾思之,吾重思之,其原因之由于天然者有二,由于人事者有三。

一曰大一统而竞争绝也。竞争为进化之母,此义殆既成铁案矣。泰西当希腊列国之时,政学皆称极盛,洎罗马分裂,散为诸国,复成近世之治,以迄于今,皆竞争之明效也。夫列国并立,不竞争则无以自存。其所竞者,非徒在国家也,而兼在个人;非徒在强力也,而尤在德智。分途并趋,人自为战,而进化遂沛然莫之能御。故夫一国有新式枪炮出,则他国弃其旧者恐后焉,非是不足以操胜于疆场也。一厂有新式机器出,则他厂亦弃其旧者恐后焉,非是不足以求赢于阛阓也。惟其然也,故不徒耻下人,而常求上人。昨日乙优于甲,今日丙驾于乙,明日甲还胜丙,互相傲,互相妒,互相师,如赛马然,如斗走然,如竞漕然。有横于前,则后焉者自不敢不勉;有躐于后,则前焉者亦不敢即安。此实进步之原动力所由生也。中国惟春秋战国数百年间,分立之运最久,而群治之进,实以彼时为极点。自秦以后,一统局成,而为退化之状者,千余年于今矣。岂有他哉? 竞争力销乏使然也。

二曰环蛮族而交通难也。凡一社会与他社会相接触,则必产出新现象,而文明遂进一步。上古之希腊殖民,近世之十字军东征,皆其成例也。然则统一非必为进步之障也,使统一之于内,而交通之于外,则其飞跃或有更速者也。中国环列皆小蛮夷,其文明程度,无一不下我数等,一与相遇,如汤沃雪,纵横四顾,常觉有上天下地唯我独尊之概。始而自信,继而自大,终而自画。至于自画,而进步之途绝矣。不宁惟是,所谓诸蛮族者,常以其牛羊之力、水草之性,来破坏我文明。于是所以抵抗之者,莫急于保守我所固有,中原文献,汉官威仪,实我黄族数千年来战胜群裔之精神也。夫外之既无可师法以为损益之资,内之复不可不兢兢保持以为自守之具,则其长此终古也亦宜。

以上由于天然者。

三曰言文分而人智局也。文字为发明道器第一要件,其繁简难易,常与民族文明程度之高下为比例差。列国文字,皆起于衍形,及其进也,则变而衍声。夫人类之语言,递相差异,经千数百年后,而必大远于其朔者,势使然也。故衍声之国,言文常可以相合;衍形之国,言文必日以相离。社会之变迁日繁,其新现象、新名词必日出。或从积累而得,或从交换而来,故数千年前一乡、一国之文字,必不能举数千年后万流汇沓、群族纷拿时代之名物、意境而尽载之、尽描之，此无可如何者也。言文合，则言增而文与之俱增。一新名物、新意境出，而即有一新文字以应之，新新相引，而日进焉。言文分，则言日增而文不增。或受其新者而不能解，或解矣而不能达，故虽有方新之机，亦不得不窒。其为害一也。言文合，则但能通今文者，已可得普通之智识，其古文之学，待诸专门名家者之讨求而已，故能操语者即能读书，而人生必需之常识，可以普及。言文分，则非多读古书、通古义，不足以语于学问，故近数百年来学者，往往瘁毕生精力于《说文》《尔雅》之学，无余裕以从事于实用，夫亦有不得不然者也。其为害二也。且言文合而主衍声者，识其二三十之字母，通其连缀之法，则望文而可得其音，闻音而可解其义。言文分而主衍形者，则《苍颉篇》三千字，斯为字母者三千，《说文》九千字，斯为字母者九千，《康熙字典》四万字，斯为字母者四万，夫学二三十之字母，与学三千、九千、四万之字母，其难易相去何如？故泰西、日本，妇孺可以操笔札，车夫可以读新闻，而吾中国或有就学十年，而冬烘之头脑如故也。其为害三也。夫群治之进，非一人所能为也，相摩而迁善，相引而弥长，得一二之特识者，不如得百千万亿之常识者，其力逾大，而效逾彰也。我国民既不得不疲精力以学难学之文字，学成者固不及什一。即成矣，而犹于当世应用之新事物、新学理，多所隔阂。此性灵之濬发所以不锐，而思想之传播所以独迟也。

四曰专制久而民性漓也。天生人而赋之以权利，且赋之以扩充此权利之智识，保护此权利之能力。故听民之自由焉、自治焉，则群治必蒸蒸日上。有桎梏之戕贼之者，始焉窒其生机，继焉失其本性，而人道乃几乎息矣。故当野蛮时代,团体未固,人智未完,有一二豪杰起而代其责,任其劳,群之利也。过是以往,久假不归,则利岂足以偿其弊哉?譬之一家一廛之中,家长之待其子弟,廛主之待其伴佣,皆各还其权利而不相侵,自能各勉其义务而不相佚。如是而不浡焉以兴,吾未之闻也。不然者,役之如奴隶,防之如盗贼,则彼亦以奴隶、盗贼自居,有可以自逸、可以自利者,虽牺牲其家其廛之公益以为之,所不辞也。如是而不萎焉以衰,吾未之闻也。故夫中国群治不进,由人民不顾公益使然也。人民不顾公益,由自居于奴隶、盗贼使然也。其自居于奴隶、盗贼,由霸者私天下为一姓之产而奴隶、盗贼吾民使然也。

五曰学说隘而思想窒也。凡一国之进步,必以学术思想为之母,而风俗、政治皆其子孙也。中国惟战国时代,九流杂兴,道术最广,自有史以来,黄族之名誉,未有盛于彼时者也。秦汉而还,孔教统一。夫孔教之良,固也。虽然,必强一国人之思想使出于一途,其害于进化也莫大。自汉武表章六艺,罢黜百家,凡非在六艺之科者绝勿进。尔后束缚驰骤,日获一日。虎皮羊质,霸者假之以为护符;社鼠城狐,贱儒缘之以谋口腹。变本加厉,而全国之思想界销沉极矣。叙欧洲史者,莫不以中世为黑暗时代。夫中世史则罗马教权最盛之时也,举全欧人民,其躯壳界则糜烂于专制君主之暴威,其灵魂界则匍伏于专制教主之缚轭,故非惟不进,而以较希腊罗马之盛时,已一落千丈强矣。今试读吾中国秦汉以后之历史,其视欧洲中世史何如?吾不敢怨孔教,而不得不深恶痛绝夫缘饰孔教、利用孔教、诬罔孔教者之自贼而贼国民也。

以上由于人事者。

夫天然之障,非人力所能为也,而世界风潮之所簸荡所冲激,已能使吾国一变其数千年来之旧状。进步乎,进步乎,当在今日矣!虽然,所变者外界也,非内界也,内界不变,虽日烘动之鞭策之于外,其进无由。天下事无无果之因,亦无无因之果。我辈积数千年之恶因,以受恶果于今日,有志世道者,其勿遽责后此之果,而先改良今日之因而已。

(1902年)

儒学统一时代（节选）

泰西之政治，常随学术思想为转移，中国之学术思想，常随政治为转移，此不可谓非学界之一缺点也。是故政界各国并立，则学界亦各派并立；政界共主一统，则学界亦宗师一统。当战国之末，虽有标新领异、如锦如荼之学派，不数十年，摧灭以尽，巍然独存者，惟一儒术，而学术思想进步之迹，亦自兹凝滞矣。夫进化之与竞争，相缘者也。竞争绝则进化亦将与之俱绝。中国政治之所以不进化，曰惟共主一统故；中国学术所以不进化，曰惟宗师一统故。而其运皆起于秦汉之交。秦汉之交，实中国数千年一大关键也。抑泰西学术，亦何尝不由分而合，由合而分，递衍递嬗，然其凝滞不若中国之甚者，彼其统一之也以自力，此其统一之也以他力。所谓自力者何？学者各出其所见，互相辩诘，互相折衷，竞争淘汰，优胜劣败，其最合于真理、最适于民用者，则相率而从之，衷于至当，异论自熄。泰西近日学界所谓定义公例者，皆自此来也。所谓他力者何？有居上位握权力者，从其所好而提倡之、而左右之，有所奖励于此，则有所窒抑于彼，其出入者谓之邪说异端,谓之非圣无法,风行草偃,民遂移风。泰西中古时代之景教①,及吾中国数千年之孔学,皆自此来也。由前之道,则学必日进;由后之道,则学必日退。征诸前事,有明验矣。故儒学统一者,非中国学界之幸,而实中国学界之大不幸也。今请先语其原因,次叙其历史,次条其派别,次论其结果。

第一节　其原因

儒学统一云者,他学销沉之义也。一兴一亡之间,其原因至赜至杂。约而论之,则有六端。

天下大乱,兵甲满地,学者之日月,皆销蚀于忧皇扰攘之中,无复余裕以从事学业,而霸者复肆其残忍凶悍之手段,草薙而禽狝之,苟非有过人之精神毅力,则不能抱持其所学,以立于此棼乱暗黑之世界。故经周末兼并之祸,重以秦皇焚坑一役,而前此之道术,若风扫落叶,空卷残云,实诸学摧残之总原因,儒学与他学共之者也。此其一。

破坏不可以久也,故受之以建设。而其所最不幸者,则建设之主动力,非由学者而由帝王也。帝王既私天下,则其所以保之者,莫亟于靖人心。事杂言庞,各是所是而非所非,此人心所以滋动也。于是乎靖之之术,莫若取学术思想而一之。故凡专制之世,必禁言论思想之自由。秦汉之交,为中国专制政体发达完备时代,然则其建设之

---

① 景教,即"基督教"。——编者

者,不惟其分而惟其合,不喜其并立而喜其一尊,势使然也。此其二。

既贵一尊矣,然当时百家,莫不自思以易天下,何为不一于他而独一于孔?是亦有故。周末大家,足与孔并者,无逾老、墨。然墨氏主平等,大不利于专制;老氏主放任,亦不利于干涉,与霸者所持之术,固已异矣。惟孔学则严等差,贵秩序,而措而施之者,归结于君权。虽有大同之义,太平之制,而密勿微言,闻者盖寡。其所以干七十二君,授三千弟子者,大率上天下泽之大义,扶阳抑阴之庸言,于帝王驭民,最为适合。故霸者窃取而利用之以宰制天下。汉高在马上,取儒冠以资溲溺。及既定大业,则适鲁而以太牢祀矣。盖前此则孔学可以为之阻力,后此则孔学可以为之奥援也。此其三。

然则法家之言,其利于霸者更甚,何为而不用之?曰:法家之为利也显而骤,其流弊多;儒家之为利也隐而长,其流弊少。夫半开之民之易欺也,朝四暮三,则众狙喜,且笞且饴,则群儿服。故宋修《太平御览》以縠英雄,清开博学鸿词以戢反侧。盖逆取顺守,道莫良于此矣。孔学说忠孝,道中庸,与民言服从,与君言仁政,其道可久,其法易行,非如法家之有术易以兴、无术易以亡也。然则孔学所以独行,殆教竞君择,适者生存,亦天演学公例所不可逃也。此其四。

以上诸端,皆由他动力者也。至其由自动力者,则亦有焉。盈虚消长,万物之公例也。以故极盛之余每难为继。彼希腊学术,经亚里士多德后而渐衰;近世哲理,经康德后而稍微。此亦人事之无如何者矣。九流既苗,精华尽吐,再世以后,民族之思想力既倦,震于前此诸大师之学说,以为不复可加,不复可几及,故有因袭,无创作,有传受,无扩充,势使然矣。然诸家道术,大率皆得一察焉以自好,承于前者既希，其传于后也亦自不广。孔学则祖述尧舜，宪章文武，在先师虽有改制法后之精神，在后学可以抱残守缺为尽责。是故无赴汤蹈火之实力，则不能传墨学；无幽玄微妙之智慧，不足以传老学。至于儒术，则言训诂者可以自附焉，言校勘者可以自附焉，言典章制度者可以自附焉，言心性理气者可以自附焉。其取途也甚宽，而所待于创作力也甚少，所以诸统中绝，而惟此为昌也。此其五。

抑诸子之立教也，皆自欲以笔舌之力，开辟途径，未尝有借助于君之心。如墨学主于锄强扶弱，势力愈盛者，则其仇之愈至。老学则刍狗万物，轻世肆志，往往玩弄王侯，以鸣得意。然则彼其学，非直霸者不取之，抑先自绝也。孔学不然，以用世为目的，以格君为手段。故孔子及身，周游列国，高足弟子，友交诸侯，为东周而必思用我，行仁术而必藉王齐。盖儒学者，实与帝王相依附而不可离者也。故陈涉起而孔鲋往，刘季兴而叔孙从，恭顺有加，强聒不舍，捷足先得，谁曰不宜？此其六。

第二节　其历史

具彼六因，儒学所以视他学占优胜者，其故可知矣。虽然，其发达亦非一朝一夕之故，请略叙之。

（一）萌芽时代。当孔子之在世，其学未见重于时君也。及魏文侯受经子夏，继以段干木、田子方，于是儒教始大于西河。文侯初置博士官，实为以国力推行孔学之始。儒教第一功臣，舍斯人无属矣。其次者为秦始皇。始皇焚坑之虐，后人以为敌孔教，实非然也。始皇所焚者,不过民间之书,百家之语;所坑者,不过咸阳诸生侯生、卢生等四百余人,未尝与儒教全体为仇也。岂惟不仇,且自私而自尊之。其焚书之令云:有欲学者,以吏为师。非禁民之学也,禁其于国立学校之外,有所私业而已。所谓吏者何?则博士是也。秦承魏制,置博士官。伏生、叔孙通、张苍,史皆称其故秦博士。盖始皇一天下用李斯之策,固已知辨上下、定民志之道,莫善于儒教矣。然则学术统一与政治统一,同在一时。秦皇亦儒教之第二功臣也。汉高蚤年最恶儒,有儒冠者辄溲溺之,其吐弃也至矣。而郦食其、叔孙通、陆贾等,深自贬抑,包羞忍垢以从之。及天下既定,诸将争夺喧哗,引为深患。叔孙通乃缘附古制,为草朝仪,导之使知皇帝之贵,然后信孔学之真有利于人主。陆贾献《新语》,益知马上之不可以治天下,于是过鲁以太牢祠孔子,喟然兴学,以贻后昆。汉高实儒教之第三功臣也。

(二)交战时代。虽然,天下事非一蹴可几者。当汉之初,儒教以外,诸学派其焰未衰。墨也、老也、法也,皆当时与孔学争衡者也。其在墨家,游侠一派独盛,朱家、郭解之流,为一时士夫所崇拜。太史公曰:"儒以文乱法,而侠以武犯禁。"儒谓孔也,侠谓墨也。盖孔、墨两派,在当时社会,势力殆相埒焉。其在道家,则汉初之时,殆夺孔席。盖公之教曹参,黄生之事窦后,此倡之自上者也。淮南王之著《鸿烈解》,司马谈之《论六家要指》,此演之自下者也。故当时儒学虽磅礴郁积于下,而有压之于上者,故未能得志焉。其在法家,则景帝时代,晁错用事,权倾九卿,法令多所更定。而武帝虽重儒术,实好察察之明,任用桑弘羊辈,欲行李悝、商鞅之术以治天下。故儒、法并立,而相水火于朝廷。《盐铁论》一书,实数千年来争辩学术之第一大公案也。由此观之,当儒学将定未定之际,与之争统者凡三家。就中随分为三小时期。第一期,为儒墨之争。盖承战国"武士道"之余习,四公子之遗风,犹赫赫印人耳目。故重然诺、锄强扶弱之美德,犹为一世所称羡。尚气之士,每不惜触禁网以赴之,而诋儒为柔懦者有焉矣。虽然,其道最不利于霸者。朝廷豪族,日芟而月锄之。文、景以降,殆萎绝矣。第二期,为儒道之争。道家有君、相以为之后援,故其势滋盛,而经数百年战争丧乱之后,与民休息,其道术固有适宜于当时之天择者。故气焰骤扬,而诋儒为虚伪繁缛者有焉矣。虽然,帝者之好尚变,而其统之盛衰亦与俱变。第三期,为儒、法之争。儒法两有利于世主,而法家之利显而近,儒家之利隐而长。景、武之时,急于功名,法语斯起,而诋儒为迂腐不切者有焉矣。然当时儒、法胜负之数,颇不在世主而在两造之自力。盖法家之有力者,不能善用其术,缘操切以致挫败;而儒家养百年来之潜势力,人才济济,颇能不畏强御以伸其主义,故朝野两途,皆占全胜也。自兹以往,而儒学之基础始定。

(三)确立时代。自魏文侯以后,最有功于儒学者,不得不推汉武帝。然武帝当窦后未殁以前,不能实行所志。彼其第一次崇儒政策,以武帝之雄才大略主持于上,窦婴以太后之亲为丞相,田蚡以帝舅为太尉,赵绾为御史大夫,王臧为郎中令,皆推崇儒术,将迎申公于鲁,设明堂,制礼作乐,文致太平。然太后一怒,绾、臧下吏,婴、蚡罢斥,遂以蹉跌。卒至后崩,蚡复为相。董仲舒对策贤良,请表章六艺,罢黜百家,凡非在六艺之科者绝勿进。自兹以往,儒学之尊严,迥绝百流。遂乃兴学校,置博士,设明经射策之科。公孙弘徒以缘饰经术,起家布衣,封侯策相。二千年来国教之局,乃始定矣。

(四)变相时代。一尊既定,尊经逾笃,每行一事,必求合于六艺之文。哀、平之间,新都得政,因缘外戚,遂觊非常。然必附会经文,始足以钳盈廷之口。求诸古人,惟有周公可以附合。爰使刘歆,制作伪经,随文窜入。力有不足,假借古书。古人削竹为篇,漆书其上,今之一卷,古可专本,其为工也多。故传书甚少,其转徙也艰,故受毁甚易,其为费也不赀。故白屋之士不能得书者甚众。以此三者,故图书悉萃秘府。歆既亲典中书,任意抑扬,纵怀改窜,谓此石渠秘籍,非民间有也,人孰不从而信之?即不见信,又孰从而难之?况有君权潜为驱督。于是鸿都太学,承用其书,奉为太师,视为家法。莒人灭郐,吕种易嬴。自兹以往,而儒之为儒,又非孔子之旧矣。

(五)极盛时代。虽然,新、歆之学,固未能遽以尽易天下也。而东汉百余年间,孔学之全盛,实达于极点。今请列西汉与东汉之比较。(一)西汉有异派之争,而东汉无有也;(二)东汉帝者皆受经讲学,而西汉无有也;(三)西汉传经之业专在学官,而东汉则散诸民间也;(四)西汉传经,仅凭口说,而东汉则著书极盛也。故谓东京儒术之盛,上轶往轨,下绝来尘,非过言也。

第四节 其结果

儒学统一之运,既至两汉而极盛,其结果则何如?试举荦荦大者论之。

一曰名节盛而风俗美也。儒学本有名教之目,故砥砺廉隅,崇尚名节,以是为一切公德私德之本。孝武表章六艺,师儒虽盛,而斯义未昌,故新莽居摄,颂德献符者遍天下。光武有鉴于此,故尊崇节义,孰厉名实,以"经明行修"四字为进退士类之标准。故东汉二百年间,而孔子之所谓"儒行"者,渐渍社会,浸成风俗。至其末造,朝政昏浊,国事日非,而党锢之流,独行之辈,依仁蹈义,舍命不渝。风雨如晦,鸡鸣不已,让爵让产,史不绝书。或千里以急朋友之难,或连轸以犯时主之威。论者谓三代以下,风俗之美,莫尚于东京,非过言也。夫当时所谓"名节"者,其果人人出于真心与否,吾不敢言。虽然,孟德斯鸠不云乎:立君之国,以名誉心为元气。孔子之政治思想,则正孟德斯鸠所谓立君政体也。故其所以维持之者,莫急于尚名。沿至东京,而儒效极矣。《南史》有云:"汉世士务修身,故忠孝成俗,至于乘轩服冕,非此莫由。"顾亭林亦云:"名之所在,上之所庸,而忠信廉洁者,显荣于世。名之所去,上之所摈,而怙侈贪得者,废锢于学,即不无一二矫伪之徒,犹愈于肆然而为利者。"又曰:"虽不能使天下之人以义为利,犹使之以名为利。"名节者,实东汉儒教一最良之结果也。虽其始或为"以名为利"之一念所驱,而非其本相乎,至其浸成风俗,则其欲利之第一性,或且为欲名之第二性所掩夺,而舍利取名者往往然矣。是孔学所以坊民之要具也。

二曰民志定而国小康也。孔子之论政,虽有所谓大同之世,太平之治,其所雅言者,总不出上天下泽,群臣大防。故东汉承其学风,斯旨最畅。范蔚宗之论,以为"桓、灵之间,君道秕僻,朝纲日陵,国隙屡启,自中智以下,靡不审其崩离。而权强之臣,息其窥盗之谋;豪俊之夫,屈于鄙生之议"。(《后汉书·儒林传》论)"所以倾而未颠,抑而未溃,岂非仁人君子心力之为乎?"(同《左雄传论》)诚哉其知言也。儒教之结果使然也。自兹以往,二千余年,以此义为国民教育之中心点。宋贤大扬其波,基础益定。凡搢绅上流,束身自好者,莫不兢兢焉。义理既入于人心,自能消其枭雄跋扈之气,束缚于名教以就范围。若汉之诸葛,唐之汾阳,近世之曾左,皆食其赐者也。夫共和之治,既未可骤几,则与其乱臣贼子,继踵方轨,以暴易暴,诚不如戢其戾气,进之恭顺,而国本可以不屡摇,生民可以不涂炭。两汉以后所以弑逆之祸稍杀于春秋,而权臣日少一日者,儒教治标之功,不可诬也。

此其结果之良者也。若其不良者则亦有焉。

三曰发权狭而政本不立也。儒教之政治思想,有自相矛盾者一事,则君民权限不分明是也。大抵先秦政论有反对极端之两派:曰法家,曰道家。而儒实执其中。法家主干涉,道家主放任。惟干涉也,故君与民为强制之关系;惟放任也,故君与民为合意之关系。惟强制关系也,故重等差;惟合意关系也,故贵平等。惟等差也,故压制暴威;惟平等也,故自由自治。此两者虽皆非政治之正轨,要之首尾相应,成一家言者也。儒家则不然。其施政手段,则干涉也;其君臣名分,则强制也;其社会秩序,则等差也;惟其政治之目的,则以压制暴威为大戒。夫以压制暴威为大戒,岂非仁人君子之极则耶?而无如不揣其本而齐其末,道固未有能致者也。儒教之所最缺点者,在专为君说法,而不为民说法。其为君说法奈何?若曰:汝宜行仁政也,汝宜恤民隐也,汝宜顺民之所好恶也,汝宜采民之舆论以施庶政也。是固然也。若有君于此,而不行仁政,不恤民隐,不顺民之所好恶,不采民之舆论,则当由何道以使之不得不如是乎?此儒教所未明答之问题也。夫有权之人之好滥用其权也,犹虎狼之嗜人肉也。向虎狼谆谆说法,而劝其勿食人,此必不可得之数也。谓余不信,则试观二千年来,孔教极盛于中国,而历代君主,能服从孔子之明训,以行仁政而事民事者,几何人也?然则其道当若何?曰:不可不钳制之以民权。当其暴威之未行也,则有权以监督之;当其暴威之方行也,则有权以屏除之;当其暴威之既革也,且有权以永绝之。如是然后当权者有所惮有所缚,而仁政之实乃得行。儒教不然。以犯上作乱为大戒,犹可言也;浸假而要君亦为大不敬矣,犹可言也;浸假而庶人议政亦为无道,是何异语人曰:吾已诫虎狼勿噬汝,汝但恭顺俯伏于其侧,虽犯汝而不可校也。虽曰小康时代,民智民力未充实,或有不能遽语于此者乎。虽然,其立言之偏,流弊之长,则虽加刀于我颈,我固不得为古人讳也。故儒家小康之言,其优于法家者仅一间耳。法家以为君也者,有权利无义务,民也者有义务无权利;儒家(专指小康)以为君也者,有权利有义务,民也者有义务无权利。其言君之有义务也,是其所以为优也。虽然,义务必期于实行,不然,则与无义务等耳。夫其所以能实行者何也?必赖对待者之权利以监督之。今民之权利,既怵于学说而不敢自有,则君之义务,其何附焉?此中国数千年政体所以儒其名而法其实也(吾非崇道家言,道家思想之乖谬而不全更甚也)。故夫东京末叶,鸿都学生、郡国党锢诸君子,膏斧钺实牢槛而不悔,往车虽折,而来轸益遒。以若此之民德,若此之士气,苟其加以权利思想,知要君之必非罪恶,而争政之实为本权,即中国议会之治,虽兴于彼时可也。徒以一间未达,仅以补衮阙为责任,以清君侧为旗帜,曾不能乘此实力,为百世开治平,以视希腊、罗马之先民,其又安能无愧也?呜呼!吾不敢议孔子,吾不能不罪荀卿焉矣。

四曰一尊定而进化沉滞也。进化与竞争相倚,此义近人多能言之矣。盖宇宙之事理,至繁赜也,必使各因其才,尽其优胜劣败之作用,然后能相引以俱上。若有一焉,独占势力,不循天则以强压其他者,则天演之神能息矣。使一学说独握人人良心之权,而他学说不为社会所容,若是者谓之学说之专制。苟专制矣,无论其学说之不良也,即极良焉,而亦阻学问进步之路。此征诸古今万国之历史而皆然者也。儒教之在中国也,佛教之在印度及亚洲诸国也,耶教之在泰西也,皆曾受其病者也。但泰西则自四百年来,异论蜂起,举前此之缚轭而廓清之,于是乎有哲学与宗教之战,有科学与宗教之战,至于今日,而护耶教者自尊之如帝天,非耶教者自攻之如粪土。要之欧洲今日学术之昌明,为护耶教者之功耶?为攻耶教者之功耶?平心论之,两者皆与有力焉。而赫胥黎、斯宾塞之徒,尤偶乎远矣。而泰东诸国,则至今犹生息于一尊之下。此一切群法所以瞠乎后也。吾之为此言,读者勿以为吾欲攻孔子以为耶氏先驱也。耶氏专制之毒,视中国殆十倍焉。吾孔子非自欲以其教专制天下也。末流失真,大势趋于如是,孔子不任咎也。若耶则诚以专制排外为独一法门矣。故罗马教会最全盛之时,正泰西历史最黑暗之日。吾岂其于今日乃欲撇他人吐弃之唾余而引而亲之?但实有见夫吾中国学术思想之衰,实自儒学统一时代始。按之实迹而已然,证之公例而亦合,吾又安敢自枉其说也?吾更为读者赘一言:吾之此论,非攻儒教也,攻一尊也。一尊者,专制之别名也。苟为专制,无论出于谁氏,吾必尽吾力所及以拽倒之。吾自认吾之义务当然耳。若夫孔子,则固云:"万物并育而不相害,道并行而不相悖",孔子之恶一尊也亦甚矣。此乃孔子之所以为大所以为圣,而吾所顶礼赞叹而不能措者也。

或曰儒教太高尚而不能逮下,亦其结果不良之一端焉。盖当人智未盛之时,祸福迷信之念,在所不免。顾儒教全不及此,使骇愚妇孺,无所依仰,夫以是而不得不出于他途。坐是之故,道家入之,释家入之,驯至袁了凡派所谓太上老君、文昌帝君者纷纷入之,未始非乘儒教之虚隙而进也。虽然,以祸福迷信之说牖民,虽非无利,而利或不胜其敝。吾中国国教之无此物,君子盖以此自喜焉。

(选自《论中国学术思想变迁之大势》1902年)

保教非所以尊孔论

此篇与著者数年前之论相反对，所谓我操我矛以伐我者也。今是昨非，不敢自默。其为思想之进步乎？抑退步乎？吾欲以读者思想之进退决之。

绪 论

近十年来，忧世之士，往往揭三色旗帜，以疾走号呼于国中，曰保国，曰保种，曰保教。其陈义不可谓不高，其用心不可谓不苦，若不佞者，亦此旗下之一小卒徒也。虽然，以今日之脑力眼力，观察大局，窃以为我辈自今以往，所当努力者，惟保国而已，若种与教，非所亟亟也。何则？彼所云保种者，保黄种乎？保华种乎？其界限颇不分明。若云保黄种也，彼日本亦黄种，今且浡然兴矣，岂其待我保之？若云保华种也，吾华四万万人，居全球人数三分之一，即为奴隶、为牛马，亦未见其能灭绝也。国能保则种自莫强，国不存,则虽保此奴隶牛马,使孳生十倍于今日,亦奚益也?故保种之事,即纳入于保国之范围中,不能别立名号者也。至倡保教之议者,其所蔽有数端:一曰不知孔子之真相,二曰不知宗教之界说,三曰不知今后宗教势力之迁移,四曰不知列国政治与宗教之关系。今试一一条论之。

第一　论教非人力所能保

教与国不同。国者积民而成,舍民之外更无国,故国必恃人力以保之。教则不然。教也者,保人而非保于人者也。以优胜劣败之公例推之,使其教而良也,其必能战胜外道,愈磨而愈莹,愈压而愈伸,愈束而愈远,其中自有所谓一种烟士披里纯(Inspiration)者,以嘘吸人之脑识,使之不得不从我,岂其俟人保之?使其否也,则如波斯之火教,印度之婆罗门教,阿剌伯之回回教,虽一时藉人力以达于极盛,其终不能存于此文明世界,无可疑也。此不必保之说也。

抑保之云者,必其保之者之智慧能力,远过于其所保者,若慈父母之保赤子,专制英主之保民是也。(保国不在此数。国者,无意识者也。保国,实人人之自保耳。)彼教主者,不世出之圣贤豪杰,而人类之导师也。吾辈自问其智慧能力,视教主何如?而漫曰保之保之,何其狂妄耶?毋乃自信力太大,而褻教主耶?此不当保之说也。然则所谓保教者,其名号先不合于论理,其不能成立也固宜。

第二　论孔教之性质与群教不同

今之持保教论者,闻西人之言曰,支那无宗教,辄怫然怒形于色,以为是诬我也,是侮我也。此由不知宗教之为何物也。西人所谓宗教者,专指迷信宗仰而言,其权力范围,乃在躯壳界之外,以灵魂为根据,以礼拜为仪式,以脱离尘世为目的,以涅槃天国为究竟,以来世祸福为法门。诸教虽有精粗大小之不同,而其概则一也。故奉其教者,莫要于起信,(耶教受洗时,必诵所谓十信经者,即信耶稣种种奇迹是也。佛教有起信论。)莫急于伏魔。起信者,禁人之怀疑,窒人思想自由也;伏魔者,持门户以排外也。故宗教者非使人进步之具也,于人群进化之第一期,虽有大功德,其第二期以后,则或不足以偿其弊也。孔子则不然,其所教者,专在世界国家之事,伦理道德之原,无迷信,无礼拜,不禁怀疑,不仇外道,孔教所以特异于群教者在是。质而言之,孔子者哲学家、经世家、教育家,而非宗教家也。西人常以孔子与梭格拉底并称,而不以之与释迦、耶稣、摩诃末①并称,诚得其真也。夫不为宗教家,何损于孔子? 孔子曰:"未能事人,焉能事鬼? 未知生,焉知死?""子不语,怪力乱神。"盖孔子立教之根柢,全与西方教主不同。吾非必欲抑群教以扬孔子。但孔教虽能有他教之势力,而亦不至有他教之流弊也。然则以吾中国人物论之,若张道陵,可谓之宗教家;若袁了凡,可谓之宗教家。而孔子则不可谓之宗教家。宗教之

---

① 摩诃末,即"穆罕穆德"。——编者

性质，如是如是。

持保教论者，辄欲设教会，立教堂，定礼拜之仪式，著信仰之规条，事事摹仿佛耶，惟恐不肖。此靡论其不能成也，即使能之，而诬孔子不已甚耶？孔子未尝如耶稣之自号化身帝子，孔子未尝如佛之自称统属天龙，孔子未尝使人于吾言之外皆不可信，于吾教之外皆不可从。孔子人也，先圣也，先师也，非天也，非鬼也，非神也。强孔子以学佛耶，以是云保，则所保者必非孔教矣。无他，误解宗教之界说，而艳羡人以忘我本来也。

第三　论今后宗教势力衰颓之征

保教之论何自起乎？惧耶教之侵入，而思所以抵制之也。吾以为此之为虑亦已过矣。彼宗教者，与人群进化第二期之文明、不能相容者也。科学之力日盛，则迷信之力日衰；自由之界日张，则神权之界日缩。今日耶稣教势力之在欧洲，其视数百年前，不过十之一二耳。昔者各国君主，皆仰教皇之加冕以为尊荣，今则帝制自为也；昔者教皇拥罗马之天府，指挥全欧，今则作寓公于意大利也；昔者牧师、神父，皆有特权，今则不许参与政治也。此其在政界既有然矣。其在学界，昔者教育之事，全权属于教会，今则改归国家也。歌白尼等之天文学兴，而教会多一敌国；达尔文等进化论兴，而教会又多一敌国。虽竭全力以挤排之，终不可得，而至今不得不迁就其说，变其面目以弥缝一时也。若是乎，耶稣教之前途可以知矣。彼其取精多，用物宏，诚有所谓百足之虫，至死不僵者，以千数百年之势力，必非遽消磨于一旦,固无待言。但自今以往,耶稣即能保其余烬,而亦非数百年前之面目可断言也。而我今日乃欲摹其就衰之仪式,为效颦学步之下策,其毋乃可不必乎?

或曰:彼教虽浸衰于欧洲,而浸盛于中国,吾安可以不抵制之?是亦不然。耶教之入中国也,有两目的:一曰真信教者,二曰各国政府利用之以侵我权利者。中国人之入耶教也,亦有两种类:一曰真信教者,二曰利用外国教士以抗官吏武断乡曲者。彼其真传教、真信教者,则何害于中国?耶教之所长,又安可诬也?吾中国汪汪若千顷之波,佛教纳之,回教纳之,乃至张道陵、袁了凡之教亦纳之,而岂其有靳于一耶稣?且耶教之入我国数百年矣,而上流人士,从之者稀,其力之必不足以易我国明矣,而畏之如虎,何为者也?至各国政府与乡里莠民之利用此教,以侵我主权,挠我政治,此又必非开孔子会、倡言保教之遂能抵抗。但使政事修明,国能自立,则学格兰斯顿之予爱兰教会以平权可也,学俾斯麦、嘉富尔教之予山外教徒以限制亦可也。主权在我,谁能侵之?故彼之持保教抵制之说者,吾见其进退无据也。

第四　论法律上信教自由之理

彼持保教论者,自谓所见加流俗人一等,而不知与近世文明法律之精神,适相刺谬也。今此论固不过一空言耳,且使其论日盛,而论者握一国之主权,安保其不实行所怀抱,而设立所谓国教以强民使从者?果尔,则吾国将自此多事矣。彼欧洲以宗教门户之故,战争数百年,流血数十万,至今读史,犹使人毛悚股栗焉。几经讨论,几经迁就,始以信教自由之条,著诸国宪,至于今日,各国莫不然,而争教之祸亦几熄矣。夫信教自由之理,一以使国民品性趋于高尚,一以使国家团体归于统一,而其尤要者,在划定政治与宗教之权限,使不相侵越也。政治属世间法,宗教属出世法。教会不能以其权侵政府,固无论矣,而政府亦不能滥用其权以干预国民之心魂也。故此法行而治化大进焉。吾中国历史有独优于他国者一事,即数千年无争教之祸是也。彼欧洲数百年之政治家,其心血手段,半耗费于调和宗教恢复政权之一事,其陈迹之在近世史者,班班可考也。吾中国幸而无此缪辀,即孔子所以贻吾侪以天幸也。而今更欲循泰西之覆辙以造此界限何也?今之持保教论者,其力固不能使自今以往,耶教不入中国。昔犹孔自孔,耶自耶,各行其自由,耦俱而无猜,无端而划鸿沟焉,树门墙焉,两者日相水火,而教争乃起,而政争亦将随之而起。是为国民分裂之厉阶也,言保教者不可不深长思也。

第五　论保教之说束缚国民思想

　　文明之所以进,其原因不一端,而思想自由,其总因也。欧洲之所以有今日,皆由十四五世纪时,古学复兴,脱教会之樊篱,一洗思想界之奴性,其进步乃沛乎莫之能御,此稍治史学者所能知矣。我中国学界之光明,人物之伟大,莫盛于战国,盖思想自由之明效也。及秦始皇焚百家之语,坑方术之士,而思想一窒;及汉武帝表章六艺,罢黜百家,凡不在六艺之科者绝勿进,而思想又一窒。自汉以来,号称行孔子教二千余年于兹矣，而皆持所谓表章某某、罢黜某某者，以为一贯之精神，故正学异端有争，今学古学有争；言考据则争师法，言性理则争道统，各自以为孔教，而排斥他人以为非孔教，于是孔教之范围，益日缩日小。浸假而孔子变为董江都、何邵公矣，浸假而孔子变为马季长、郑康成矣，浸假而孔子变为韩昌黎、欧阳永叔矣，浸假而孔子变为程伊川、朱晦庵矣，浸假而孔子变为陆象山、王阳明矣，浸假而孔子变为纪晓岚、阮芸台矣，皆由思想束缚于一点，不能自开生面。如群猿得一果，跳掷以相攫；如群妪得一钱，诟骂以相夺，其情状抑何可怜哉？夫天地大矣，学界广矣，谁亦能限公等之所至？而公等果何为者？无他，暧暧姝姝，守一先生之言，其有稍在此范围外者，非惟不敢言之，抑亦不敢思之，此二千年来保教党所成就之结果也。曾是孔子而乃如是乎？孔子作《春秋》，进退三代，是正百王，乃至非常异义可怪之论，阗溢于编中。孔子之所以为孔子，正以其思想之自由也。而自命为孔子徒者，乃反其精神而用之，此岂孔子之罪也？呜呼！居今日诸学日新、思潮横溢之时代，而犹以保教为尊孔子，斯亦不可以已乎？

抑今日之言保教者，其道亦稍异于昔，彼欲广孔教之范围也，于是取近世之新学新理以缘附之，曰某某者孔子所已知也，某某者孔子所曾言也，其一片苦心吾亦敬之，而惜其重诬孔子而益阻人思想自由之路也。夫孔子生于二千年以前，其不能尽知二千年以后之事理学说，何足以为孔子损？梭格拉底未尝坐轮船，而造轮船者不得不尊梭格拉底；阿里士多德未尝用电线，而创电线者不敢菲薄阿里士多德。此理势所当然也。以孔子之圣智，其所见与今日新学新理相暗合者必多多，此奚待言。若必一一而比附之、纳入之，然则非以此新学新理厘然有当于吾心而从之也，不过以其暗合于我孔子而从之耳，是所爱者仍在孔子，非在真理也。万一遍索之于四书六经，而终无可比附者，则将明知为铁案不易之真理，而亦不敢从矣。万一吾所比附者，有人从而剔之，曰孔子不如是，斯亦不敢不弃之矣。若是乎真理之终不能饷遗我国民也。故吾最恶乎舞文贱儒，动以西学缘附中学者，以其名为开新，实则保守，煽思想界之奴性而滋溢之也。我有耳目，我有心思，生今日文明灿烂之世界，罗列中外古今之学术，坐于堂上而判其曲直，可者取之，否者弃之，斯宁非丈夫第一快意事耶？必以古人为虾，而自为其水母，而公等果胡为者。然则以此术保教者，非诬则愚，要之决无益于国民可断言也。

第六　论保教之说有妨外交

保教妨思想自由，是本论之最大目的也。其次焉者，曰有妨外交。中国今当积弱之时，又值外人利用教会之际，而国民又夙有仇教之性质，故自天津教案以迄义和团，数十年中，种种外交上至艰极险之问题，起因于民教相争者殆十七八焉。虽然，皆不过无知小民之起衅焉耳。今也博学多识之士大夫，高树其帜曰保教保教，则其所著论所演说，皆不可不昌言何以必要保教之故，则其痛诋耶教必矣。夫相争必多溢恶之言，保无有抑扬其词，文致其说，以耸听者，是恐小民仇教之不力，而更扬其波也。吾之为此言，吾非劝国民以媚外人也。但举一事必计其有利无利有害无害，并其利害之轻重而权衡之。今孔教之存与不存，非一保所能致也；耶教之入与不入，非一保所能拒也。其利之不可凭也如此。而万一以我之叫嚣，引起他人之叫嚣，他日更有如天津之案，以一教堂而索知府、知县之头；如胶州之案，以两教士而失百里之地丧一省之权；如义和之案，以数十西人之命，而动十一国之兵，偿五万万之币者，则为国家忧，正复何如？呜呼！天下事作始也简，将毕也巨。持保教论者，勿以我为杞人也。

第七　论孔教无可亡之理

虽然，保教党之用心，吾固深谅之而深敬之。彼其爱孔教也甚，愈益爱之，则愈忧之，惧其将亡也，故不复权利害，不复揣力量，而欲出移山填海之精神以保之。顾吾以为抱此隐忧者，乃真杞人也。孔教者，悬日月，塞天地而万古不能灭者也。他教惟以仪式为重也，故自由昌而仪式亡；惟以迷信为归也，故真理明而迷信替，其与将来之文明，决不相容，天演之公例则然也。孔教乃异是，其所教者，人之何以为人也，人群之何以为群也，国家之何以为国也。凡此者，文明愈进，则其研究之也愈要。近世大教育家多倡人格教育之论。人格教育者何？考求人之所以为人之资格，而教育少年，使之备有此格也。东西古今之圣哲，其所言合于人格者不一，而最多者莫如孔子。孔子实于将来世界德育之林，占一最重要之位置，此吾所敢豫言也。夫孔子所望于我辈者，非欲我辈呼之为救主，礼之为世尊也。今以他人有救主、世尊之名号，而我无之，遂相惊以孔教之将亡，是乌得为知孔子矣乎？夫梭格拉底、亚里士多德之不逮孔子也亦远矣，而梭氏亚氏之教,犹愈久而愈章,曾是孔子而顾惧是乎？吾敢断言曰：世界若无政治,无教育,无哲学,则孔教亡。苟有此三者,孔教之光大,正未艾也。持保教论者,盍高枕而卧矣！

第八　论当采群教之所长以光大孔教

　　吾之所以忠于孔教者,则别有在矣,曰：毋立一我教之界限,而辟其门,而恢其域,损群教而入之,以增长荣卫我孔子,是也。彼佛教、耶教、回教,乃至古今各种之宗教,皆无可以容纳他教教义之量,何也？彼其以起信为本,以伏魔为用,从之者殆如妇人之不得事二夫焉。故佛曰：天上地下,惟我独尊。耶曰：独一无二,上帝真子。其范围皆有一定而不能增减者也。孔子则不然。鄙夫可以竭两端,三人可以得我师,盖孔教之精神,非专制的而自由的也。我辈诚尊孔子,则宜直接其精神,毋拘墟其形迹。孔子之立教,对二千年前之人而言者也,对一统闭关之中国人而言之也,其通义之万世不易者固多,其别义之与时推移者亦不少。孟子不云乎："孔子圣之时者也。"使孔子而生于今日,吾知其教义之必更有所损益也。今我国民非能为春秋战国时代之人也,而已为二十世纪之人；非徒为一乡一国之人,而将为世界之人,则所以师孔子之意而受孔子之赐者必有在矣。

　　故如佛教之博爱也,大无畏也,勘破生死也,普度众生也；耶教之平等也,视敌如友也,杀身为民也,此其义虽孔教固有之,吾采其尤博深切明者以相发明；其或未有者,吾急取而尽杯之,不敢廉也；其或相反而彼为优者,吾舍己以从之,不必吝也。又不惟于诸宗教为然耳,即古代希腊、近世欧美诸哲之学说,何一不可以兼容而并包之者?若是于孔教为益乎?为损乎?不待智者而决也。夫孔子特自异于狭隘之群教,而为我辈尊孔教者开此法门,我辈所当自喜而不可辜此天幸者也。大哉孔子,大哉孔子!海阔从鱼跃,天空任鸟飞。以是尊孔,而孔之真乃见;以是演孔,而孔之统乃长。又何必鳃鳃然猥自贬损,树一门,划一沟,而曰保教保教为也。

结　　论

嗟乎嗟乎,区区小子,昔也为保教党之骁将,今也为保教党之大敌。嗟我先辈,嗟我故人,得毋有恶其反覆,消其模棱,而以为区区罪者?虽然,吾爱孔子,吾尤爱真理;吾爱先辈,吾尤爱国家;吾爱故人,吾尤爱自由。吾又知孔子之爱真理,先辈故人之爱国家、爱自由,更有甚于吾者也。吾以是自信,吾以是忏悔,为二千年来翻案,吾所不惜;与四万万人挑战,吾所不惧。吾以是报孔子之恩我,吾以是报群教主之恩我,吾以是报我国民之恩我。

(1902年)

中国道德之大原

自二十年来，所谓新学新政者，流衍入中国。然而他人所资为兴国之具，在我受之，几无一不为亡国之媒。朔南迁地，橘枳易性，庸俗熟视无睹。硁硁者以趋新为诟病，而忧深思远之士，独探原于人心风俗之微，以谓惟甘受和，惟白受采，由今之道，无变今之俗，虽有圣智，不能以善治也。其孤愤轶度者，甚则谓吾种性实劣下，以此卑鄙阘冗之人，决不能竞存于物竞剧烈之世，嗒然坐听其陵夷而已。其不忍天下溺而思援之者，则或引申宋明大哲之遗训，欲持严格以绳正末俗，或则阐扬佛耶诸教之宗风，欲凭他力以荡涤瑕秽。今之论世者，其大指盖不出此诸途已。

吾以为吾国人之种性，其不如人之处甚多，吾固承之而不必深为讳也。然而人各有短长，人性有然，国性亦然。吾之所蕴积，亦实有优异之点，为他族所莫能逮者，吾又安可以自蔑？天下事理观因固可以知果，观果亦可以知因。吾种性果劣下而不适于自存，则宜沦胥之日久矣。然数千年前与我并建之国，至今无一存者。或阅百数十岁而灭,或阅千数百岁而灭。中间迭兴迭仆,不可数计。其赫然有名于时者,率皆新造耳。而吾独自羲轩肇构以来,继继绳绳,不失旧物,以迄于兹,自非有一种善美之精神,深入乎全国人之心中,而主宰之纲维之者,其安能结集之坚强若彼,而持续之经久若此乎?夫既已有此精神,以为国家过去继续成立之基,即可用此精神,以为国家将来滋长发荣之具。谓吾国民根性劣败而惧终不免于淘汰者,实杞人之忧耳。然而今日泯棼之象,其明示人以可惊可痛者,既日接触于耳目,则狷洁之士,蠢然抱无涯之戚,亦固其所也。顾吾以为当一社会之与他社会相接构,缘夫制度文物之错综嬗受,而思想根本不免随而摇动,其人民彷徨歧路,莫知所适,其游离分子之浮动于表面者,恒极一时之险象。以吾所睹闻东西各国,其不历此关厄而能自跻于高明者盖寡。若其结果之美恶,则视其根器所凭借之深浅厚薄以为断。譬诸体干充强者,服瞑眩之药,适以已疾而增健。百丈之潭,千里之湖,为风飙所激,或浪沫汹乱,或滓泥浮溢,不数日而澄湛之性自若也。国民既有一种特异之国性,以界他国而自立于大地,其养成之也固非短时间少数人所能有功,其毁坏之也亦非短时间少数人所能为力。而生其间者,苟常有人焉发扬淬厉之,以增美释回,则自能缉熙以著光晶。而不然者,则积渐堕落,历若干岁月而次第失其所以自立之道耳。古今万国兴替之林,罔不由是。而以吾所见之中国,则实有坚强善美之国性,颠扑不破,而今日正有待于发扬淬厉者也。

今之言道德者,或主提倡公德,或主策励私德;或主维持旧德,或主轮进新德,其言固未尝不各明一义,然吾以为公私新旧之界,固不易判明,亦不必强生分别。自主观之动机言之,凡德皆私德也。自客观影响所及言之，凡德皆公德也。德必有本，何新非旧；德贵时中，何旧非新。惟既欲以德牖民，则择涂当求简易。宋明诸哲之训，所以教人为圣贤也。尽国人而圣贤之，岂非大善？而无知事实上万不可致。恐未能造就圣贤，先已遗弃庸众。故穷理尽性之谭，正谊明道之旨，君子以之自律，而不以责人也。佛耶宗教之言，西哲伦理之学，非不微妙直捷，纤悉周备，然义由外铄，受用实难。吾以为道德最高之本体，固一切人类社会所从同也。至其具象的观念，及其衍生之条目，则因时而异，因地而异。甲社会之人，与乙社会之人；甲时代之人，与乙时代之人，其所谓道德者，时或不能以相喻。要之，凡一社会，必有其所公认之道德信条，由先天的遗传，与后天的熏染，深入乎人人之脑海而与俱化。如是，然后分子与分子之间，联锁巩固，而社会之生命，得以永续。一旧信条失其效力，而别有一新信条与之代兴，则社会现象生一大变化焉。（其为进化，为退化，且勿论。）若新信条涵养未熟广被未周，而旧信条先已破弃，则社会泯棼之象立见。夫信条千百而摇动其一二，或未甚为病也。若一切信条所从出之总根本亦牵率而摇动，则社会之纽殆溃矣。何也？积久相传之教义，既不足以范围乎人心，于是是非无标准，善恶无定名，社会全失其制裁力，分子游离而不相摄，现状之险，胡可思议。于斯时也，而所谓识时忧世之士，或睹他社会现状之善美，推原其所以致此之由，而知其有彼之所谓道德者存，于是欲将彼之道德信条，移植于我以自淑。岂知信条之为物，内发于心，而非可以假之于外，为千万人所共同构现，而绝非一二人所咄嗟造成。征引外铄之新说，以欲挽内陷之人心，即云补救，为力已微，而徒煽怀疑之焰，益增歧路之亡，甚非所以清本源而植基于不坏也。吾尝察吾国多数人之心理,有三种观念焉,由数千年之遗传熏染所构成,定为一切道德所从出,而社会赖之以维持不敝者。谨略发明之,以资身教言教之君子审择焉。

一曰报恩。报恩之义,各国教祖哲人,莫不称道,至其郑重深切,未有若吾中国者也。凡管一国人心之枢者,必在其宗教。宗教精神所表示,恒托于其所崇奉之神。世界各国宗教,无论为多神教、为一神教、为无神教,要之,其崇奉之动机,起于为自身求福利者什八九。独吾中国一切祀事,皆以报恩之一义贯通乎其间,故曰,夫礼者,反本报始不忘其初也。又曰,有功德于民者则祀之。祖先之祀无论矣。自天地、山川、社稷、农蚕、门霤、井灶、雨师、风伯、先圣先师、历代帝王、贤臣名将、循吏、神医、大匠,凡列于大祀常祀者,皆以其有德于民,或能为民捍难者也。下至迎猫迎虎,有类于埃、希蛮俗之兽教,然亦皆取义于祈报,与彼都精神绝不相蒙。西人动诮我以多神,谓在教界未为进化,殊不知我之教义,以报恩之一大原则为之主宰。恩我者多,而报不容以不遍,此祀事所由日滋也。既本此原则以立教义,故以此教义衍成礼俗制成法律,于以构造社会而维持之、发达之,其所以能联属全国人使之若连环相缀而不可解者,此其最强有力之主因也。是故恩增于家庭,报先于父母,推父母所恩而及兄弟,推父母之父母所恩而及从兄弟,如是递推,衍为宗族。宗族者中国社会成立一最有力之要素,而至今尚恃之以为社会之干者也。又念乎非有国家,则吾无所托以存活也,故报国之义重焉。然古代国家统治权集于君主,国家抽象而难明,君主具体而易识,于是有忠君之义。然我国之所谓忠君,非对于君主一自然人之资格而行其忠,乃对于其为国家统治者之资格而行其忠，此其义在经传者数见不鲜也。故君主不能尽其对于国家之职务，即认为已失统治国家之资格，而人民忠之之义务，立即消灭。故曰，残贼之人谓之一夫，闻诛一夫未闻弑君。手足、腹心、草芥、寇仇之喻，皆自报恩来也。至于所以报社会之恩者，为义亦至周洽，故对于先哲明德，其崇拜服从之念极强，而不敢轻有所议，虽思想进步，未尝不缘此而小凝滞。然其所以能养成国性如此其深固者，亦赖是也。其在并时人，则朋友之交，列为五伦之一，而所以结合者亦恒在恩义。一饭必报，许友以死。我国人常有此美德，他国莫能逮也。要而论之，中国一切道德，无不以报恩为动机。所谓伦常，所谓名教，皆本于是。夫人之生于世也，无论聪明才智若何绝特，终不能无所待于外而以自立。其能生育长成，得饮食衣服居处，在智识才艺，捍灾御患，安居乐业，无一不受环吾身外者之赐。其直接间接以恩我者，无量无极。古昔之人，与并世之人，皆恩我者也。国家与社会，深恩于无形者也。人若能以受恩必报之信条，常印篆于心目中，则一切道德上之义务，皆若有以鞭辟乎其后，而行之亦亲切有味。此义在今世欧美之伦理学者，未尝不大声疾呼，思以厉末俗，而为效盖寡，盖报恩之义未深入人心也。吾国则数千年以此为教，其有受恩而背忘者，势且不齿于社会而无以自存。故西人有孝于亲、悌于长、恤故旧、死长上者，共推为媺德，在我则庸行而已。吾国人抱此信念，故常能以义务思想，克权利思想。所谓正谊不谋利、明道不计功，非必贤哲始能服膺也，乡党自好者，恒由之而不自知。盖彼常觉有待报之恩，荷吾仔肩，黾勉没齿而未遑即安也。夫绝对的个人主义，吾国人所从不解也。无论何人，皆有其所深恩挚爱者，而视之殆与己同体。故欧美之国家,以个人为其单位,而吾国不尔也。夫报恩之义,所以联属现社会与过去之社会,使生固结之关系者,为力最伟焉。吾国所以能绵历数千年使国性深入而巩建者,皆恃此也。而今则此种思想,若渐已动摇而减其效力,其犹能赓续发挥光大与否,则国家存亡之所攸决也。

二曰明分。记称《春秋》以道名分。《荀子》称度量分界,恒言指各安本分者谓之良民。《中庸》述君子之德,则曰素位而行不愿乎外。分也位也,所以定民志而理天秩,我国德教所尊论也。而或者疑定分则显悬阶级,与平等之义不相容;安分则畸于保守,与进取之义尤相戾。殊不知平等云者,谓法律之下无特权已耳。若夫人类天然之不平等,断非以他力所能铲除。《孟子》不云乎:物之不齐,物之情也。或相蓰蓰,或相什伯,或相千万,比而同之,是乱天下。故全社会之人,各如其量以尽其性,天下之平乃莫过是也。夫治乱之名,果何自名耶?有秩序,有伦脊,斯谓之治;无焉斯谓之乱。欲一国中常有秩序伦脊,则非明分之义深入人心焉,固不可也。分也者分也。言政治者重分权,言学问者重分科,言生计者重分业。凡一社会必赖多数人之共同协力,乃能生存发达。全社会中所必须之职务,无限无量,而一一皆待社会之个人分任之。人人各审其分之所在,而各自尽其分内之职,斯社会之发荣滋长无有已时。苟人人不安于其本分,而日相率以希冀于非分,势必至尽荒其天职,而以互相侵轶为事,则社会之纽绝矣。夫人类贵有向上心,苟其无焉,则社会将凝滞不进。安分之念太强,则向上之机自少,此固无容为讳者也。虽然,向上心与侥幸心异。向上心为万善所归,而侥幸心实万恶所集。全社会皆习于侥幸,则人人失其安身立命之地,社会之基础,安得而不动摇?夫我国近年来受种种恶潮所簸荡,士大夫之习于侥幸者滔滔皆是。今日横流之祸,半坐是焉。犹幸明分之义,数千年来深入人心而国之石民,咸守此以为淑身处世之正则,上流社会之恶习,其影响不甚波及于国民全体。故政治虽极泯棼之象,而社会之纲维,不至尽弛。盖吾国中高等无业游民这一阶级(指官吏及近世所谓政客)。其与一般善良之国民,联属本非甚密,而其恶空气之传染,尚非甚速也。英儒巴尔逊所著国民性情论,尝比较德法两国人种之长短,谓法国常厌弃其现在之地位,而驰骛其理想之地位,理想之地位未可必得,而现在之地位先丧失焉。德人反是,常凭借其现在之地位,以求渐进于其理想之地位,故得寸得尺,日计不足而月计有余也。由此观之,得失之林,可以睹矣。《诗》曰:天生蒸民,有物有则;民之秉彝,好是懿德。夫分也者,物之则也。吾国伦常之教,凡以定分,凡以正则也,而社会之组织,所以能强固致密搏之不散者,正赖此矣。

三曰虑后。社会学家论民族文野之差,以谓将来之观念深者,则其文明程度高;将来之观念薄者,则其文明程度下。斯言若信,则我国文明程度与欧美人孰愈,此亦一问题也。我国最尊现实主义者也,而又最重将来。夫各国之教祖,固未有不以将来为教者矣。然其所谓将来者,对于现世而言来世也,其为道与现社会不相属。我国教义所谓将来,则社会联锁之将来也。《孟子》曰:不孝有三,无后为大。《易》曰:积善之家,必有余庆;积不善之家,必有余殃。经典传记中,陈义类此者,不知凡几,国人习而不察焉,以为是迂论无关宏旨也,而不知社会所以能永续而滋益盛大者,其枢机实系于是。我国人惟以服膺斯义之故,常觉对于将来之社会,负莫大之义务,苟放弃此义务,即为罪恶所归。夫人之生于世也,其受过去现在社会之恩我者,无量无极,我受之而求所以增益之,以诒诸方来,天下最贵之天职,莫过是也。近世进化论者之说,谓凡动物善于增殖保育其种者,则必繁荣,否则必绝灭。百年以来,欧美所谓文明国者,为"现在快乐主义"所汩没,不愿其后者十而八九,人口产率锐减,言政治、言生计者皆以此为一大问题。就中法国尤甚,识者谓循此演算,不及百年,法之亡可立而待也。美国亦然,移来之民虽日增,而固有之民则日减,故卢斯福倡新人口论,反玛尔莎士之说而谋所以助长也。要之,今日欧西社会受病最深者,一曰个人主义,二曰现在快乐主义。两者相合,于是其人大率以有家为累,以虑后为迂,故多数劳庸之民,一来复之所入,必以休沐日尽散之然后快。牧民者日以勤俭贮蓄相劝勉,莫之或听也。私儿日多,受不良之教育者遍地皆是,法令如毛,莫之能闲也。于是彼中忧世之士,欲大昌家族主义,以救其末流。近十年来,此类名著,汗牛充栋,然滔滔之势,云胡可挽。我国则二千年来,此义为全国人民心目中所同具。纵一日之乐,以贻后顾之忧,稍自好者不为也。不宁惟是,天道因果之义,深入人心,谓善不善不报于其身将报于其子孙,一般人民有所劝,有所儆,乃日迁善去恶而不自知。此亦社会所以维系于不敝之一大原因也。

  以上三义,骤视之若卑卑不足道,然一切道德之条目,实皆自兹出焉。有报恩之义,故能使现在社会与过去社会相联属;有虑后之义,故能使现在社会与将来社会相联属;有明分之义,故能使现在社会至赜而不可乱,至动而不可恶也。三义立而三世备矣。孔子称庸德之行,庸言之谨,此三者洵庸德之极轨乎哉。本乎人性之自然,愚夫愚妇皆所与能,而虽有圣智,或终身由之而不能尽。譬犹布帛菽粟,习焉不觉其可贵,而含生必于兹托命焉。之三义者,不学而知,不虑而能,而我国所以能数千年立于大地经无量丧乱而不失其国性者,皆赖是也。是故正心诚意之谈,穷理尽性之旨,少数士君子所以自厉也;比较宗教之学,探研哲理之业,又教育家所以广益而集善也,然其力皆不能普及于凡民,故其效亦不能大裨于国家。独乃根此三义,而衍之为伦常,蒸之为习尚,深入乎人心而莫之敢犯,国家所以与天地长久者,于是乎在。抑吾闻之,凡一事物之成立也,必有其体段。断凫续鹤,则两生俱戕。紫凤天吴,则一章不就。一国之道德,必有其彼此相维之具,废其一而其他亦往往不能以独存。一国之信仰,国人恒终身由之而不知其道,一怀疑焉,而根柢或自兹坏也。故吾愿世之以德教为己任者,毋务玄远之谈,毋炫新奇之说,毋养一指而遗肩背,毋厌家鸡而羡野鹜,宝吾先民所率由之庸德,而发挥光大之,编为教科,播诸讲社。而当立法行政之轴者,尤本此精义以出政治施教令,以匡教育所不逮而先后之,则民德之蒸蒸,岂其难矣?

(1912年)

莅佛教总会欢迎会演说辞

某甲，俗人也。虽夙昔皈依我佛，信仰颇诚，然自维修证极浅，仅发心而未能闻道，今幸接于诸大师、诸居士之前，方求教不暇，岂敢复有所饶舌？顾维我佛之法，广大精深，譬犹四大海水，得其一滴，即可以毕生受用不尽。今请就中国时局与佛教之关系约略言之。

今中国非共和国耶？共和国所以异于君主专制国者，其对于国家之根本观念异也。君主专制国，以君主为主体，国家为客体，君主与国家成对待相，故以国家为君主所有物，而国人之奔走于君主权力之下者，亦皆认国家为其所有物，种种流弊，缘此而生。共和国之所以成立，由其人民皆知国家为一团体、为一法人。然团体法人之义，非深明佛法者不能言其故也。夫国家者，视之无形，听之无声者也，而欲有真实之本体，历劫常在。此本体立夫全国人民之上，而实存乎全国人民之中。指四万万人即为中国不可也，离四万万人以求中国亦不可也。此其义惟深明佛教所谓法身者，乃能引证而了解之。法身者与众生非一非二，立夫众生之上，而实存乎众生之中。众生妄起分别相，不自知其与法身本同一体，于是造成五浊恶世，扰扰无已时。国家与国民之关系亦然。国民不自知与国家本同一体，故对于国家生人相我相，于是乎始有以一己之利益牺牲国家之利益者。人人如是，则国家或几乎毁矣。泰西各国，汲汲于普及国民政治教育，而政治教育之最急务，则莫先于使人民皆有明确之国家观念。吾以为此种国家观念，法学家千言万语而未能发挥尽致者，以曾受佛教之人观之，则一言而了耳。何也？国家譬则法身也。舍法身之外，求所谓我者，了不可得；舍我之外，求所谓法身者，亦了不可得。舍国家之外，求所谓我者了不可得；舍我之外，求所谓国家者，亦了不可得。明乎此义，则爱国岂犹待劝哉？

复次，今日中国人心道德之堕落，有识之士，莫不引为深忧，而思所以矫正之。然非清其本源，则矫正之效，终不可得观也。吾以为万恶之本，皆在以自己为本位而已。以自己为本位，是故作官为自己也，作议员亦为自己也；入政党为自己也，不入政党者，亦为自己也；言革命为自己也，言立宪为自己也，乃至言教育、言宗教，亦为自己也。故一切国利民福社会公益等名词，无非借以为自私自利之一种手段。推其所由起，不过视自己过重，误认区区七尺之臭皮囊为我，而以我相与他相对待，种种钩心斗角损人利己之卑劣手段，皆由此而生。殊不知此臭皮囊者，不过四大和合而成，刹那刹那，代谢不已，以近世科学言之，不过数十种原质偶然凑泊，成此蠢相，每七日间，迁化全尽。今日之我，已非昨日之我；明日之我，又非今日之我。欲求我相，了无可得。以云真我，则与佛法身一体，众生所共，何由得私为自我？今乃疲精敝神，日日为此梦幻泡影之躯作奴隶，首楞严经有言，如来名此辈为可怜悯者。以我观当世所谓达人志士,皆若是矣;苟能参透此著,则道德之大原庶可立也。

吾于佛法,本无修证之功,年来婴于世网,所学益荒,今哓哓多言,实惧负谤佛之咎,惟诸大师、诸居士更有以教之。

(1912年)

孔子教义实际裨益于今日国民者何在欲昌明之其道何由

吾骤揭此疑问，读者得毋以为腐谈而目笑存之，然吾颇信此正未易置对。吾不审读者诸君，当未读吾此文以前，其曾以此疑问来往于脑际者果有几人。吾又欲读者诸君，既睹此题后，暂掩卷勿视吾文，试各以其意答之，吾窃计人人所答者，决不相同，而与吾所答亦必有异。则此为极有兴味之疑问，已可概见。抑吾以为吾侪今日讨论此疑问，其关系于国家前途者实至重。盖中国文明，实可谓以孔子为之代表。试将中国史与泰西史比较，苟使无孔子其人者坐镇其间，则吾史殆黯然无色。且吾国民二千年来所以能抟控为一体而维持于不敝，实赖孔子为无形之枢轴。今后社会教育之方针，必仍当以孔子教义为中坚，然后能普及而有力。彼中外诸哲，微论其教义未必能优于孔子也，就令优焉，而欲采之以牖吾民，恐事倍而功不逮半。盖凡人于其所习知所深信之人，则听其言必易受而易感，我国民亦何莫不然？我国民最亲切有味之公共教师，舍孔子无能为之祭酒。然则当由何道使孔子教义切实适于今世之用，予国民以共能率由，以为国家、为社会筑坚美之基础,岂非吾侪报国一大事业耶?吾不敏,岂敢自谓足以语于此,虽然,窃有志焉。吾之答此问也,读者至终篇,必且笑其庸庸无奇。顾吾以为孔子所以能为吾国数千年来社会之中坚者,凡在其庸德庸言而已。故吾决不敢以庸为病也。

吾国人谁不曰愿学孔子,然自命为孔子之徒者愈多,而孔子之道乃愈暗吻,其故可得而言也。其最下者以诵孔氏书为干禄之资,自汉武立五经博士,即以此诱饵天下,其敝乃极于晚清之科举,此诚可以等诸自郐无讥也。其上焉者,可大别为三派。其一,以为欲明其义理,必先通其诂训,则有两汉隋唐注疏之学,而前清乾嘉诸儒大汲其流,失识大识小,各惟其人,考据发明,曷尝不有大功于古籍。然吾以为孔子之道之所以可尊,乃全在其文从字顺之处,初不烦笺释字义,而固已尽人可解,而此派者,兢兢于碎义逃难,耗精神于所难解所未解者,其所易解所已解者则反漠置之,此其蔽也。其二,则专取孔子所言性命理气之说,极深而研几之,宋明之际,斯为极盛,清初犹有存焉,今殆绝矣。吾以为凡古今中外之大哲能垂教以淑世者,其言皆有体有用,当其言用也,将使百姓与知与能,当其言体也,则常在不著、不察之列,而宋明诸儒太重体而轻用,此其蔽也。此盖受隋唐以来佛教之激刺,欲推挹孔子以与释迦争席,乃求索孔子于玄远幽渺之域,遂窃效坐禅苦行者之所为,以谓愿学孔子,亦当自此入手,致众人以学孔子为畏途,此亦孔子之一厄也。其三,则自海通以来,见夫世界诸宗,多有教会党徒传播,其道乃昌,欲仿效之,以相拒圉,于是倡教部之制,议配天之祀,其卫道之心良苦,其仪式结集,且大有异于昔儒之所为。吾以为此又欲推挹孔子以与基督、摩诃末争席,其蔽抑更甚焉。夫敬其人而祀之,此自吾国崇德报功之大义,吾素所主张,岂敢有异议;即聚同人以讲习摩厉,亦凡百学术所宜然,岂独于孔学而有所反对。然谓教义之兴替,以祀典之有无及其仪制之隆杀为轻重,则吾之愚蒙诚不得其解。今祀孔典礼则已颁矣,国之元首,既临雍以为倡矣,吾侪为孔子徒者,曷尝不诚欢诚忭?然谓此即有加于孔子,且以此卜孔道之行,则吾未之敢承。苟无道焉以使孔子教义普及于众,俾人人可以率由,则虽强国人日日膜拜,于孔子究何与者?(今之祀典未以孔配天也。然谓若加以配天之仪,则孔乃尊而教乃行,吾尤大惑不解矣。)更就教会言之,凡社会一实象之存,必有其历史,而历史又自有其胎育之原。泰西之有教会,其历史发自罗马,迄今垂千余年,而其最初能胎育此种历史之故,全由其教旨归宿于身后之罪福,有以耸众人之听而起其信。而其本原之本原,则尤在彼创教者自命为超绝人类,其言若曰:"汝则人耳,故只能知人之所知,然人之所知固有涯也;我则非人,故能知人之所不知,汝惟敬听吾言可耳。"其所以教人者如此,而又常为种种神通不可思议之迹,以坚其徒之信仰;其徒之信仰,则凝集为体,薪尽火传,乃衍为历史,以迄于今。凡今世一切教会,其发育之迹,未有外此轨者也。今孔教绝无此等历史,而欲突起仿效之,譬诸本无胎妊,而欲抟土以成人,安见其可。不得已乃复附会罪福,且谋推挹孔子于超绝人类之域,而无如孔子始终未尝自言为非人,未尝以神通力结信于其徒,吾以此相推挹,孔子任受与否既未可知;借曰任受矣,而究何道以起众信者?然则欲效彼都教会之形式以推崇孔子,其必劳而无功,明矣。劳而无功,犹可言也,苟以此倡,其弊实滋。不见近数年来,揭孔子之徽帜,以结集团体者纷起于国中乎？其拳拳焉真以道自任者，吾岂敢谓无人，而有所为而为者，实乃什居八九，率此以往，其将以孔子市矣。吾故曰：此种尊孔之法，无益而有害也。

综而论之，汉学一派，太欿然自不足，以为吾何足以语于孔子之道，吾惟诠解其文字，以待贤于我者之阐扬其义理而已。然使学孔子者而皆如是，则举国遂终无阐扬义理之人。宋学一派与新学一派，则皆若以孔子为有所不足，必以其所新学得于外者附益之，其流弊所极，甚则以六经为我注脚，非以我学孔子，殆强孔子学我矣。吾以为诚欲昌明孔子教旨，其第一义当忠实于孔子，直绎其言，无所减加，万不可横己见杂他说以乱其真，然后择其言之切实而适于今世之用者，理其系统而发挥光大之，斯则吾侪诵法孔子之天职焉矣。

问者曰：孔子之言，亦有不切实而不适用者乎，果尔则孔子得毋非圣乎？曰：是安能无，然又岂足为孔子病也。大抵孔子之言虽多，可大别之为三类。其一，言天人相与之际，所谓性与天道，宋明儒竭才以钻仰者也。以近世通行语指之，可谓为属于哲学范围。其二，言治国平天下之大法，非惟博论其原理而已，更推演为无数之节文礼仪制度，以近世通行语指之，可谓为属于政治学、社会学之范围。其三，言各人立身处世之道，教人以所以为人者与所以待人者，以近世通行语指之，可谓为属于伦理学、道德学、教育学之范围。其第一种，则孔子之哲学，诚有其精深博大之系统，视中外古今诸大哲，毫无愧色。然此当以付诸专门哲学家之研究，万不可悉以喻全国民。夫既以供专门家客观的研究资料，则亦不必入主出奴，惟孔子之言是尊。盖学问之为物，后起者胜，实其原则。后人承前人研究所得而续有发明，继长增高，责任攸属。重以近世科学大昌，其间接助哲学者不少，故言哲学者绝不必援孔子以自封，尤不必以今人所道或过于孔子而遂为孔子病。此如佛典说大中小劫、耶教说七日造万物，与今世科学不相容，然不足为佛、耶病也。其第二种，则孔子所言治平之理法，为百世后从政家所当守者殊多，至其节文礼仪制度，在孔子原为彼时代彼国土之人说法，未尝以诏万世，安能一一适于今用，且不适又安足病？彼其时犹封建，今则大一统也；彼其时席地，今则凭椅；彼其时服牛，今则驾汽。其礼文制度什九不周今用，固宜尔。此惟当留以供考古者之讲求，绝不必以之普教。即其治平理法之精粹者，亦仅从政者所当服膺，不必尽人而学。故吾以为今日诵法孔子以从事国民教育者，宜将此两大部分画出，暂置为后图，斯有协于易简理得之旨。然吾观当世之尊孔者不尔尔，最喜将孔子所谈之名理所述之政制，刺取其片词单语与今世之名理政制相类似者，而引伸附会之，以诧于他国曰：是固吾孔子所已知、已言也。若此者，本出于尊仰先哲之诚，非有可议，即吾生平亦每喜为此。且以孔子之溥博渊泉，其言暗合于今者原多，引证发明，岂非吾侪之责。虽然，若专以此为尊孔之涂术，则有两种流弊，最易发生，不可不察也。其一，倘所印证之义，其表里适相吻合，则诚可以扬国粹而浚民慧；若稍有所牵合附会，则最易导国民以不正确之观念，而缘郢书燕说以滋流弊。例如畴昔谈立宪、谈共和者，偶见经典中某字某句，与立宪共和等字义略相近，辄撦拾以沾沾自喜，谓此制为我所固有。其实今世所谓共和立宪制度之为物，即泰西亦不过起于近百年，求诸彼古代之希腊、罗马且不可得，遑论我国？而比附之言，传播既广，则能使多数人之眼光之思想，见局见缚于所比附之文句，以为所谓立宪、所谓共和不过如是，而不复追求其真义之所存，则生心害政，所关非细。此不过仅举一端以为例，其他凡百比附之说，类此者何可胜数。此等结习，最易为国民研究实学之魔障，不可不慎也。其二，劝人行此制，告之曰，吾先哲所尝行也；劝人治此学，告之曰，吾先哲所尝治也。此其势较易入，固也，然频以此相诏，则民于先哲未尝行之制辄疑其不可行，于先哲未尝治之学，辄疑其不当治，无形之中，恒足以增其故见自满之习，而障其服善择从之明。此又不可不虑也。是故吾于保全国粹论，虽为平生所孜孜提倡，然吾之所谓国粹主义，与时流所谓国粹主义，其本质似有大别。吾雅不愿采撷隔墙桃李之繁葩，缀结于吾家杉松之老干，而沾沾自鸣得意。吾若爱桃李也，吾惟当思所以移植之，而何必使与杉松淆其名实者。夫吾言既喋喋于题外矣，今当还入本文。吾意以为孔子所以能为百世师者，非以其哲学论、政治论等有以大过人。若仅就此范围内以观孔子而已，则孔子可议之处或且甚多，吾侪断不容墨守孔子之言以自足。然此等殊不足以轻重孔子。孔子所言而能涵盖近世学说耶，固足以益见孔子之大；其时或逊于近世学说耶，曷尝为孔子之累？孔子教义，其实际裨益于今日国民者，固别有在。何在？则吾前举第三种所谓教各人立身处世之道者是已。

更以近世通行语说明之，则孔子教义第一作用，实在养成人格。读者若稍治当代教育史，当能知英国之教育，常以养成人格为其主要精神。而英之所以能久霸于大地，则亦以此。而人格之纲领节目及其养成之程序，惟孔子所教为大备，使人能率循之以自淑而无所假于外。此孔子之圣所以为大为至也。问者曰：斯固然矣，然遂得谓实际裨益于今日乎？答曰：社会凡百事物，今大与古异，东亦与西异，独至人之生理与其心理，则常有其所同然者存。孔子察之最明，而所以导之者最深切。故其言也，措诸四海而皆准，俟诸百世而不惑。岂惟我国，推之天下可也；岂惟今日，永诸来劫可也。夫古今东西诸哲之设教者，曷尝不于此三致意，然盛美备善，则未或逮孔子。故孟子称孔子集大成，而释之以始条理终条理，观其养成人格之教，真可谓始终条理而集大成者也。吾侪诵法孔子，则亦诵法此而已矣；昌明孔子之教，则亦昌明此而已矣。

英人之理想的人格，常以 Gentleman 一字代表之。昔比斯麦尝赞叹此字，谓在德文中苦不得确译。岂惟德文，无论何国，殆断不能得恰适切之语以译之。斯言诚然，然求诸吾国语则易易耳。"君子"或士君子一语，即其确译也。此无他故，盖我国与英国其古昔传来之教育精神同，皆以养成人格为职志，故不期而各皆有一语以表示人格之观念，而为他国人所不易袭取且不易领会。今试执一英人而叩之曰：何谓 Gentleman？其人必沉吟良久而不能对。更叩之曰：如何斯可以谓之 Gentleman？则必曰：如何温良恭俭让，如何博爱济众，如何重然诺守信义，如何动容貌出辞气，乃至如何如何列举数十刺刺不休。求一简赅之释，殆不可得，虽然，所谓 Gentleman 者，自有一种无形之模范，深嵌于人人之意识中，一见即能知其是非真伪。苟其人言论行谊一旦悖戾此模范，则立见摈于 Gentleman 之林而为群 Gentleman 所不齿。养成人格之教育，其收效有如此者，我国亦然。突然问曰：何谓君子？人人莫知所对也。更扣曰：如何斯可谓之君子？则其条目可以枚举至于无算。苦不得其简赅之义，而人人意识中,固若有一种无形之模范以示别于君子与非君子。其与英人异者,英人此种意识,见之甚了,操之甚熟,律之甚严,行之甚安,推之甚溥;我国不然,此种意识,本已在朦胧茫漠之中,而其力又甚单微,不足以断制社会,故人人不必求勉为君子,即躬行君子者,久之亦且自疑沮,或反弃其所守,以求同于流俗。此则教育致力与不致力使然也。吾非谓英人所谓 Gentleman,与吾国所谓君子,其模范恰同出一型。吾殊不必引彼义以自重,吾深信吾国所谓君子者,其模范永足为国人所践履。真践履焉,则足使吾国人能自立自达以见重于天下。此模范者,固非孔子一人所能突创制之,而孔子实集大成,既以言教,且以身教。吾侪试取孔子之言论行谊悉心轴绎体验之,则能知孔子所欲养成之人格,其不可缺之条件有几,其条件之类别系统何若,其践履之途径先后次第何若。既以自厉,而更思以种种方法牖导民众而训练之,以使之成教于国,此岂非社会教育最盛美之大业,而吾侪诵法孔子者最重要之天职耶?此以视乎摹仿宗教之仪式或附会名理谈政制谈之单词片语,牵率孔子使与人争一日之短长者,其收效之相去,岂不远哉?

　　问者曰:子言诚然,然此得毋太偏毗于个人主义之教育,而于国家主义之教育有所缺乎?且此只能行之于放任政策之教育界,而保育政策之教育界殆无所施其力,此亦一憾也。答曰:斯诚有之,然未足为病也。夫孔子固非以国家主义为教者也,抑吾更欲问世界古今之教祖哲人,曾否有一焉以国家主义为教者。谓非揭国家主义即不周于今用,则一切教义,毋乃当悉废耶。夫国家主义不过起于百年来而极盛于今日,自今以往,能永持此盛象与否,殊未可知。即以今日论,而国家之基础,岂不在个人?分子不纯良而欲求健全之团体,其安得致?彼泰西诸国,正惟前此尽力于个人主义之教育,已收全效,故今日得举其所谓国家主义之教育者,建设之于此已成基础之上,而识者或犹病其已甚。在今日之中国而特注重于个人主义之教育,事之程序,固宜尔矣。而孔子养成人格之旨,其最终之鹄,所谓"使人人有士君子之行"。夫诚能国中人人有士君子之行,则国家主义何施不可?英之所以雄视宇内,岂不以此耶?若谓孔子此种教法,其收效恒在人人之各自修养,而教育当局所能致力者盖有限,是又诚然。然教育之职务,原在导发人之本能,而使之自立自达,即采极端保育政策之国,亦岂能时时取国人而一一强授之以道德学问,如以唧筒灌水于瓶盂者?况我国数千年来,本以在宥为治,而今之官僚政治殊未整肃,绝不能收保育政策之实效。故今日中国,凡百事业,与其望诸国家,不如望诸社会;与其望诸社会,又不如望诸个人,不独教育为然矣。而国家当局者若果赞此义,则以之定为教育方针,而于教科书及各种出版物与夫通俗讲演等,皆特留意而奖劝之,则其间接主持之效,又岂浅鲜?故此皆不足为病也。

(1915 年)

复古思潮平议

吾友蓝君，尝著论辟复古之谬，登载大中华第一号，海内人士读之，多骇汗谯诃，即鄙人乍见，亦不免失色相诧，思宜有所以折衷之，乃为平议如次。

吾以为蓝君所言，洵诡激而失诸正鹄，吾不能为之阿辩也。然此种诡激之言，曷为发生于今日，则固有使之者焉，亦不可不深省也。蓝君之论最骇人听闻者，彼对于忠孝节义，皆若有所怀疑，而对于崇拜孔子，亦若有所不慊，此其持论诚偏宕而不足为训也。盖忠孝节义诸德，其本质原无古今中外之可言。昔人不云乎，天下之善一也。凡道德上之抽象名词，若智仁勇、诚明、忠信、笃敬、廉让乃至若某若某，虽其涵孕之范围广狭全偏或有不同，然其同于为美德，则无以易。盖事理善恶之两面，譬则犹光明之与暗黑。讨论事理者，辩析若何而足为光明之标准焉可也，研究若何而能使光明之焕发赓续焉可也，若乃贱斥光明而尊尚暗黑，则岂惟螫理，实乃拂情。即如忠孝节义四德者，原非我国所可独专，又岂外国所能独弃。古昔固尊为典彝，来兹亦焉能泯蔑？夫以忠孝节义与复古并为一谭，揆诸论理，既已不辞，以厌恶复古故而致疑于忠孝节义，其瞀谬又岂仅因噎废食之比云尔？若夫孔子教义，其所以育成人格者，诸百周备，放诸四海而皆准，由之终身而不能尽，以校泰西古今群哲，得其一体而加粹精者，盖有之矣。若孟子所谓集大成，庄生所谓大小精粗其运无乎不备，则固未有加于孔子者。孔子而可毁，斯真虽欲自绝，其何伤于日月也？且试思我国历史，若将孔子夺去，则暗然复何颜色，且使中国而无孔子，则能否抟挽此民族以为一体，盖未可知。果尔，则二千年来之中国，知作何状。又况孔子之教本尊时中，非若他宗教之树崖岸排异己，有以锢人之灵明而封之以故见也。然则居今日而教人以诵法孔子，又岂有几微足为国民进取之障者？故蓝君此论，实诡激而失正鹄。其说若昌，弊且不可纪极，吾断不能为之阿辩也。

顾以吾所知，蓝君盖粹美君子人也，其钻仰孔子之论著，且尝传诵于世。今曷为而忽有此诡激恣谬之论？且其论既出，而国中一部分人，犹或于骇责之中含恕谅之意。吾默察世变，觉其几甚微，而逆想回环激荡之所由，乃不禁栗然以惧，是故不得不折其衷而两是正之。

夫提倡旧道德，（道德本无新旧之可言，"旧道德"三字，实不成名词，但行文之便，姑就时流之名名之耳。）宁非谋国知本之务，然此论何以忽盛于今日，则其机有不可不察者。自前清之季，举世竞言新政、新学，竺旧之徒，本大有所不慊，而壁垒无以自坚，日即靡伏。虽欲靡伏，而谋所以堙遏之者，卒未尝怠。以不可堙遏之势而强事堙遏，故激而横决，以有辛亥之革命，又正惟以堙遏之结果。其迁流之势,不轨于正,故其所演生之现象,无一焉能餍人望。其间桀黠轻儇之辈,复乘此嬗蜕抢攘之隙,恣为纵欲败检之行,乃益在在惹起社会之厌苦,而予人以集矢之的。一年以来,则其极端反动力之表现时代也。是故吾辈自昔固汲汲于提倡旧道德,然与一年来时流之提倡旧道德者,其根本论点,似有不同。吾侪以为道德无时而可以蔑弃,且无中外新旧之可言。正惟倾心新学、新政,而愈感旧道德之可贵;亦正惟实践旧道德,而愈感新学、新政之不容已。今之言旧道德者不然,彼睹目前社会泯棼之象,曾不深求其所以然,不知其为种种复杂原因之所和合酝酿,而一切以府罪于其所不喜之新学新政。其意若曰:天下扰扰,正坐此辈横议处士,兴风作浪,造言生事,苟不尔者,吾国今日固犹是唐虞三代也。又若曰:吾国自有所以善治之道,可以无所待于外,今特患不能复吾故步耳,苟其能焉,他复何求?此非吾故为深刻之言。试质旧多数老辈之良心,是否有此两种见地蟠据于其脑际而确乎不拔者?此种见地,辗转谬演,于是常觉新学、新政之为物,恒与不道德相缘,欲挫新学、新政之焰而难于质言,则往往假道德问题以相压迫。坐是之故,引起新学家一部分人之疑惑,亦谓道德论与复古论相缘,凡倡道德,皆假之以为复古地也,非起而与角,则退化之运,将不知所届。此所以互相搏激而异论日起也。

然则新思潮与旧道德果有不相容者存乎?道德论与复古论果有何种之缘系乎?请得而博论之。

今都会之地,士大夫群居相语,每一矢口,辄相与太息于人心风俗之败坏。败坏云者,劣于昔之云也。吾以为全国多数小民之风俗,固不敢谓视前加良,亦未见其视前加坏,于营营蹙蹙之中,仍略带浑浑噩噩之气,与他国风俗相校,各有得失,不能尽诬也。然则今日曷为以风俗特坏闻?曰:特坏者,惟吾曹号称士大夫者流耳。盖日日太息于人心风俗败坏之人,即败坏人心风俗之主动者也。而如吾曹者,其亦孰不诵孔氏之书,服忠孝节义之训,而其所造业,胡乃适得其反?譬言某药,可以辟疫,而常备此药之家,乃即为播疫之丛。是必所备药或非其真也,或备而未尝服也,或服之不以其法也,或其他不良之起居食息与药力相消也。不探其源以治之,而但侈言置药以御疫,疫不得御,徒反使人致疑于药而已。夫孰不知提倡道德为改良风俗之大原,然以今日社会周遭之空气,政治手段之所影响,中外情势之所诱胁,苟无道以解其症而廓其障,则虽日以道德论喃喃于大众之前,曷由有效?徒损道德本身之价值耳。尤可异者,竺旧者流,侈然俨以道德为其专卖品,于是老官僚、老名士之与道德家,遂俨成三位一体之关系,而欲治革命以还道德堕落之病者,乃径以老官僚、老名士为其圣药,而此辈亦几居之不疑。夫此辈中固多操行洁白之士,吾岂敢尽诬。要之,当前清末叶,此辈固多已在社会上占优越之地位,其言论行事,本有风行草偃之资,此辈诒谋苟臧,中国岂至有今日?平心论之,中国近年风气之坏,坏于佻浅不完之新学说者,不过什之二三;坏于积重难返之旧空气者,实什而七八。今之论者,动辄谓自由平等之邪说,深中人心,将率天下而入于禽兽,申令文告,反复诵言,坐论偶语,群焉集矢,一若但能廓清此毒,则治俗即可立致清明。夫当鼎革之交二三年间,此种狂焰,固尝披靡一时,吾侪痛心疾首,视今之论者未多让焉。今日则兹焰殆尽熄矣,而治俗又作何象者?盖今日风气之坏,其孽因实造自二十年以来。彼居津要之人,常利用人类之弱点,以势利富贵奔走天下,务斫丧人之廉耻,使就我范围。社会本已不尚气节,遭此诱胁,益从风而靡。重以使贪使诈之论,治事者奉为信条,恺壬乘之,纷纷以自跻于青云。其骄盈佚乐之举动,又大足以歆动流俗,新进之俦,艳羡仿效,薪火相续,日以蔓滋。俗之大坏,职此之由。故一般农工商社会,其良窳无以大异于前,而独所谓士大夫者,日日夷于妾妇而沦于禽兽,此其病之中于国家者,其轻重深浅,以视众所指目之自由平等诸邪说何如? 夫假自由平等诸名以败德者,不过少数血气未定之青年,其力殊不足以左右社会。若乃所谓士大夫居高明之地者,开口孔子,闭口礼教,实则相率而为败坏风俗之源泉。今谋国者方日日蹈二十年来之覆辙,汩流以扬波,而徒翘举方严广漠之门面语曰尊崇孔子、曰维持礼教者以相扇奖,冀此可以收效。殊不知此等语者,今之所谓士大夫,人人优能言之,无所施其扇奖;其在一般社会,则本自率循,又无所深待于扇奖,而欲求治俗之正本清源,要视乎在上位者之真好恶以为祈向。义袭而取,恐未有能济者也。

  读者幸勿疑吾谓此种扇奖之可以已也。吾固日日从事于扇奖之一人,此天下所共见也。顾吾谓扇奖之道,贵用其中而蕲其平,一有所倚,则弊之所届,恒出意外。譬诸树表,表之攲以分寸,影之斜以寻丈,此最不可不慎也。今指当道为有意复古,必且断断自辩曰:吾曷尝尔尔。然而事实所趋,遂章章不可掩也,此亦无待吾一一胪举其迹。吾但请读者闭目以思,最近一二年来,上自中央地方各级机关之组织,下逮各部大小行政之措施,曷尝有一焉非尽反民国元二年之所为? 岂惟民国元二年而已,前清光、宣之交,凡所规画所建置,殆无不废变停顿。夫光、宣之政,诚不足以餍人望也。民国初元之政,诚尤不足以餍人望也,然岂必其政之本体,绝对不适用于中国,毋亦行之非其道非其人耳?既察某制度为今后所万不可不采行,前此行之而有弊,只能求其弊之所在而更张补救之耳。若并制度其物而根本摧弃之,天下宁有此政欤?例如民选议会制度,既为今世各国所共由,且为共和国体所尤不可缺,前此议会未善,改正其选举法可也,直接、间接以求政党之改良可也,厘定其权限可也,若乃并议会其物而去之,安见其可?例如司法独立,既天下之通义,前此法庭未善,改变其级制可也,改变其程序可也,改变其任用法可也,若乃并法庭其物而去之,安见其可?推之百政,莫不皆然。彼其制度,既为早晚必须采用之制度,今虽废之,不旋踵为时势所迫,必胥谋所以复兴之。而一废一兴之际,第一,则使国运进步迟阻若干年;第二,则隳已肇之基础,将来作始更难;第三,则使人民彷徨迷惑,减国家之威信耳。昔吴淞铁路初建,政府以二十余万金购而毁之,在彼时曷尝不以为有所大不得已者存,既毁之际,曷尝不多数人称快。由今思之,所为何来?夫今日众共集矢之制度,后之视今,必且与吴淞铁路同感,可断言也。而狐埋狐扣,天下其谓政府何? 又或有所瞻顾,不敢悍然径废其名,遂复换面改头,指鹿为马,此其为弊,殆更甚焉。夫作法于真,其敝犹伪;作法于伪,敝将若之何?今凡百设施,多属创举,既非夙习,运用倍难,苟诚心以赴,期于必成,使当事者怀靖共毋忝之心,使社会作拭目观成之想,其庶黾勉,日起有功。今也不然,于其本所不欲之事,阴摧坏其实而阳涂饰其名,受其事者曰,此敷衍吾侪耳,吾毋宁以敷衍应之,而自爱之心与践职义务之观念,日趋薄弱;社会亦曰,某项事业,所以敷衍某类人耳,先怀一种轻蔑之心以对此事业,甚者从而掎之,而进行乃益以艰,及其挫跌,则抚掌称快,曰:吾固谓此种制度之不可采,今果如是也。呜呼!凡今之所以应付各种新政者,何一非尔尔耶?则旁观者嚣然以复古为疑,亦何足怪!以言夫用人耶,鼎革之交,万流杂进,羊胃羊头,见者呃逆,谋澄叙之,宜也;而一矫其弊,遂乃以前清官历为衡才独一之标准,问其故,则曰尊经验也。夫前清官吏中,其洁白干练通达治理者,原大有人在,吾诚不敢挟主奴之见,漫为抵排。虽然,其中大多数,锢蔽龌龊,惏黷偷靡,晚清之败坏,岂不以此辈?革命之局,宁非此辈实助长之?其尤无耻者,则朝失清室之官,暮入同盟之会,极口骂项,胁肩美新,及事势一迁,又反颜下石,第其品质,宜在豺虎不食之班,即予优容,亦惟高阁束之已足。而今皆弹冠联翩,专城相望,且俨然以挽回风习、主持大化自命,为上游所器赏,为社会所欢承,不旋踵而赃证狼藉,对簿跄踉,而败落相寻,继踵犹昔。叩其所谓经验,则期会簿书,钩距揸克,对面盗贼,暮夜苞苴,乃至以财政厅长而不解预算之字义,以兼理司法之知事而不知有新刑律其物。类此笑柄,更仆难罄;犹且能名鹊起,一岁屡迁,俯睨新进,视如无物。呜呼!凡今日登庸人才之标准,岂不如是耶?则旁观者嚣然以复古为疑,又何足怪?

甚矣国人之善忘也!《记》有之:不知来,视诸往。彼晚清以来之陈迹,岂不犹历历在人耳目耶?使其所操术而可以措国家于治安,则清室其至今存矣。二十年前,而所谓旧法者,已失其维持国家之功用,国人不胜其蔽,乃骇汗号吁以求更新,今又以不胜新之敝也,乃更思力挽之以返于二十年前之旧。二十年前所共患苦者,若全然忘却。

岂惟忘却,乃更颠倒歆慕,视为盛世郅治而思追攀之。夫目之于色,有同美焉。二十年前共指为甚恶者,二十年后忽能变为甚美,此宁非天下大可怪之事!而或者曰:清之亡非亡于其恋旧也,而实亡于其骛新,使清廷非惟新是骛,而坚持其旧者以相始终,夫安得有今日?若此论者,微论其言之终不能成理也,借曰事理或然,尤当知清廷之骛新,本非其所欲也;非所欲而曷为骛之?则以旧制度之作用已穷,事势所驱,不得不出于此。譬诸行旅,所遵之路,荆棘已塞,乃始改从他涂。夫在今日彼路之荆棘,是否能刈除?能否不为事势所驱,更折而出于骛新之举?终已不能,则将来几经波折之后,卒亦取清廷所回旋之覆辙,而次第一一复蹈之,可断言耳。夫清廷曷为以骛新而得亡?正以其本不改新,而徒以大势所迫勉趋于新。虽勉趋于新,而于新之性质、新之价值,实未有所了解,常以恋旧之精神牵制于其间,故新与旧之功用两相消,进退失据而一败涂地也。今以恋旧责当局,而当局决不肯自认。虽然,试静气一自勘其心理,其有以异于二十年前老辈之心理者几何?凡所设施,又何一非新与旧功用相消者?此复古之疑,所以虽哓辩而终无以自解于天下也。

或曰:病斯有待于药,药求已病而已。复古论虽曰可议,然以药数年来骛新太过之病,安见其不可?应之曰:斯固然也。然在一二年前病象颇剧之时,服之或不失为良药;今则病征已变,犹服之不已,则药反成病矣。大抵一时偶感之病,来势虽勇,而祛除实易。积年蟠结之病,不甚惹警觉,而绵久遂不可复救。夫恋旧者人类之通性也,当其一时受刺激于外,骛新太过,就令任其自然,不加矫正,非久必为惰力性作用所支配,自能返其故态。然此惰力性作用猖獗之后,欲更从而振之，恐非加以雷霆万钧，莫之能致。夫惮于趋新而狃于安旧，圆颅通性，固已有然。况我民族尤以竺旧为特长，而以自大为凤禀；而坐谈礼教，吐弃学艺，又最足以便于空疏涂饰之辈，靡然从风，事有固然。若详推其利害之所届，则此种方严广漠之门面语，其于矫正末俗，实际上收效能几，殊未敢知；而惰力性或且缘此大增，率国人共堕入于奄奄无生气之境，此则吾所为明明而忧者耳。

若夫蓝君所论之诡激，吾既已不惮辞而辟之，要之此两者，皆社会心理之病征而已，而其病则不能相克而常相生。蔑古论昌，则复古论必乘之；复古论昌，则蔑古论又必乘之。以极端遇极端，累反动以反动，则其祸之中于国家社会者遂不可纪极。孟子曰："生于其心，害于其政；发于其政，害于其事。是以君子慎之也。"

（1915 年）

国民浅训（节选）

第一章　何故爱国

　　爱国两字，近来当作时兴口号，到处有人说起，但细按下去，真能爱国者，究有几人？比起别国人爱国至情，我等真要愧死。固由前此国家组织，未能妥善，所行政事，无利于民，人民总不觉得有此国家，于我何益，故此爱情，无由发动，此原不能十分怪责吾民。虽然，亦由吾民未能深知国家之与我身家，其关系若何切要，将他当作身外闲是闲非，不愿多管，故此任凭一群小人，将国家盘据起来，偷得一分权，便作一分恶，无法无天，愈弄愈坏，换了一群，还是一群，照此混闹下去，中国岂复能成为国？须知我等说要爱国，并非因爱国是当今一种美名，说来凑热，实觉得非将国家整理起来，身家更无安全发达之望。须知有许多事，为我等身家所托命，但除却国家之力，我等便有三头六臂，自己却是干办不来。即如现在到处盗贼纵横，良民不能安枕，除却国家将警察办好，我等何法可施？又如有事兴讼，若非国家派有好官,且定有公平法律,我等何处可伸冤屈? 又如每遇水旱一次,我等便有许多人饿死,近来水旱,无年不有,动辄损失数千万,实则但得国家有良政治,办大工程,振兴水利,我等岂惟免此损失,每年增加数千万,亦意中事。又如道路梗塞,货物转运不灵,出产虽丰,无从得利,苟非借国家之力,岂能开辟巉岩,广通驿路铁路? 凡此之类,不过随举数端,若要我详细说明,恐著书十卷,亦不能尽。实则我等从早至晚,一举一动,何处不仰国家之保护者? 尤当知今日为生计竞争之世,各国人民,虎视眈眈,恨不得纷剔国人之臂而夺其食,我等唇边之饭,早已日日被人夺去而不自知。我等但觉得生计艰难,一日不如一日,当思我从前有几多手工可以养人,有几多商业可以致富,近来洋货滔滔流入,物美价廉,我国土货不能与之竞争,大而衣服所用之布及织布之棉纱,食物所需之糖面,晚间所点之油,小而至于一针一线一钉,无不购之于外。前次恃此等种种工业为生者何止数千万人,今安得不失业饿死或流为盗贼? 虽有农业一项,外人未能夺去,而官吏土豪,则又敲脂剥髓以填其沟壑之欲,天下可怜人,孰有过于我国之农民者? 至于商业,则皆外人饱载之后,我乃拾其唾余,而所千辛万苦以拾得者,一转眼又被恶官吏择肥而噬,一网打尽。若照此迁流下去,更过数年,四万万人,恐有三万万定成饿鬼。诸君今读吾书者,或者家中暂时尚有一碗安乐茶饭,要知此乐不可恃,汝此碗饭,不知明日或后日,或遂被人夺去,汝有何法以自保障? 即其不然,汝子汝孙,终久亦为人鱼肉。非谓汝子孙之不才也,生当今日,而无完全之国家为我保护,决不能以自存。今日各国国民之相接,如临战场,不进则退,不生则死。在人则到处有国家以为之后盾,调度得宜,精力弥满,人人皆有学问，事事皆有计画；在我则如无母之儿，少既失教，临事又无援助，则何往而不败？尤当知我国民本非愚蒙，有何种学问不可以学成，有何种机器不可以仿造，有何种公司不可以组织；我国又矿苗满山，物产满地，民勤而俭，俗厚而淳，地利人和，何事落人后者？然何以兵战商战，着着皆败，渐至全国生计路绝，将为人奴？盖我国民事事都不让人，独有视国家事当作闲是闲非不愿多管之一念，实为莫大病根，此病根不除，国家终无振兴之日。国家不振，而欲身家安全发达，此必不可得之数也。我国民当知爱国之理，与爱我同，与爱人异。人者本可以爱、可以不爱，不过行吾慈悲以爱之而已。若我之爱我，则一毫不待勉强，一刻不能放松。夫我身固我也，我家亦我也，我乡亦我也，我国亦我也。我一身不能独活，有许多事非合一家之力不能办到。故既爱我身即不得不爱我家。又有许多事非合一乡之力不能办到，故既爱我身即不得不爱我乡。更有许多事非合一国之力不能办到，故既爱我身即不得不爱我国。譬如有人将家事当作等闲，抛弃不管，试问其人他日，当得何结果。不管国事，则眼前吃亏，将来受罪，亦犹是耳。愿我国民将我所说之话，仔细思量，参透此番道理，实实在在知道国家即我命根，我若不爱他、不管他，无异不爱自己、不管自己。先明此理，先立此心，然后可以讲到爱之之法矣。

第二章　国体之由来

我国何故变为共和国体耶？就是因为如前章所说，国家为我等人民之命根，国家整理不好，人民虽不冤死，亦要饿死；虽不饿死，亦要苦死。但同是国家,何以人国都整理得好,我国独整理不好?有识之士,仔细比较,乃知因为组织不得其宜。即如从前东西各国,政治亦并不见高明,自从近百年来,相率改专制为立宪,使全国人民,皆有机会与闻国事,官吏权限严明,无从作弊,因此政务渐渐改良,遂有今日。我国若要转贫为富、转弱为强,亦须从此着手。当前清光绪末年,已经许多人渐明此理。当时亦并非一定不要皇帝,但使政体真能立宪,则国体为君主为共和,原无所不可。无奈前清权贵把持,官僚腐败,预备立宪,全是欺人,眼看大好国家,将断送于彼辈之手,我国民万不得已,乃有辛亥之革命,中华民国之共和国体,自是成立,国家组织,面目一新。不料袁世凯用权术骗得大总统一席,重复专制起来,将新组织一概推翻,事事恢复前清之旧,腐败残虐,转加十倍,不到四年,索性公然自称皇帝。幸而全国人都怀义愤,费尽无数力量,誓将彼驱除,依旧还我今日之共和国体。我国民试回头一看,当知国体之由来,真非容易。此后如何能保持勿失,责任却是非轻。当袁世凯谋窃帝位之时,就是借口于中国人民程度,不宜共和,故借此以行篡逆。夫民国成立四年以来,实未尝一日行共和,宜与不宜,本自无从判断。虽然,从今以后,我国民真要抖擞精神,立稳共和基业,免致为满洲人及袁世凯之所笑。夫共和必与立宪相缘,而立宪政治所以能维持,专赖全国人民皆关心国事、皆尽力国事;尤须常识日渐增加,公德日渐发达。我国民今日是否已能如是,吾实不敢妄言,要在士绅勉其乡邻,父兄教其子弟,使之渐明大义,日起有功;而尤要者则在士绅父兄之自身,真有爱国之诚,共趋立宪之轨,庶乎国体可以不坠,而国家可以日兴也。

第九章　乡土观念与对外观念

　　爱乡心扩而大之,即为爱国心,故乡土观念,原至可贵者也。我国民此观念甚强,其所以能相团结者颇赖此。虽然,此观念若发达过度,又未尝不为国家之害。我国人省有省界,府有府界,县有县界,乡有乡界,族有族界,常挟有重重叠叠之排外思想,官界商界,此弊最甚,分系分帮,互相排挤。又其甚者,乃至如闽粤等处之民,常常两乡械斗,俨若敌国,怨仇所结,百数十年不解,此甚可痛,又甚可笑也。夫今世何世,国与国争之世也。人方挟全国之力,万众一心以临我,我学问既不如人,财富既不如人,惟恃人多心齐,或者尚能自立。今内部常常轧轹,胜不相让,败不相救,而惟争一时之小意气以为快,万一外力完全侵入,彼时全国人无论何省、何府、何县、何乡、何族,皆成奴隶,试问此一时之意气,更何在者。须知现在世界甚广,事业甚多,到处可以为我竞争之场,他事不必远论,即如此次欧洲战争,日本人乘此机会,扩充商工等业,一年之间,全国获利至十三万万元之多。我国人若稍有志气,稍有才能,早为设备,及时而应,谁敢限其飞黄腾达到何等地步?乃我国人眼光如豆,将自己所占之宇宙,缩到小之又小,惟眈眈注视此一盂之饭、一瓯之茶,兄弟攘臂扼项拚死命以争之,此何等可羞而何等可怜者!即以地方事论之,譬如他地之人来我地作官,但当问其人是否好官,是否能为我地办事,若其好也,若其能也,则他地之人为我地出力,我地正占便宜,何为排之?彼排人者,不过欲夺其地位以弄权,即此一念,其人心术已不可问,虽本地人,我何爱者？又如他地之人来我地经商或办别种实业，其人必挟资本而来，为我开发利源，懋迁有无，本地之人，必食其利，何苦排斥之以生恶感。须知凡人欲自树立，惟当务发挥本身之能力，使之日趋光大。若自己挟持无具，而惟妒忌他人，日谋倾轧，学无知村妇之所为，可耻孰甚，且亦未有能胜者也。此不惟对内为然耳，即对外亦然。我等凭借一国之力以与世界相见，固当毫无怯懦，毫无退却，无论在平和时，在战争时，皆当挟浑身勇气以赴之。虽然，又当常堂堂正正为实力之竞争，而不可杂以客气，出以卑劣手段。例如前此义和拳之混闹，究竟有何结果？不过徒增国家无穷之累。又如近年，屡屡因一交涉案，相率排斥某国货物，实则交涉形势，何尝因此而遂变？而所谓排斥者，又大率虎头蛇尾，为人所笑，何益之有？夫奖励国货，本万国共由之轨，我当以全力赴之，此何待言。然必须我自有此货物，我之货物，能比人质美而价廉，则外货不待排而自不能入。而不然者，虽欲排之，又安可得？夫自欧战发生以来，不知有几许洋货，忽绝迹于中国，我国人则惟如失乳之儿，彷徨无措，坐听其价之飞涨已耳，岂尝见有人能乘此机会堵塞漏卮而恢复利权者？故知不谋自立而务排人，无论对内对外，皆无当也。平恕待人，而刻厉求己，此则大国民之器度也已。

第十章　公共心

我国人所以至今不振者，一言蔽之，曰公共心缺乏而已。私家之事，成绩可观者往往而有，一涉公字，其事立败。自国家之公署，乡镇之公局，乃至工商业之股份公司，无一不为百弊之丛，万恶之薮；甚则公林无不斩伐，公路无不芜梗，公田无不侵占，公园无不毁坏。有一公物于此，在西人则以为此物我固有一份也，乃拥护而保全之，使我能长享有此份。在中国人则以为此物我固有一份也，乃急取我一份所有者割归独享，又乘他人之不觉或无力抵抗，则并他人之一份所有而篡取之。其驯良者，则以为此等事虽有利非我独享，虽有害非我独当，闭门不管而已。此等性质若不改变，势必至全国无复一公共机关，而人人皆为孤独生活。夫使孤独生活而可以立于世，是亦何害？无如人类本以合群然后能生存，孤独自营，其究必归于淘汰。况今日世界愈文明，一切事业之规模愈大，而协力分劳之原则，适用愈广，独力能举之事，行将绝迹于天壤。我国民若长抱此先私后公之恶习，其将何以自存？明知此习积之甚久，非一旦可去，要不得不急图补救。其第一着固首在政府得人，树之模范，然终非全国人各痛自惩悔，则收效终亦无期。所望有才智而好事之人，稍放远眼光，知借公营私之非计，知营私终为怨毒所归，欲自利而反自害，知出吾才力为公家尽瘁，公家事业发达，吾之后利，亦随与无穷。又望公正自爱之人，切勿避嫌惮烦，谢事不管。须知我不管必有人揽而管之，揽管者若为坏人，则将公家基业败坏净尽，我亦无安身之地。而欲逐渐养成此种公共心，则莫如以地方自治为其练习场，而后起之子弟，则使之入学校、入军队，日习于共同生活。如此大众振刷一番，则中国其或犹可救也。

第十一章　自由平等真解

当民国初成立之时，自由、平等两口号，颇为一般新进少年所乐道，而种种罪恶，或假其名以行，于是老辈则太息痛恨，谓此二义实为鸩毒。平心论之，此二义者，实百年前法国革命时所标之旗帜。彼方承贵族教会数百年压制之敝，实仗此为救时良药，而流弊则固已章章可见。百年以来，学理日昌，益共知此义之未为圆满，且两义自身，亦生矛盾。盖人人自由，则各骋其聪明才力，所成就自有高下之殊，安能平等？人人平等，则智者应自侪于愚，强者应自屈于弱，岂复自由？故自由平等两面大旗，在今日欧美，已成陈迹。我国新进，乃摭拾他人百年前之唾余以自鸣，为事本属可笑。虽然，若如老辈之厌弃此两义，视同蛇蝎，其蔽抑又甚焉。盖此二义实为许多政治原则所从出，夫安可以轻议？所谓人人于法律内享有自由，法律之下人人平等，此岂非人民所赖以托命者？若如近两年来，任意设立名目，括削民膏，使我民无财产之自由；监谤防川，偶语弃市，使我民无言论集会之自由；凡信皆拆，入城必搜，使我民无通信行旅之自由；动辄搜索家宅，使我民无住居之自由；挟仇诬害，不经法庭，便可处死，使我民无生命之自由；伪造民意，胁迫推戴，使我民无良心之自由。其他法律上之种种不平等，则亦类是。在此种政治之下，岂复一日能有生人之趣。为人民者，拚其头颅，溅其心血，以求争回此平等自由之权利，宁非天经地义？吾之所以爱自由尊平等者，其在乎此。若乃浮薄少年，以逸游淫荡抉去礼防为自由，以傲慢恣睢凌轹尊长为平等，则天下万国往古来今所谓平等自由者，本无此解法，其必不容以彼秽行冒此美名也亦明矣。吾愿国中老辈，知自由、平等虽非尽惬于中庸之道，然在德性中确能各明一义，在政治上尤足以为民干城，切不可妄肆诋諆，使枭雄之辈，利用此等心理以摧锄民气。吾又愿国中少年，知自由平等之功用，什九当求诸政治，政治以外之事，不能动引此为护符。即其功用之现于政治者，亦不过谓人人于法律内享有自由，法律之下人人皆平等，而断不容更越此界以作别种之解释。若欲将此二义适用于品性行事乎，则亦有之。伦理学家固最尊自由。其所谓自由者，谓须使良心绝对自由，而不为肢体嗜欲之所制。今若为逸游淫荡、放纵卑劣之行，试一返诸汝最初之良心，其必不以为可也亦明矣。而肢体之嗜欲起而挠之，汝不能制彼而反为所制，是汝为嗜欲之奴隶也，此乃自由之正反对，而汝犹腼然曰我自由，不亦悲乎？伦理学上所谓平等者，谓凡人类皆有其本能，苟能充之，则人皆可以为尧、舜。今若傲狠暴弃以自趋于下流，则将失其人类之价值以沦于禽兽，更何平等之有？国中之老辈与国中之少年各得吾说而存之，庶乎其不谬于正轨也已矣。

第十二章　不健全之爱国论

吾国历年来有一种不健全之爱国论，最足为国家进步之障者，其说曰：我国为文明最古之国，我民为德性最美之民，泰西学术，多为吾先哲所见及，其大本大原，远不逮我；若夫形而下之技术，则采之易易耳；至其礼教风俗，则更一无足取。吾但保存吾国粹而发挥之，斯足以为治矣。此种议论,自前清同治、光绪间诸老辈已盛倡之,中间稍衰熄,近二三年来,受革命之反动,其说复大昌。夫人生天地间,本不宜妄自菲薄,为此说者,借以鼓励国民自重之心,有时固亦薄收其效。然长国民故见自封之习,而窒其虚受进取之心,则功远不足以偿其罪也。就学问方面言之,今日全为智识竞争之世界,德国所以能以一敌八,常操胜算,恃学问之力而已;诸国所以能久与相持,则亦由学问尚能步武于其后。彼泰西各种学问,皆各有其甚深之根柢,分科研究,剖之极细而入之极深。其适用此学问以施政治事,又积无量数之经验,发明种种原理、原则而恪守之,丝丝入扣。我国非特在学殖荒落之今日,不能望其肩背,即在学术昌明之昔时,亦岂能得其仿佛?盖我国研究学问之法,本自与彼不同。我国学者,凭冥想,敢武断,好作囫囵之词,持无统系之说;否则注释前籍,咬文嚼字,不敢自出主张。泰西学者,重试验,尊辩难,界说谨严,条理绵密,虽对于前哲伟论,恒以批评的态度出之,常思正其误而补其阙。故我之学皆虚,而彼之学皆实;我之学历千百年不进,彼之学日新月异无已时,盖以此也。我等不信立国须恃学问,则亦已耳,亦既信之,则安可不一反前此之所为,毅然舍己从人以求进益。今也不然,侈然曰:学问我所固有,偶撷拾古籍一二语与他人学说相类似者,则沾沾自喜,谓我千百年前既明此义矣,便欲持以相胜。此等思想既既浸灌于后进学子之脑中,故虽治新学者亦浮骛浅尝,莫或肯虚心以穷其奥。彼日本之知有新学,盖在我之后,其老辈且尝恃我国译本以为津筏,今日者则无论何种科学,皆有专门大家,每年所著新书,不下千种,大率皆有心得,欧美时复译之。我国号称讲求新学既四五十年,外国留学生亦十数万,试问在学术上有何毫厘成绩可以表见。此而不耻,则痼疾云胡可治。此虽由彼我政府所以提倡风示者殊途,然我国民一种虚矫自大苟安自欺之心,实病根之所从出也。就风俗道德方面言之,我国孔孟所教,诚可称道德之正鹄(此却非我虚矫自大之言,吾新有所见,行将专著书发明之),然亦岂以口舌尊尚,以仪文崇拜,便谓我已止于至善?试问举国士夫,谁亦不诵孔孟之书,自谓为孔孟之徒,而其道德果何若者,而全国风俗又果何若者?今之老师宿儒,动辄斥新学小生蔑弃礼教。夫新学小生中不乏下流,吾固断不肯稍为假借也,而老师宿儒夙以提倡礼教自命者,今或纷纷颂莽功德,若荡妇之倚门卖笑;即其洁身自好者,亦不过以租界作首阳,袖手以观国家之陆沉,则又何说?须知道德之为物,其中固有一部分不可得与民变革者,亦有一部分必须与民变革者。道德本为社会之产物,社会之境遇变迁,则道德之内容,亦当随而变迁。徒袭取数千年前先哲遗训之面目,必不足以范围一世之人心,只相率以虚伪而益其腐败耳。至于他国特别之风俗,其为我不必效、不能效、不可效者原甚多,且彼近日社会之堕落,当引以为戒者抑亦不少。虽然,其道德固自有甚深之根柢,亦与其学问同。苟非尔者,彼之国家,何恃而立?且彼方日日应于社会之变迁,而道德之内容,常改进而无凝滞,其可取为我师资者抑何限。而我乃始终鄙夷视之,其毋亦昧于择善矣乎?要之我中国现在社会之人心,实依然为千百年来旧染所锢蔽,暮气沉沉,惰力满满,若淤血积于体中,为百病之窟宅,故虽日进甘旨,曾不足以资荣卫,而徒增其痼疾,积弱大原,实在于此,非我国民痛自警醒,痛自改悔,慊然自知不足,而抑然以人为师,其安能挽此颓风一新国命者乎?

第十三章　我国之前途

今日国人谈及中国前途者,什有九心灰意尽,曰:噫!国其殆亡,国其殆亡。吾则以为我国人苟不自亡,他人决无能亡我者。盖全世界共十六万万人,而我国人实居四分之一;以占世界人数四分一之国而忽然亡去,其影响于全世界之变动果何如者?且各国合谋瓜分以亡我耶?无论各国今方在大战,战后元气凋残,无力及此,即使力能及此,而分赃不匀,且生冲突,各国不为也。一国独力并吞以亡我耶?吾信无论何国,决无此胆量,无此气魄。是故中国目前决不至于亡,吾敢保险也。所最可忧者,政治上之国家,名虽未亡,生计上之国家,实则渐亡。全国重要之商埠,既落人手,交通机关,亦有多部分已被掌握,自己又不能有一稍完善之金融机关,行将尽仰外人为我代庖;工艺又一切不兴,日用所需,大半取给于外,虽有天产物可以出口,然运输不灵,动成贱弃,且懋迁之权,亦为人所管,价值由彼操纵,照此下去,全国之生计权,必尽夺于人手。夫今日欧美社会之局势,资本家与佣工人,截然分为两阶级,富者愈富,贫者愈贫,此稍明时事者所能知也。而据中国现在情形以测将来,恐十数年后,全国资本家皆属外人,而我国四万万人,皆变为佣工者,万一有此一日,则其祸较亡国为尤惨酷。我国人所当刻刻猛醒亟亟防救者,在此一着而已。差幸我国素来以农立国,而外人欲夺我农业,实非容易。查各国生计发达之次序,皆由农而工,由工而商。美国当四五十年前,工商业甚微,工艺亦仰给他邦。略如我中国之今日,惟专意振兴农业,其农产物运输欧洲各国获厚利,全国资本力自增加,乃出其资本以营工商,今反渐渐压倒欧洲矣。又如日本既得台湾以后,以全力奖励其农业,今台湾之富力,较诸中国统治时增加三十余倍。然则中国人何必遽行自怯?天下事何一非以人力做得到耶?又况我国矿产之富,甲于大地,今所开采者,尚不及千分之一,若能次第浚此利源,则东西各国,且瞠乎其后矣。故我国今日亟注意农、矿两业,并力以赴,则生计上确非无卓然自立之途,而国势且可以一日千里。虽然,此种议论,国中人能知之能言之者实不少,且相率提倡之者亦既数十年矣,顾何以尽托空谈,始终不能见诸实事?须知政治不良之国,百事皆无可说。以近数年来之政治现象,人民欲安居其乡,犹不可得,何论农业?且稍有积蓄,政府官吏,不勒削劫夺以去不止,亦何能继续增进其业?又况凡营一业,必须有种种机关以为之辅助,其事绝非独力所能办,而必有赖于政府耶。但使能得良政府在上,一面为我民除盗贼、惩贪酷,免为民业之障碍;一面将铁路、银行、水利等荦荦数大政,提纲挈领,切实办妥,使人民无论营何种生计者,皆得有运输物产之机关,有流通资本之机关,则其进步之速,岂可限量?然如何然后能得良政府,自在我民自诚求之自监督之而已。则本书前数章所言最当玩味也。抑政府只能提挈大纲,导民于进取之途,其实际着手进取,则须我民自为之。然非有公德,非有常识,何能立于今日生计竞争之世界而操胜算?则本书后数章所言,又最当玩味也。要之今日之中国,诚为存亡危急之时,然绝非如志行薄弱者流之所想像,谓已绝望而无可救,其前途实有无穷之希望,令我等可以自壮。要在我全国人民去其私心,振其惰力,广求世界之智识,发挥自己之本能,于以努力向上一番,渡过目前之难关,以入此后之坦途,则国家之福,与天无极矣。

(1916年)

中国历史研究法（节选）

第一章　史之意义及其范围

史者何？记述人类社会赓续活动之体相，校其总成绩，求得其因果关系，以为现代一般人活动之资鉴者也。其专述中国先民之活动，供现代中国国民之资鉴者，则曰中国史。

今宜将此定义分析说明。

一、活动之体相。人类为生存而活动，亦为活动而生存。活动休止，则人道或几乎息矣。凡活动，以能活动者为体，以所活动者为相。史也者，综合彼参与活动之种种体，与其活动所表现之种种相，而成一有结构的叙述者也。是故非活动的事项——例如天象地形等属于自然界现象者，皆非史的范围。反之凡活动的事项——人类情感理智意志所产生者，皆活动之相，即皆史的范围也。此所谓相者，复可细分为二：一曰活动之产品，二曰活动之情态。产品者，活动之过去相，因活动而得此结果者也。情态者，活动之现在相，结果之所从出也。产品者,譬犹海中生物,经无数个体一期间协合之嬗化而产出一珊瑚岛。此珊瑚岛实经种种活动情态而始成,而今则既僵矣,情态不复可得见。凡史迹皆人类过去活动之僵迹也。史家能事,乃在将僵迹变为活化——因其结果以推得其情态,使过去时代之现在相,再现于今日也。

二、人类社会之赓续活动。不曰"人"之活动而曰"人类社会"之活动者,一个人或一般人之食息、生殖、争斗、忆念、谈话等等,不得谓非活动也,然未必皆为史迹。史迹也者,无论为一个人独力所造,或一般人协力所造,要之必以社会为范围。必其活动力之运用贯注,能影响及于全社会——最少亦及于社会之一部,然后足以当史之成分。质言之,则史也者,人类全体或其大多数之共业所构成。故其性质非单独的,而社会的也。复次,言活动而必申之以"赓续"者,个人之生命极短,人类社会之生命极长。社会常为螺旋形的向上发展,隐然若悬一目的以为指归。此目的地辽远无垠,一时代之人之所进行,譬犹涉途万里者之仅颐一步耳。于是前代之人,恒以其未完之业遗诸后代,后代袭其遗产而继长增高焉。如是递遗递袭,积数千年数万年。虽到达尚邈无其期,要之与目的地之距离,必日近一日。含生之所以进化,循斯轨也;史也者,则所以叙累代人相续作业之情状者也。准此以谈,则凡人类活动在空际含孤立性,在时际含偶现性、断灭性者,皆非史的范围;其在空际有周遍性在时际有连续性者,乃史的范围也。

三、活动之总成绩及其因果关系。活动必有成绩然后可记,不待言矣。然成绩云者,非一个人一事业成功失败之谓,实乃簿录全社会之作业而计其总和。质言之,即算总帐也。是故成绩有彰显而易见者,譬犹澍雨降而麦苗苗,烈风过而林木摧。历史上大圣哲、大英雄之出现,大战争、大革命之经过,是其类也。亦有微细而难见者,譬犹退潮刷汀岸而成淤滩,宿茶浸陶壶而留陈渍。虽聪察者,犹不之觉,然其所演生之迹,乃不可磨灭。(佛典谓之"不可思议熏"。)一社会一时代之共同心理、共同习惯,不能确指其为何时何人所造;而匹夫匹妇日用饮食之活动皆与有力焉,是其类也。吾所谓总成绩者,即指此两类之总和也。夫成绩者,今所现之果也;然必有昔之成绩以为之因,而今之成绩又自为因,以孕产将来之果。因果相续,如环无端。必寻出其因果关系,然后活动之继续性,可得而悬解也。然因果关系,至复赜而难理。一果或出数因,一因或产数果;或潜伏而易代乃显,或反动而别证始明,故史家以为难焉。

四、现代一般人活动之资鉴。凡作一书,必先问吾书将以供何等人之读,然后其书乃如隰之有畔,不致泛滥失归,且能针对读者以发生相当之效果。例如《资治通鉴》,其著书本意,专以供帝王之读。故凡帝王应有之史的智识无不备。非彼所需,则从摈阙。此诚绝好之"皇帝教科书",而亦士大夫之怀才竭忠以事其上者所宜必读也。今日之史,其读者为何许人耶?既以民治主义立国,人人皆以国民一分子之资格立于国中,又以人类一分子之资格立于世界,共感于过去的智识之万不可缺,然后史之需求生焉。质言之,今日所需之史,则"国民资治通鉴",或"人类资治通鉴"而已。史家目的,在使国民察知现代之生活与过去未来之生活息息相关,而因以增加生活之兴味;睹遗产之丰厚,则欢喜而自壮;念先民辛勤未竟之业,则矍然思所以继志述事而不敢自暇逸;观其失败之迹与夫恶因恶果之递嬗,则知耻知惧;察吾遗传性之缺憾,而思所以匡矫之也。夫如此,然后能将历史纳入现在生活界,使生密切之联锁。夫如此,则史之目的,乃为社会一般人而作,非为某权力阶级或某智识阶级而作,昭昭然也。

今人韦尔思有言:"距今二百年前,世界未有一著述足称为史者。"夫中外古今书籍之以史名者亦多矣,何以谓竟无一史?则今世之史的观念,有以异于古所云也。我国二千年来史学,视他国为独昌。虽然,彼其体例,多属千余年前学者之所创。彼时所需要之史,与今不同。彼时学问未分科,凡百智识皆恃史以为之记载。故史之范围,广漠无垠。积年愈久,为书愈多,驯至为一人毕生精力所不能殚读。吾侪居今日而读旧史,正所谓"披沙拣金往往见宝"。离沙无金,固也。然数斗之沙,得金一颗,为事既已甚劳;况拣金之术,非尽人而能。苟误其途,则取沙弃金,在所不免。不幸而中国现在历史的教育,乃正类是。吾昔在友家见一八岁学童,其父面试以元明两代帝王世,次及在位年数,童对客偻数,一无漏讹。倘此童而以他朝同一之事项质客(我)者,客惟有忸怩结舌而已。吾既叹异此童之慧敏,转念以如此慧敏之脑,而役以此等一无价值之劳动,其冤酷乃真无极也。不宁惟是,旧史因专供特殊阶级诵读,故目的偏重政治,而政治又偏重中枢,遂致吾侪所认为极重要之史迹,有时反阙不载。试举其例,如巴蜀滇黔诸地,自古本为中华发族文化所未被,其次第同化之迹,治史者所亟欲闻也。而古代史上有两大役,实兹事之关键:其在巴蜀方面,为战国时秦司马错之定蜀;其在滇黔方面,为三国时蜀诸葛亮之平蛮。然而《史记》之叙述前事,仅得十一字;《三国志》之叙述后事,仅得六十四字。其简略不太甚耶?又如隋唐间佛教发达,其结果令全国思想界及社会情状生一大变化,此共见之事实也。然而遍读《隋书》、新旧《唐书》,此种印象,竟丝毫不能印入吾脑也。如元、明间杂剧小说,为我文学界辟一新纪元,亦共见之事实也。然而遍读《元史》《明史》,此间消息,乃竟未透漏一二也。又如汉之攘匈奴,唐之征突厥,皆间接予西方史迹以莫大之影响;明时欧人之"航海觅地热",其影响之及于我者亦至巨,此参稽彼我年代事实而可见者。然而遍读汉、唐、明诸史,其能导吾以入于此种智识之途径者,乃甚稀也。由此观之,彼旧史者,一方面因范围太滥,卷帙浩繁,使一般学子望洋而叹;一方面又因范围太狭,事实阙略,不能予吾侪以圆满的印象。是故今日而欲得一理想的中国史以供现代中国人之资鉴者,非经新史家一番努力焉不可也。

今欲成一适合于现代中国人所需要之中国史,其重要项目,例如:

中华民族是否中国之原住民,抑移住民?

中华民族由几许民族混合而成?其混合醇化之迹何如?

中华民族最初之活动,以中国何部分之地为本据?何时代发展至某部分?何时代又发展至某部分?最近是否仍进行发展,抑已停顿?

外来蛮族,例如匈奴、突厥等,其与我共争此土者凡几?其来历何如?其纷争结果影响于我文化者何如?我文化之影响于彼者又何如?

世界他部分之文化民族,例如印度、欧洲等,其与我接触交通之迹何如？其影响于我文化者何如？我文化之影响于彼者又何如？

中华民族之政治组织，分治、合治交迭推移之迹何如？

统治异民族及被统治于异民族，其成败之迹何如？

阶级制度，贵族、平民、奴隶之别，何时发生？何时消灭？其影响于政治者何如？

国内各种团体，例如家族团体、地方团体、宗教团体、职业团体等，其盛衰兴废何如？影响于政治者何如？

民治主义基础之有无？其久不发育之故安在？

法律因革损益之迹何如？其效力之及于社会者何如？

经济基件，衣食住等之状况，自初民时代以迄今日，其进化之大势何如？

农工商业更迭代嬗以占经济之主位，其推移之迹何如？

经济制度，例如货币之使用、所有权之保护、救济政策之施行等等，其变迁何如？其影响于经济状况者何如？

人口增殖移转之状况何如？影响于经济者何如？

与外国交通后所生经济之变动何如？

中国语言文字之特质何在？其变迁何如？其影响于文化者何如？

民族之根本思想何在？其各时代思潮蜕变之迹何如？

宗教信仰之情状及其变迁何如？

文化之继承及传播，其所用教育方式何如？其变迁及得失何如？

哲学、文学、美术、音乐、工艺、科学等，各时代进展之迹何如？其价值何如？

各时代所受外国文化之影响何如？我文化之曾贡献或将贡献于世界者何如？

上所论列，不过略举纲领，未云详尽也。要之，现代之中，必注目于此等事项。校其总成绩以求其因果，然后史之为物，乃与吾侪之生活不生距离，而读史者乃能亲切而有味。举要言之，则中国史之主的如下：

第一，说明中国民族成立发展之迹，而推求其所以能保存盛大之故，且察其有无衰败之征；

第二，说明历史上曾活动于中国境内者几何族，我族与他族调和冲突之迹何如，其所产结果何如；

第三，说明中国民族所产文化，以何为基本，其与世界他部分文化相互之影响何如；

第四，说明中国民族在人类全体上之位置及其特性，与其将来对于全人类所应负之责任。

遵斯轨也，庶可语于史矣。

第三章　史之改造

吾生平有屡受窘者一事：每遇青年学子叩吾以治国史宜读何书，辄沉吟久之而卒不能对。试思吾舍《二十四史》《资治通鉴》《三通》等书外，更何术以应此问？然在今日百学待治之世界，而读此浩瀚古籍，是否为青年男女日力之所许，姑且勿论。尤当问费此莫大之日力，其所得者究能几？吾侪欲知吾祖宗所作事业，是否求之于此而已足？岂惟仅此不足,恐虽遍读隋、唐《志》《明史》……所著录之十数万卷,犹之不足也。夫旧史既不可得遍读,即遍读之亦不能养吾欲而给吾求,则惟有相率于不读而已,信如是也。吾恐不及十年而中国史学,将完全被驱出于学问圈外。夫使一国国民而可以无需国史的智识,夫复何言。而不然者,则史之改造,真目前至急迫之一问题矣。

吾前尝言著书须问将以供何等人之读,今请申言此义。古代之史,是否以供人读,盖属疑问。观孔子欲得诸国史,求之甚艰。而魏史乃瘗诸汲冢中,虽不敢谓其必禁传读,要之其目的在珍袭于秘府,而不在广布于公众,殆可断言。后世每朝之史,必易代而始布。故吾侪在今日,尚无清史可读。此尤旧史半带秘密性之一证也。私家之史,自是为供读而作。然其心目中之读者,各各不同。"孔子成《春秋》而乱臣贼子惧。"《春秋》盖以供当时贵族中为人臣子者之读也。司马光《资治通鉴》,其主目的以供帝王之读,其副目的以供大小臣僚之读,则吾既言之矣。司马迁《史记》,自言"藏诸名山传与其人",盖将以供后世少数学者之读也。自余诸史目的略同,大率其读者皆求诸禄仕之家与好古绩学专门之士。夫著作家必针对读者以求获其所希望之效果。故缘读者不同,而书之精神及其内容组织亦随而不同,理固然也。读者在禄仕之家,则其书宜为专制帝王养成忠顺之臣民;读者在绩学专门之士,则其书不妨浩瀚杂博奥衍,以待彼之徐整理而自索解。而在此两种读者中,其对于人生日用饮食之常识的史迹,殊非其所渴需;而一般民众自发自进的事业,或反为其所厌忌。质而言之,旧史中无论何体何家,总不离贵族性。其读客皆限于少数特别阶级——或官阀阶级,或智识阶级。故其效果,亦一如其所期助成国民性之畸形的发达,此二千年史家所不能逃罪也。此类之史,在前代或为其所甚需要。非此无以保社会之结合均衡,而吾族或早已溃灭。虽然,此种需要在今日早已过去,而保存之则惟增其毒。在今日惟个性圆满发达之民,自进而为种族上、地域上、职业上之团结互助,夫然后可以生存于世界而求有所贡献。而历史其物,即以养成人类此种性习为职志。今之史家,常常念吾书之读者与彼迁《记》、光《鉴》之读者绝不同伦,而矢忠覃精以善为之地焉,其庶可以告无罪于天下也。

复次,历史为死人——古人而作耶？为生人——今人或后人而作耶？据吾侪所见,此盖不成问题,得直答曰为生人耳。然而旧史家殊不尔尔,彼盖十九为死人作也。史官之初起,实由古代人主欲纪其盛德大业以昭示子孙。故纪事以宫廷为中心,而主旨在隐恶扬善,观《春秋》所因鲁史之文而可知也。其有良史,则善恶毕书。于是褒贬成为史家特权。然无论为褒为贬,而立言皆以对死人则一也。后世奖励虚荣之途术益多,墓志家传之类,汗牛充栋。其目的不外为子孙者欲表扬其已死之祖父,而最后荣辱,一系于史。驯至帝者以此为驾驭臣僚之一利器。试观明、清以来饰终之典,以"宣付史馆立传"为莫大恩荣,至今犹然,则史之作用可推矣。故如魏收市佳传以骄侪辈,袁枢谢曲笔以忤乡人,贤否虽殊,而壹皆以陈死人为鹄。后人评史良秽,亦大率以其书对于死人之态度是否公明以为断。乃至如各史及各省、府、县、志,对于忠义节孝之搜访,惟恐不备。凡此皆求有以对死者也。此类观念,其在国民道德上有何等关系,自属别问题。若就史言史,费天地间无限缣素,乃为千百年前已朽之骨校短量长,果何为者？夫史迹为人类所造,吾侪诚不能于人外求史。然所谓"历史的人格者",别自有其意义与其条件。史家之职,惟在认取此"人格者"与其周遭情状之相互因果关系而加以说明。若夫一个个过去之古人,其位置不过与一幅之画一座之建筑物相等。只能以彼供史之利用,而不容以史供其利用,抑甚明矣。是故以生人本位的历史代死人本位的历史,实史界改造一要义也。复次,史学范围,当重新规定,以收缩为扩充也。学术愈发达则分科愈精密,前此本为某学附庸,而今则蔚然成一独立科学者,比比然矣。中国古代,史外无学。举凡人类智识之记录,无不丛纳之于史。厥后经二千年分化之结果,各科次第析出,例如天文、历法、官制、典礼、乐律、刑法等。畴昔认为史中重要部分,其后则渐渐与史分离矣。今之旧史,实以年代记及人物传之两种原素糅合而成。然衡以严格的理论,则此两种者,实应别为两小专科,曰"年代学",曰"人谱学",即"人名辞典学",而皆可谓在史学范围以外。若是乎,则前表所列若干万卷之史部书,乃无一部得复称为史;若是乎,畴昔史学硕大无朋之领土,至是乃如一老大帝国,逐渐瓦解而无复余。故近代学者,或昌言史学无独立成一科学之资格。论虽过当,不为无见也。虽然,今之史学,则既已获有新领土,而此所谓新领土,实乃在旧领土上而行使新主权。例如天文,自《史记·天官书》迄《明史·天文志》皆以星座躔度等记载,充满篇幅,此属于天文学范围,不宜以入历史,固也。虽然就他方面言之,我国人何时发明中星,何时发明置闰,何时发明岁差,乃至恒星行星之辨别,盖天浑天之论争,黄道赤道之推步等等,此正吾国民继续努力之结果。其活动状态之表示,则历史范围以内之事也。是故天文学为一事,天文学史又为一事。例如音乐,各史《律历志》及《乐书》《乐志》详述五声十二律之度数,郊祀铙歌之曲辞,此当委诸音乐家之专门研究者也。至如汉、晋间古雅乐之如何传授、如何废绝,六朝南部俚乐之如何兴起,隋唐间羌胡之乐谱乐器如何输入、来自何处,元明间之近代的剧曲如何发展,此正乃历史范围以内之事也。是故音乐学为一事,音乐史又为一事。推诸百科,莫不皆然。研究中国哲理之内容组织,哲学家所有事也。述哲学思想之渊源及其相互影响递代变迁与夫所产之结果,史家所有事也。研究中国之药剂证治,医家所有事也。述各时代医学之发明及进步,史家所有事也。对于一战争,研究其地形、厄塞、机谋、进止以察其胜负之由,兵家所有事也。综合古今战役而观兵器、战术之改良进步,对于关系重大之诸役,寻其起因而推论其及于社会之影响,史家所有事也。各列传中,记各人之籍贯、门第、传统等等,谱牒家所有事也。其嘉言懿行,撷之以资矜式,教育家所有事也。观一时代多数人活动之总趋向,与夫该时代代表的人物之事业动机及其反响,史家所有事也。由此言之,今后史家,一面宜将其旧领土——划归各科学之专门,使为自治的发展,勿侵其权限;一面则以总神经系——总政府自居,凡各活动之相,悉摄取而论列之。乃至前此亘古未入版图之事项,例如吾前章所举隋唐佛教、元明小说等,悉吞纳焉以扩吾疆宇,无所让也。旧史家惟不明此区别,故所记述往往侵入各专门科学之界限。对于该学,终亦语焉不详,而史文已繁重芜杂而不可殚读。不宁惟是。驰骛于此等史外的记述,则将本范围内应负之职责而遗却之,徒使学者读破万卷,而所欲得之智识,仍茫如捕风。今之作史者,先明乎此,庶可以节精力于史之外,而善用之于史之内矣。

复次,吾侪今日所渴求者,在得一近于客观性质的历史。我国人无论治何种学问,皆含有主观的作用,搀以他项目的,而绝不愿为纯客观的研究。例如文学,欧人自希腊以来,即有"为文学而治文学"之观念。我国不然,必曰因文见道;道其目的,而文则其手段也。结果则不诚无物,道与文两败而俱伤。惟史亦然,从不肯为历史而治历史,而必侈悬一更高更美之目的,如"明道""经世"等。一切史迹,则以供吾目的之刍狗而已。其结果必至强史就我,而史家之信用乃坠地。此恶习起自孔子,而二千年之史,无不播其毒。孔子所修《春秋》,今日传世最古之史书也。宋儒谓其"寓褒贬别善恶",汉儒谓其"微言大义拨乱反正",两说孰当,且勿深论,要之孔子作《春秋》别有目的。而所记史事,不过借作手段,此无可疑也。坐是之故,《春秋》在他方面有何等价值,此属别问题。若作史而宗之,则乖莫甚焉。例如二百四十年中,鲁君之见弑者四(隐公、闵公、子般、子恶),见逐者一(昭公),见戕于外者一(桓公),而《春秋》不见其文。孔子之徒,犹云"鲁之君臣未尝相弑"。又如狄灭卫,此何等大事,因掩齐桓公之耻,则削而不书。晋侯传见周天子,此何等大变,因不愿暴晋文公之恶,则书而变其文。诸如此类,徒以有"为亲贤讳"之一主观的目的,遂不惜颠倒事实以就之。又如《春秋》记杞伯姬事前后凡十余条,以全部不满万七千字之书,安能为一妇人分去尔许篇幅,则亦曰借以奖励贞节而已。其他记载之不实、不尽、不均,类此者尚难悉数。故汉代今文经师谓《春秋》乃经而非史,吾侪不得不宗信之。盖《春秋》而果为史者,则意惟如王安石所讥断烂朝报,恐其秽乃不减魏收矣。顾最不可解者,孔叟既有尔许微言大义,何妨别著一书,而必淆乱历史上事实以惑后人，而其义亦随之而晦也。自尔以后，陈陈相因。其宗法孔子愈笃者，其毒亦愈甚，致令吾侪常有"信书不如无书"之叹。如欧阳修之《新五代史》、朱熹之《通鉴纲目》，其代表也。郑樵之言曰："史册以详文该事，善恶已章，无待美刺。读萧曹之行事，岂不知其忠良；见莽卓之所为，岂不知其凶逆。……而当职之人，不知留意于宪章，徒相尚于言语。正犹当家之妇，不事饔飧，专鼓唇舌。"（《通志·总序》）此言可谓痛切。夫史之性质，与其他学术有异。欲为纯客观的史，是否事实上所能办到，吾犹未敢言。虽然，吾侪有志史学者，终不可不以此自勉。务持鉴空衡平之态度，极忠实以搜集史料，极忠实以叙论之，使恰如其本来。当如格林威尔所云，"画我须是我"。当如医者之解剖，奏刀砉砉，而无所谓恻隐之念扰我心曲也。乃至对本民族偏好溢美之辞，亦当力戒。良史固所以促国民之自觉，然真自觉者决不自欺。欲以自觉觉人者，尤不宜相蒙。故吾以为，今后作史者宜于可能的范围内，裁抑其主观而忠实于客观，以史为目的而不以为手段，夫然后有信史，有信史然后有良史也。

　　复次，吾前言人类活动相而注重其情态，夫摹体尚易，描态实难。态也者，从时间方面论，则过而不留，后刹那之态方呈，前刹那之态已失。从空间方面论，则凡人作一态，实其全身心理、生理的各部分协同动作之结果，且又与环境为缘。若仅为局部的观察，睹其一而遗其他，则真态终末由见。试任取一人而描其一日之态，犹觉甚难，而况史也者。积千万年间千千万万生死相续之人，欲观其继续不断之全体协同动作，兹事抑谈何容易。史迹既非可由冥想虚构，则不能不取资于旧史。然旧史所能为吾资者，乃如儿童用残之旧课本。原文本已编辑不精,讹夺满纸;而复东缺一页,西缺数行,油污墨渍,存字无几。又如电影破片,若干段已完全失却,前后不相衔接,其存者亦罅漏模糊,不甚可辨。昔顾炎武论春秋、战国两时代风尚之剧变,而深致叹息于中间百三十三年史文之阙佚(《日知录》卷十三)。夫史文阙佚,虽仅此百三十三年,而史迹之湮亡,则其数量云胡可算。盖一切史迹,大半借旧史而获传。然旧史著作之目的,与吾侪今日所需求者多不相应。吾侪所认为极可宝贵之史料,其为旧史所摈弃而遂湮没以终古者,实不知凡几。吾侪今日,乃如欲研究一燹余之芜城废殿。从瓦砾堆中搜集断椽破甓,东拼西补,以推测其本来规制之为何若。此种事业,备极艰辛。犹且仅一部分有成功希望,一部分或竟无成功希望。又不惟残缺之部分为然耳,即向来公认为完全美备之史料,例如正史——试以科学的眼光严密审查,则其中误者、伪者又不知凡几。吾侪今日对于此等史迹,殆有一大部分须为之重新估价;而不然者,则吾史乃立于虚幻的基础之上,而一切研索推论,皆为枉费。此种事业,其艰辛亦与前等,而所得或且更微末。以上两种劳作,一曰搜补的劳作,二曰考证的劳作,皆可谓极不经济的、劳多而获少的。虽然当知近百年来欧洲史学所以革新,纯由此等劳作导其先路。吾国史苟不经过此一番爬剔洗炼,则完善之作,终不可期。今宜专有人焉胼手胝足,以耕以畲,以待后人之获。一部分人出莫大之劳费以为代价,然后他部分人之劳费乃可以永节省,此吾侪今日应有之觉悟也。此两种劳作之下手方法,皆于第五章专论之,今不先赘。

复次,古代著述,大率短句单辞不相联属。恰如下等动物,寸寸断之,各自成体。此固由当时文字传写困难,不得不然;抑亦思想简单,未加组织之明证也。此例求诸古籍中,如《老子》,如《论语》,如《易传》,如《墨经》,莫不皆然。其在史部,则《春秋》《世本》《竹书纪年》,皆其类也。厥后《左传》《史记》等书,常有长篇记载,篇中首尾完具,视昔大进矣。然而以全书论,仍不过百数十篇之文章汇成一帙而已。《汉书》以下各史踵效《史记》《汉纪》,《通鉴》等踵效《左传》。或以一人为起讫,或以一事为起讫,要之不免将史迹纵切横断。纪事本末体稍矫此弊,然亦仅以一事为起讫,事与事之间不生联络;且社会活动状态,原不仅在区区数件大事,纪事纵极精善,犹是得肉遗血、得骨遗髓也。吾不尝言历史为过去人类活动之再现耶?夫活动而过去,则动物久已消灭,曷为能使之再现?非极巧妙之技术不为功也。故真史当如电影片,其本质为无数单片。人物逼真,配景完整,而复前张后张紧密衔接,成为一轴。然后射以电光,显其活态,夫舍单张外固无轴也。然轴之为物,却自成一有组织的个体,而单张不过为其成分。若任意抽取数片,全没却其相互之动相,木然只影,黏着布端,观者将却走矣。惟史亦然。人类活动状态,其性质为整个的,为成套的,为有生命的,为有机能的,为有方向的,故事实之叙录与考证,不过以树史之躯干,而非能尽史之神理。善为史者之驭事实也,横的方面最注意于其背景与其交光,然后甲事实与乙事实之关系明,而整个的不至变为碎件;纵的方面最注意于其来因与其去果,然后前事实与后事实之关系明,而成套的不至变为断幅。是故不能仅以叙述毕乃事,必也有说明焉,有推论焉。所叙事项虽千差万别,而各有其凑笱之处;书虽累百万言,而筋摇脉注,如一结构精悍之短札也。夫如是,庶可以语于今日之史矣。而惜乎求诸我国旧史界,竟不可得,即欧美近代著作之林，亦不数数觏也。

今日所需之史，当分为专门史与普遍史之两途。专门史如法制史、文学史、哲学史、美术史……普遍史，即一般之文化史也。治专门史者，不惟须有史学的素养，更须有各该专门学的素养。此种事业，与其责望诸史学家，毋宁责望诸各该专门学者。而凡治各专门学之人，亦须有两种觉悟。其一，当思人类无论何种文明，皆须求根柢于历史。治一学而不深观其历史演进之迹，是全然蔑视时间关系，而兹学系统，终末由明了。其二，当知今日中国学界，已陷于"历史饥饿"之状况，吾侪不容不亟图救济。历史上各部分之真相未明，则全部之真相亦终不得见；而欲明各部分之真相，非用分功的方法深入其中不可。此决非一般史学家所能办到，而必有待于各学之专门家分担责任，此吾对于专门史前途之希望也。专门史多数成立，则普遍史较易致力，斯固然矣。虽然，普遍史并非由专门史丛集而成。作普遍史者须别具一种通识，超出各专门事项之外而贯穴乎其间，夫然后甲部分与乙部分之关系见，而整个的文化，始得而理会也。是故此种事业，又当与各种专门学异其范围，而由史学专门家任之。昔自刘知几以迄万斯同，皆极言众手修史之弊；郑樵、章学诚尤矢志向上，以"成一家之言"为鹄，是皆然矣。虽然，生今日极复杂之社会，而欲恃一手一足之烈，供给国人以历史的全部智识，虽才什左、马，识伯郑、章，而其事终不可以致。然则当如之何？曰惟有联合国中有史学兴味之学者，各因其性之所嗜与力之所及，为部分的精密研究，而悬一公趋之目的与公用之研究方法，分途以赴，而合力以成。如是，则数年之后，吾侪之理想的新史，或可望出现。善乎黄宗羲之言，曰："此非末学一人之事也。"

第六章　史迹之论次

　　吾尝言之矣，事实之偶发的、孤立的、断灭的，皆非史的范围。然则凡属史的范围之事实，必其于横的方面，最少亦与他事实有若干之联带关系；于纵的方面，最少亦为前事实一部分之果或为后事实一部分之因。是故善治史者，不徒致力于各个之事实，而最要着眼于事实与事实之间，此则论次之功也。

　　史迹有以数千年或数百年为起讫者。其迹每度之发生，恒在若有意识若无意识之间，并不见其有何等公共一贯之目的。及综若干年之波澜起伏而观之，则俨然若有所谓民族意力者在其背后，治史者遇此等事，宜将千百年间若断若续之迹，认为筋摇脉注之一全案，不容以枝枝节节求也。例如我族对于苗蛮族之史迹，自黄帝战蚩尤、尧舜分背三苗以来，中间经楚庄跻之开夜郎、汉武帝通西南夷、马援诸葛亮南征、唐之于六诏、宋之于侬智高等事，直至清雍乾间之改土归流，咸同间之再平苗讨杜文秀，前后凡五千年，此问题殆将完全解决。对于羌、回族之史迹，自成汤氏羌来享、武王征师羌髳以来，中间经晋之五凉、宋之西夏等等，直至清乾隆间荡平准、回，光绪间设新疆行省，置西陲各办事大臣，前后凡四千年，迄今尚似解决而未尽解决。对于匈奴之史迹，自黄帝伐獯鬻、殷高宗伐鬼方、周宣王伐狝狁以来，中间经春秋之晋、战国之秦赵，力与相持，迄汉武帝、和帝两度之大膺惩，前后经三千年，兹事乃告一段落。对于东胡之史迹，自春秋时山戎病燕以来,中间经五胡之诸鲜卑,以逮近世之契丹、女真、满珠,前后亦三千年,直至辛亥革命清廷逊荒,此问题乃完全解决。至如朝鲜问题,自箕子受封以来,历汉、隋、唐屡起屡伏,亦经三千余年,至光绪甲午,解决失败,此问题乃暂时屏出我历史圈外,而他日劳吾子孙以解决者,且未有已也。如西藏问题,自唐吐蕃时代以迄明清,始终在似解决未解决之间,千五百余年于兹矣。以上专就本族对他族关系言之。其实本族内部之事,性质类此者亦正多。例如封建制度,以成周一代八百年间为起讫;既讫之后,犹二千余年时时扬其死灰。若汉之七国、晋之八王、明之靖难、清之三藩,犹其俲影也。例如佛教思想,以两晋、六朝、隋唐八百年间为起讫,而其先驱及其余烬,亦且数百年也。凡此之类,当以数百年或数千年间此部分之总史迹为一个体,而以各时代所发生此部分之分史迹为其细胞。将各细胞个个分离,行见其各为绝无意义之行动,综合观之,则所谓国民意力者乃跃如也。吾论旧史尊纪事本末体,夫纪事必如是,乃真与所谓本末者相副矣。

  史之为态,若激水然,一波才动万波随。旧金山金门之午潮,与上海吴淞口之夜汐,鳞鳞相衔,如环无端也。其发动力有大小之分,则其荡激亦有远近之异。一个人方寸之动,而影响及于一国;一民族之举足左右,而影响及于世界者,比比然也。吾无暇毛举其细者,惟略述其大者。吾今标一史题于此,曰:"刘项之争,与中亚细亚及印度诸国之兴亡有关系,而影响及于希腊人之东陆领土。"闻者必疑其风马牛不相及,然吾征诸史迹而有以明其然也。寻其波澜起伏之路线,盖中国当李牧、蒙恬时,浪势壮阔,蹙匈奴于北,使彼"十余年不敢窥赵边","却之七百余里"。使中国能保持此局,匈奴当不能有所扰于世界之全局。"秦末扰乱,诸秦所徙谪戍边者皆复去,于是匈奴得宽,复稍度河南。……汉兵与项羽相拒,中国罢于兵革,以故冒顿得自强……大破灭东胡,西击走月氏。""月氏本居敦煌祈连间,及为匈奴所败,乃远去。过宛西,击大夏而臣之。"盖中国拒胡之高潮,一度退落。匈奴乘反动之势南下,轩然蹴起一大波以撼我甘肃边徼山谷间之月氏。月氏为所荡激,复蹴起一大波滔滔度葱岭以压大夏。大夏者,西史所谓柏忒里亚(Bactria),亚历山大大王之部将所建国也。实为希腊人东陆殖民地之枢都,我旧史字其人曰塞种。"月氏西君大夏,而塞王南君罽宾,塞种分散,往往为数国。"罽宾者,今北印度之克什米尔(《大唐西域记》之迦湿弥罗),亚历大王曾征服而旋退出者也。至是希腊人(塞王)受月氏大波所荡激,又蹴一波以撼印度矣。然月氏之波,非仅此而止。"月氏迁于大夏,分其国为五部翎侯。后百余岁,贵霜翎侯邱就却自立为王国,号贵霜王。侵安息,取高附地,灭濮达罽宾,子阎膏珍复灭天竺。"盖此波訇砰南驶,乃淘掠波斯(安息)、阿富汗(濮达),而淹没印度,挫希腊之锋使西转。自尔亚陆无复欧人势力矣。然则假使李牧、蒙恬晚死数十年,或卫青、霍去病蚤出数十年,则此一大段史迹,或全然不能发生,未可知也。吾又标一史题于此曰:"汉攘匈奴与西罗马之灭亡及欧洲现代诸国家之建设有关。"闻者将益以为诞,然吾比观中西诸史而知其因缘甚密切也。自汉武大兴膺惩之师,其后匈奴寖弱,裂为南北。南匈奴呼韩邪单于,保塞称臣,其所部杂居内地者,渐同化于华族。北匈奴郅支单于,仍倔强,屡寇边,和帝时再大举攘之。"永元、元二年,连破北匈奴。""三年,窦宪将兵击之于金微山,大破之。北单于逃走,不知所之。"此西纪八十八年事也。其云"不知所之"者,盖当时汉史家实不知之。今吾侪则已从他书求得其踪迹,"彼为宪所逐,度金微山,西走康居建设悦般国。……地方数千里,众二十余万"。金微者,阿尔泰山;康居者,伊犁以西,讫于里海之一大地也。《后汉书·西域传》不复为康居立传,而于粟弋、奄蔡条下,皆云属康居。盖此康居即匈奴所新建之悦般。"属康居"云者,即役属于康居新主人之匈奴也。然则粟弋、奄蔡又何族耶?两者皆日耳曼民族中之一支派。粟弋疑即西史中之苏维(Suevi)人;奄蔡为前汉时旧名,至是"改名阿兰聊",即西史中之阿兰(Alan)人。此二种者,实后此东峨特(East Gothes)之主干民族也。吾国人亦统称其族为粟特。《魏书·西域传》:"粟特国,故名奄蔡,一名温那沙,居于大泽,在康居西北。"康居西北之大泽,决为黑海,已成学界定论。而第二、三世纪时,环黑海东北部而居者,实东峨特,故知粟特即东峨特无可疑也。当此期间,欧洲史上有一大事,为稍有常识之人所同知者。即第三、四世纪间,有所谓芬族(Huns or Fins)者,初居于窝瓦河(Volga)之东岸,役属东、西峨特人已久。至三百七十四年(晋武帝宁康二年),芬族渡河西击东峨特人而夺其地,芬王曰阿提拉(Attila),其勇无敌,转战而西,入罗马,直至西班牙半岛,威震全欧。东峨特人为芬所逼,举族西迁,沿多恼河下流而进,渡来因河,与西峨特人争地。西峨特亦举族西迁,其后分建东峨特、西峨特两王国,而西罗马遂亡。两峨特王国,即今德、法、英、意诸国之前身也,而芬族亦建设匈牙利、塞尔维亚、布加利亚诸国,是为千余年来欧洲国际形势所自始,史家名之曰"民族大移转时代"。此一桩大公案,其作佣之人，不问而知为芬族也。芬族者何？即窦宪击逐西徙之匈奴余种也。《魏书·西域传》粟特条下云："先是匈奴杀其王而有其国，至王忽倪己，三世矣。"美国哥伦比亚大学教授夏德（Hirth）考定忽倪己，即西史之 Hernae，实阿提拉之少子，继立为芬王者。因此，吾侪可知三四世纪之交所谓东峨特役属芬族云者，其役属之峨特，即《后汉书》所指役属康居之粟弋、奄蔡。其役属之之芬族，则《后汉书》之康居、《魏书》之悦般，即见败于汉，度金微山而立国者也。芬王阿提拉与罗马大战于今法兰西境上，在西四五一年，当芬族渡窝瓦河击杀峨特王亥耳曼后之六十四年。故知《魏书》所谓"匈奴击杀粟特王而有其国"者，所击杀之王即亥耳曼。所有之国即东峨特，而击杀之之匈奴王即阿提拉之父，而忽倪己之祖，其年为西纪三百七十四年。上距窦宪击逐时二百九十余年，而下距魏文成时通好之忽倪己，恰三世也。吾侪综合此种种资料，乃知汉永元一役，实可谓全世界史最要之关键，其在中国结唐虞三代以来二千年獯鬻、狁之局。自此之后，中国不复有匈奴寇边之祸。班固封燕然山铭所谓："摅高文之宿愤，光祖宗之玄灵；一劳而久逸，暂费而永宁。"非虚言也。然竟以此嫁祸欧洲，开彼中中古时代千年黑暗之局，直至今日。犹以匈奴遗种之两国（塞尔维与匈牙利），惹起全世界五年大战之惨剧。人类造业，其波澜之壮阔与变态之诡谲，其不可思议有如此。吾侪但据此两事，已可以证明人类动作，息息相通。如牵发而动全身，如铜山西崩而洛钟东应。以我中国与彼西方文化中枢地相隔如彼其远，而彼我相互之影响犹且如此其巨，则国内所起之事件，其首尾连属因果复杂之情形，益可推矣。又可见不独一国之历史为"整个的"，即全人类之历史亦为"整个的"。吾中国人前此认禹域为"天下",固属褊陋,欧洲人认环地中海而居之诸国为世界,其褊陋亦正与我同。实则世界历史者,合各部分文化国之人类所积共业而成也。吾侪诚能用此种眼光以观察史迹,则如乘飞机腾空至五千尺以上,周览山川形势,历历如指掌纹,真所谓"俯仰纵宇宙不乐复何如"矣。然若何然后能提挈纲领,用极巧妙之笔法以公此乐于大多数人,则作史者之责也。

孟子尝标举"知人论世"之义。论世者何?以今语释之,则观察时代之背景是已。人类于横的方面为社会的生活,于纵的方面为时代的生活。苟离却社会与时代,而凭空以观某一个人或某一群人之思想动作,则必多不可了解者。未了解而轻下批评,未有不错误也。故作史如作画,必先设构背景;读史如读画,最要注察背景。旧史中能写出背景者,则《史记·货殖列传》实其最好模范。此篇可分为四大段。篇首"老子曰至治之极"起至"而况匹夫编户之民乎"止,为第一段,略论经济原则及其与道德之关系。自"昔者越王勾践困于会稽"起至"岂非以富耶"止,为第二段,纪汉以前货殖之人。自"汉兴海内为一"起至"令后世得以观择焉"止,说明当时经济社会状况。自"蜀卓氏之先"起至篇末,纪当时货殖之人。即以文章结构论,已与其他列传截然不同。其全篇宗旨,盖认经济事项在人类生活中含有绝大意义。一切政教,皆以此为基础。其见解颇有近于近世唯物史观之一派,在我国古代已为特别。其最精要之处,尤在第三段。彼将全国分为若干个之经济区域,每区域寻出其地理上之特色,举示其特殊物产及特殊交通状况,以规定该区域经济上之物的基件。每区域述其历史上之经过,说明其住民特殊性习之由来,以规定该区域经济上之心的基件。吾侪读此，虽生当二千年后，而于当时之经济社会，已得有颇明了之印象。其妙处乃在以全力写背景，而传中所列举之货殖家十数人，不过借作说明此背景之例证而已。此种叙述法，以旧史家眼光观之，可谓奇特。各史列传，更无一篇敢蹈袭此法。其表志之记事，虽间或类此，然求其能如本篇之描出活社会状况者，则竟无有也。吾侪今日治史，但能将本篇所用之方法扩大之以应用于各方面，其殆庶几矣。

天下古今从无同铸一型的史迹。读史者于同中观异，异中观同，则往往得新理解焉。此《春秋》之教所以贵"比事"也。同中观异者，例如周末之战国与唐末之藩镇，其四分五裂，日寻干戈也同；其仍戴一守府之天子，多历年所也同。然而有大不同者。战国蜕自封建，各有历史深厚之国家组织，其统治者确为当时之优秀阶级。各国各为充实的内部发展，其性质与近世欧洲列国近。故于历史上文化，贡献甚大。藩镇则蜕自番将降贼，统治者全属下流阶级，酷肖现代千夫所指之军阀。故对于文化，只有破坏，更无贡献。例如中世之五胡与近世之元、清，虽同为外族蹂躏中夏，然而五胡之酋，皆久已杂居内地，半同化于吾族。彼辈盖皆以一身或一家族——规模较大之家族，乘时倡乱，而裹胁中国多数莠民以张其势，其性质与陈涉、吴广辈相去无几，其中尤有受中国教育极深之人如刘渊、苻坚等，其佐命者或为中国杰出之才士如张方、王猛等，故虽云扰鼎沸，而于中国社会根本精神，不生大变动，其恶影响所及，不过等于累朝季叶之扰乱或稍加甚而已。元、清等不然，彼等本为中国以外的一部落，渐次扩大，南向与中国为敌国者多年，最后乃一举而灭之。其性质纯然为外来征服的,与五胡之内乱割据的绝异。且五胡时代,中原虽沦,而江南无恙。吾族文化嫡系,迄未中断。元、清不然。全中国隶彼统治之下百年或二三百年,彼熟知吾人耻愤之深,而力谋所以固位之术。故其摧残吾国民性也至阴险而狠毒,而吾族又更无与彼对立之统治机关,得以息肩而自庇。故元气所伤实多,而先民美质,日就凋落。又元、清两代,其相同之点既如前述,然亦自有其相异之点。蒙古人始终不肯同化于中国人,又不愿利用中国人以统治中国,故元代政治之好坏,中国人几乎不能负责任。因此其控驭之术,不甚巧妙,其统治力不能持久。然因此之故,彼虽见摈出塞,犹能保持其特性,至今不灭。满洲人初时亦力求不同化,然而不能自持。其固有之民族性逐渐澌灭,至亡时殆一无复存。彼辈利用中国人统治中国之政策,始终一贯;其操术较巧妙,故其享祚较长久。然政权一坠,种性随沦,今后世界上应更无复满洲人矣。异中观同者,例如北魏、女真皆仅割据中原,满洲则统一全国,此其所异也。然皆入据后逐渐同化,驯至尽丧其民族以融入我族,此其所同也。而彼三族者皆同出东胡,吾侪因可以得一假说:谓东胡民族之被同化性,较他民族为多也。又如元代剧曲最发达,清代考证学最发达,两者之方向,可谓绝异。然其对于政治问题之冷淡则同,较诸汉、唐、宋、明四代之士风截然矣。吾侪因此可得一假说,谓在异族统治之下,人民必惮谈政治也。又如儒教、佛教,千余年间轧轹不绝,其教理亦确多根本不同之处。然考其学发达之顺序,则儒家当汉初,专务抱残守缺,传经典之文句而已。后汉以降,经师成一家言者渐多,六朝隋唐则义疏解释讲授之风甚盛。入宋以后,便力求刊落糟粕,建设一种内观的新哲学。佛家亦然,输入初期,专务翻译，所译率皆短篇经典。六朝隋唐，则大部经论，陆续译成。佛徒多各专一经以名家，而注疏解释讲授之风亦极盛，其后则渐渐自创新宗。宋以后，则不立文字之禅宗独盛，而他宗殆皆废。两家学术之发展，并不相谋；然而所历方向，乃恰如两平行线，千余年间相与骈进。吾侪必比而观之，然后所谓时代精神者乃得见。凡此皆异中观同之例也。

说明事实之原因结果，为史家诸种职责中之最重要者。近世治斯学之人，多能言之。虽然，兹事未易言也。宇宙之因果律，往往为复的而非单的，为曲的而非直的，为隔的伏的而非连的显的，故得其真也甚难。自然界之现象且有然，而历史现象其尤甚也。严格论之，若欲以因果律绝对的适用于历史，或竟为不可能的而且有害的，亦未可知。何则？历史为人类心力所造成；而人类心力之动，乃极自由而不可方物。心力既非物理的或数理的因果律所能完全支配，则其所产生之历史，自亦与之同一性质。今必强悬此律以驭历史，其道将有时而穷，故曰不可能，不可能而强应用之，将反失历史之真相，故曰有害也。然则吾侪竟不谈因果可乎？曰：断断不可。不谈因果，则无量数繁赜变幻之史迹，不能寻出一系统，而整理之术穷。不谈因果，则无以为鉴往知来之资，而史学之目的消灭。故吾侪常须以炯眼观察因果关系。但其所适用之因果律，与自然科学之因果律不能同视耳。请言自然科学与历史之别。

其一，自然科学的事项，常为反复的完成的；历史事项反是，常为一度的，不完成的。——自然科学，常在必然的法则支配之下，缲演再缲演。同样条件，必产同样结果；且其性质皆属于可以还元，其研究对象之原子、分子或生殖质,皆属完成的、决定的。历史不然,如吾前文所屡言,天下从无同铸一型的史迹。凡史迹皆庄子所谓"新发于硎",未有缫演乎其旧者也。不惟极活跃之西洋史,节节翻新,即极凝滞之中国史,前后亦未尝相袭。不宁惟是,每一段史迹,殆皆在前进之半途中,作若行若止之态;常将其未竟之绪之一部分贻诸方来,欲求如自然科学之截然表示一已完成之定形定态以供人研究者,殆不可得。故自然科学可以有万人公认之纯客观的因果律,而历史盖难言之矣。

其二,自然科学的事项,常为普遍的;历史事项反是,常为个性的。——自然科学的事项,如二加二必为四,氢氧二合必为水;数学上无不同质之"二",化学上无不同质之"氢"与"氧",故二加二之法则,得应用于一切之四;氢氧二合之法则,得应用于一切之水。历史不然,历史由人类所造。人类只有一个孔子,更无第二个孔子;只有一个基督,更无第二个基督。拿破仑虽极力摹仿该撒,然拿破仑自是拿破仑,不是该撒。吾侪不妨以明太祖比汉高祖,然不能谓吾知汉祖,同时即已知明祖。盖历史纯为个性发挥之制造品,而个性直可谓之无一从同。又不惟个人为然耳。历史上只有一个文艺复兴时代,更无绝对与彼相同之第二个时代;世界上只有一个中华民族,更无绝对与我相同之第二个民族。凡成为历史事实之一单位者,无一不各有其个别之特性。此种个性,不惟数量上复杂不可偻指,且性质上亦幻变不可方物。而最奇异者,则合无量数互相矛盾的个性、互相分歧或反对的愿望与努力,而在若有意若无意之间,乃各率其职以共赴一鹄,以组成此极广大极复杂极致密之"史网"。人类之不可思议,莫过是矣。史家之职责,则在此种极散漫极复杂的个性中而觑见其实体描出其总相,然后因果之推验乃可得施。此其所以为难也。

其三,自然科学的事项,为超时间空间的;历史事项反是,恒以时间空间关系为主要基件。——二加二为四,氢氧二合为水,亿万年前如是,亿万年后亦有然;中国如是,他国他洲有然,乃至他星球亦有然。历史反是,某时代关系极重要之事项,移诸他时代或成为绝无意义。不宁惟是,同一事件,早一年发生与迟一年发生乃至早一日一刻发生与迟一日一刻发生,其价值可以相去悬绝。空间方面亦复如是。甲处所发生事件,假令以同型的——其无绝对同型的不俟论——移诸乙处,其所取得历史上之意义与价值,迥乎不相侔。质而言之,史迹之为物,必与"当时""此地"之两观念相结合,然后有评价之可言。故史学推论的方式,比诸自然科学,益复杂而难理也。

明乎此三异点,始可以语于史界之因果矣。

史界因果之劈头一大问题,则英雄造时势耶？时势造英雄耶？换言之,则所谓"历史为少数伟大人物之产儿"、"英雄传即历史"者,其说然耶否耶？罗素曾言:"一部世界史,试将其中十余人抽出,恐局面或将全变。"此论吾侪不能不认为确含一部分真理。试思中国全部历史如失一孔子,失一秦始皇,失一汉武帝……其局面当何如？佛学界失一道安,失一智顗,失一玄奘,失一慧能;宋明思想界失一朱熹,失一陆九渊,失一王守仁;清代思想界失一顾炎武,失一戴震,其局面又当何如？其他政治界、文学界、艺术界,盖莫不有然。此等人得名之曰"历史的人格者"。何以谓之"历史的人格者",则以当时此地所演生之一群史实,此等人实为主动——最少亦一部分的主动——而其人面影之扩大,几于掩覆其社会也。

文化愈低度,则"历史的人格者"之位置,愈为少数所垄断,愈进化则其数量愈扩大。其在古代,政治之污隆,系于一帝王;教学之兴废,系于一宗师,则常以一人为"历史的人格者"。及其渐进,而重心移于少数阶级或宗派,则常以若干人之首领为"历史的人格者";及其益进,而重心益扩于社会之各方面,则常以大规模的团体之组织分子为"历史的人格者"。例如波斯、马基顿、罗马帝国、阿拉伯诸史之全舞台,几为各该时代二三英雄所独占。十九世纪欧洲诸国之历史,常以贵族或中等阶级各派之十数首领为主体。今后之历史,殆将以大多数之劳动者或全民为主体,此其显证也。由此言之,历史的大势,可谓为由首出的"人格者",以递趋于群众的"人格者";愈演进,愈成为"凡庸化",而英雄之权威愈减杀。故"历史即英雄传"之观念,愈古代则愈适用,愈近代则愈不适用也。

虽然,有两义当注意焉。其一,所谓"首出的人格者",表面上虽若一切史迹纯为彼一人或数人活动之结果,然不能谓无多数人的意识在其背后。实则此一人或数人之个性,渐次浸入或镕入于全社会而易其形与质。社会多数人或为积极的同感,或为消极的盲从;而个人之特性,浸假遂变为当时此地之民众特性,亦得名之曰"集团性"或"时代性"。非有集团性或时代性之根柢而能表现出一史迹,未之前闻。例如二千年来之中国,最少可谓为有一部分属于孔子个性之集团化;而战国之政治界,可谓为商鞅个性之时代化;晚明之思想界,可谓为王守仁个性之时代化也。如是,故谓"首出的人格者"能离群众而存在,殆不可。其二,所谓"群众的人格者",论理上固为群中各分子各自个性发展之结果,固宜各自以平等的方式表显其个性。然实际上其所表显者,已另为一之集团性或时代性,而与各自之个性非同物。且尤必有所谓"领袖"者以指导其趋向执行其意思,然后此群众人格乃得实现。例如吾侪既承认彼信奉共产主义之人人为一个合成的"人格者",则同时不能不承认马克思之个人与此"人格者"之关系,又不能不承认列宁之个人与此"人格者"之关系。如是,故谓"群众的人格者"能离首出者而存在,殆亦不可。

吾曷为向研究历史之人哓哓陈此义耶?吾以为历史之一大秘密,乃在一个人之个性,何以能扩充为一时代一集团之共性?与夫一时代一集团之共性,何以能寄现于一个人之个性?申言之,则有所谓民族心理或社会心理者,其物实为个人心理之扩大化合品,而复借个人之行动以为之表现。史家最要之职务,在觑出此社会心理之实体。观其若何而蕴积、若何而发动、若何而变化,而更精察夫个人心理之所以作成之表出之者,其道何由。能致力于此,则史的因果之秘密藏,其可以略睹矣。

欧美自近世以来,民众意识亢进,故社会心理之表现于史者甚鲜明,而史家之觑出之也较易。虽然,亦由彼中史学革新之结果,治史者能专注重此点,其间接促起民众意识之自觉力,抑非细也。中国过去之史,无论政治界、思想界,皆为独裁式。所谓积极的民众意识者甚缺乏,无庸讳言。治史者常以少数大人物为全史骨干,亦属不得已之事。但有一义须常目在之者:无论何种政治何种思想,皆建设在当时此地之社会心理的基础之上;而所谓大人物之言动,必与此社会心理发生因果关系者,始能成为史迹。大人物之言动,非以其个人的资格而有价值,乃以其为一阶级或一党派一民族之一员的资格而有价值耳。

所谓大人物者,不问其为善人恶人,其所作事业为功为罪,要之其人总为当时此地一社会——最少该社会中一有力之阶级或党派——中之最能深入社会阃奥而与该社会中人人之心理最易互相了解者。如是,故其暗示反射之感应作用,极紧张而迅速。例如,曾国藩确能深入咸同间士大夫社会之阃奥,而最适于与此辈心理起感应作用;袁世凯确能深入清季官僚武人社会之阃奥,而最适于与彼辈心理起感应作用。而其效果收获之丰啬,一方面视各该社会凭借之根柢何如,一方面又视所谓大人物者心理亢进之程度何如。据事实所昭示,则曾国藩之收获,乃远不逮袁世凯。袁世凯能于革命之后,将其所属之腐恶垂死的旧社会,扩大之几于掩覆全国。曾国藩事业之范围愈大,而其所属之贤士大夫的社会,其领土乃反日蹙也。此其故,固由近六十年间之中国,其环境宜于养育袁世凯的社会不宜于养育曾国藩的社会。两者所凭借之势,优劣悬殊;然而袁世凯执著力之强,始终以一贯精神,绝无反顾,效死以扶植其所属之恶社会。此种积极的心理,殆非曾国藩所能及也。然则岂惟如罗素言,"将历史上若干人物抽出则局面将大变"而已。此若干人者心理之动进稍易其轨,而全部历史可以改观。恐不惟独裁式的社会为然,即德谟克拉西式的社会亦未始不然也。

社会倘永为一种势力——一种心理之所支配,则将成为静的、僵的而无复历史之可言。然而社会断非尔尔。其一,由人类心理之本身,有突变的可能性。心理之发动,极自由不可方物。无论若何固定之社会，殊不能预料或制限其中之任何时任何人忽然起一奇异之感想。此感想一度爆发，视其人心力之强度如何，可以蔓延及于全社会。其二，由于环境之本质为蕃变的，而人类不能不求与之顺应。无论若何固定之社会，其内界之物质的基件，终不能不有所蜕变焉。而影响遂必波及于心理，即内界不变或所变甚微不足以生影响，然而外来之浸迫或突袭，亦时所难免有之；而内部之反应作用，遂不得不起。凡史迹所以日挚而日新，皆此之由。而社会组成分子较复杂，及传统的权威较脆弱者，则其突变的可能性较大；其社会内部物质的供给较艰啬，且与他社会接触之机缘较多者，则其环境之变迁较剧且繁。过去之中国史，不能如西洋史之巘原层叠，波澜壮阔，其所积者不同，其所受者亦不同也。

　　史迹所以诡异而不易测断者：其一，人类心理，时或潜伏以待再现。凡众生所造业，一如物理学上物质不灭之原则，每有所造，辄留一不可拂拭之痕迹以诒诸后。但有时为他种势力所遮抑，其迹全隐。浅见者谓为已灭，不知其乃在磅礴郁积中。一遇机缘，则勃发而不能复制。若明季排满之心理，潜伏二百余年而尽情发露，斯其显例也。其二，心的运动，其速率本非物的运动所能比拟。故人类之理想及欲望，常为自然界所制限。倘使心的经过之对于时间的关系，纯与物的经过同一，则人类征服自然，可纯依普通之力学法则以行之。惟其不能，故人类常感环境之变化，不能与己之性质相适应。对于环境之不满足，遂永无了期。历史长在此种心物交战的状态中，次第发展。而两力之消长，绝无必然的法则以为之支配。故历史上进步的事象，十九皆含有革命性；而革命前、革命中、革命后之史迹，皆最难律以常轨。结果与预定的计划相反者，往往而有。然不能因其相反，遂指为计划之失败。最近民国十年间之历史，即其切例也。其三，人事之关系既复杂，而人心之动发又极自由，故往往有动机极小而结果极大者，更有结果完全与动机分离而别进展于一方向者。一奥储之被刺，乃引起全世界五年之大战争，并中国而亦牵率焉，谁能料者。中世方士之点金幻想，乃能引起近世极严密的化学之进步，谁能料者。瓦特发明蒸汽，乃竟产育现代贫富阶级之斗争，谁能料者。苻坚欲勤远略，遣吕光灭龟兹，光师未班而坚已亡。然而光以鸠摩罗什至长安，中国佛教思想之确立，自兹始也。明成祖疑建文逊于南荒，遣郑和入海求之，无所得而归。然而和率闽粤子弟南征，中国人始知有南洋群岛，海外殖民，自兹始也。苻坚之动机，曷尝有丝毫为佛教。成祖之动机，曷尝有丝毫为殖民。动机极狭劣，顾乃产出与动机绝不相谋之伟大崇高的结果，可谓大奇。然而何奇之有？使六朝时之中国国民无传受佛教的可能性，明代中国国民无移殖海外的可能性，则决非一罗什、一郑和所能强致。既有可能性，则随时可以发动。而引而致之必借外缘，其可能性则史家所能逆睹，其外缘则非史家所能逆睹也。

以上所述诸义，吾认为谈历史因果者，先当注意及之。吾甚惜本讲义时间匆促，不能尽吾言；且多为片段的思想，未经整理，吾所讲姑止于此。今当概括前旨，略加补苴，示治史者研究因果之态度及其程序：

第一，当画出一"史迹集团"以为研究范围。史迹集团之名，吾所自创，与一段之"纪事本末"意义略相近。（本末仅涵时间观念，集团兼涵空间观念，但此名似仍未妥，容更订定。）以严格论，史迹本为不可分的、不可断的，但有时非断之分之，则研究无所得施。故当如治天体学者画出某躔度某星座，如治地理学者画出某高原某平原某流域，凡以为研究之方便而已。例如法国大革命，一集团也；一九一四至一九一九年之世界大战，一集团也。范围广者，如全世界劳工阶级对资产阶级之斗争史，可以画为一集团；范围狭者，如爱尔兰区区小岛之独立史，可以画为一集团。历时久者，如二千年前中华民族对匈奴交涉始末，可以画为一集团；历时暂者，如一年间洪宪盗国始末，可以画为一集团。集团之若何区画，治史者尽可自由。但有当注意者二事：其一，每集团之函量须较广较复，分观之，最少可以觑出一时代间社会一部分之动相；其二，各集团之总和须周遍，合观之，则各时代全社会之动相皆见也。

第二，集团分子之整理与集团实体之把捉。所谓"集团分子"者，即组成此史迹集团之各种史料也。搜辑宜求备，鉴别宜求真。其方法则前章言之矣。既备且真而或去或取，与夫叙述之详略轻重，又当注意焉，否则淆然杂陈，不能成一组织体也。所谓"集团实体"者，此一群史迹，合之成为一个生命——活的、整个的，治史者须将此"整个而活"的全体相，摄取于吾心目中。然兹事至不易，除分析研究外，盖尚有待于直觉也。

第三，常注意集团外之关系。以不可分不可断之史迹，为研究方便而强划为集团，原属不得已之事。此一群史迹不能与他群史迹脱离关系而独自存在，亦犹全社会中此一群人常与他群人相依为命也。故欲明一史迹集团之真相，不能不常运眼光于集团以外。所谓集团外者，有时间线之外，例如"五胡乱华"之一史迹集团，其时间自然当以晋代为制限。然非知有汉时之保塞匈奴,魏时之三辅徙羌,则全无由见其来历。此集团外之事也。有空间线之外,例如"辛亥革命"之一史迹集团,其空间自当以中国为制限,然非知欧美日本近数十年学说制度变迁之概略,及其所予中国人以刺激,则兹役之全相终不可得见。此又集团外之事也。其他各局部之事象,殆无不交光互影。例如政治与哲学,若甚缘远,然研究一时代之政治史,不容忘却当时此地之哲学思想;美术与经济,若甚缘远,然研究一时代之美术史,不容忘却当时此地之经济状况。此皆集团以外之事也。

第四,认取各该史迹集团之"人格者"。每一集团,必有其"人格者"以为之骨干。此"人格者",或为一人,或为数人,或为大多数人。例如法兰西帝国时代史,则拿破仑为唯一之"人格者"。普奥普法战史,则俾斯麦等数人为其"人格者"。至如此次世界大战,则不能以"人格者"专属于某某数人,而各国之大多数国民实共为其"人格者"也。然亦自有分别,倘再将此世界战史之大集团析为若干小集团,则在德国发难史之一小集团中,可以认威廉第二为其"人格者";在希腊参战史之一小集团中,可以认威尼柴罗为其"人格者";在巴黎议和史一小集团中,可以认克里曼梭、劳特佐治、威尔逊为其"人格者"也。辛亥革命史,以多数之革命党人立宪党人共为其"人格者";民国十年来政治史,则袁世凯殆可认为唯一之"人格者"也。凡史迹皆多数人共动之产物,固无待言,然其中要有主动被动之别。立于主动地位者,则该史迹之"人格者"也。辛亥革命,多数党人为主动,而黎元洪、袁世凯不过被动,故彼二人非"人格者";十年来之民国,袁世凯及其游魂为主动,凡多数助袁敌袁者皆被动,故袁实其"人格者"也。

第五,精研一史迹之心的基件。曷为每一史迹必须认取其"人格者"耶?凡史迹皆人类心理所构成,非深入心理之奥以洞察其动态,则真相末由见也。而每一史迹之构成心理,恒以彼之"人格者"为其聚光点。故研究彼"人格者"之素性及其临时之冲动断制,而全史迹之筋脉乃活现。此种研究法,若认定彼"人格者"为一人或数人,则宜深注意于其个人的特性。因彼之特性非惟影响于彼个人之私生活,而实影响于多数人之公生活。例如凡赛条约,论者或谓可以为将来世界再战之火种;而此条约之铸一大错,则克里曼梭、劳特佐治、威尔逊三人之性格及头脑,最少亦当为其原因之一部。故此三人特性之表现,其影响乃及于将来世界也。又如袁世凯,倘使其性格稍正直或稍庸懦,则十年来之民国局面或全异于今日亦未可知。故袁世凯之特性,关系于其个人运命者犹小,关系于中国人运命者甚大也。史家研究此类心理,最要者为研究其吸射力之根源。其在圣贤豪杰,则观其德量之最大感化性,或其情热之最大摩荡性;其在元凶巨猾,则观其权术之最大控弄性,或观其魔恶之最大诱染性。从此处看得真切,则此一团史迹之把鼻可以捉得矣。

其在"多数的人格者"之时,吾侪名之曰民族人格或阶级人格党派人格,吾侪宜将彼全民族全阶级全党派看作一个人以观察其心理。此种"人格者",以其意识之觉醒,觇其人格之存在;以其组织之确立,觇其人格之长成;以其运动之奋迅,觇其人格之扩大;以其运动之衰息、组织之涣散、意识之沉睡,觇其人格之萎病或死亡。爱尔兰人成一民族的人格,犹太人未能,犹太人民族建国的意识不一致也。欧美劳工,成一阶级的人格,中国未能,中国劳工并未有阶级意识也。中国十年来所谓政党，全不能发现其党派的人格，以其无组织且无运动也。治西洋史者，常以研究此类集团人格的心理为第一义；其在中国，不过从半明半昧的意识中，偶睹其人格的胎影而已。

研究史之心的基件，则正负两面，皆当注意。凡"人格者"，无论为个人为集团，其能演成史迹者，必其人格活动之扩大也。其所以能扩大之故，有正有负。所谓正者，活动力昂进，能使从前多数反对者或怀疑者之心理皆翕合于我心理。在欧美近代，无论政治上、宗教上、学艺上，随处皆见此力之弥满。其在中国，则六朝、唐之佛教运动，最其显列。次则韩、欧等之古文学运动，宋、明两代之理学运动，清代之朴学运动，及最近之新文化运动，皆含此意。惟政治上极阙如，清末曾国藩、胡林翼等略近之，然所成就殊少。现代所谓政党，其方向则全未循此以行也。所谓负者，利用多数人消极苟安的心理，以图自己之扩大。表面上极似全国心理翕聚于此一点，实则其心理在睡眠状态中耳。中国二千年政治界之伟物，大率活动于此种心理状态之上，此实国民心理之病征也。虽然，治史者不能不深注意焉。盖中国史迹之所以成立，大半由是也。

第六，精研一史迹之物的基件。物的基件者，如吾前所言，"物的运动不能与心的运动同其速率"。倘史迹能离却物的制约而单独进行，则所谓"乌托邦""华藏世界"者，或当早已成立，然而在势不能尔尔。故心的进展，时或被物的势力所堵截而折回，或为所牵率而入于其所不预期之歧路。直待渐达心物相应的境界，然后此史迹乃成熟。物者何？谓与心对待的环境。详言之，则自然界之状况，以及累代遗传成为固形的之风俗、法律与夫政治现象、经济现象，乃至他社会之物的心的抵抗力,皆是也。非攻、寝兵之理想,中外贤哲倡之数千年,曷为而始终不得实现?辛亥革命,本悬拟一"德谟克拉西"的政治以为鹄,曷为十年以来适得其反?欧洲之社会主义,本滥觞于百年以前,曷为直至欧战前后乃始骤盛?物的基件限之也。假使今之日本移至百年以前,必能如其所欲,效满洲之入主中国。假使袁世凯生在千数百年前,必能如其所欲,效曹操、司马懿之有天下,然而皆不能者,物的基件限之也。吾前屡言矣,"凡史迹皆以'当时''此地'之两观念而存在",故同一之心的活动,易时易地而全异其价值,治史者不可不深察也。

第七,量度心物两方面可能性之极限。史之开拓,不外人类自改变其环境。质言之,则心对于物之征服也。心之征服的可能性有极限耶?物之被征服的可能性有极限耶?通无穷的宇宙为一历史,则此极限可谓之无;若立于"当时""此地"的观点上,则两者俱有极限明矣。在双极限之内,则以心的奋进程度与物的障碍程度强弱比较判历史前途之歧向。例如今日中国政治,若从障碍力方面欲至于恢复帝制,此其不可能者也。若从奋进力方面欲立变为美国的德谟克拉西,亦其不可能者也。障碍力方面之极限,则可以使惰气日积,举国呻吟憔悴,历百数十年,甚者招外人之监督统治。奋进力方面之极限,则可以使社会少数优秀者觉醒,克服袁世凯之游魂,在"半保育的"政策之下,历若干年,成立多数政治。史家对于将来之预测,可以在此两可能性之大极限中,推论其果报之极限。而予国民以一种暗示,唤醒其意识而使知所择,则良史之责也。

第八,观察所缘。有可能性谓之因,使此可能性触发者谓之缘。

以世界大战之一史团而论,军国主义之猖獗、商场竞争之酷剧,外交上同盟协商之对抗等等,皆使大战有可能性,所谓因也。奥储被刺,破坏比利时中立,潜艇无制限战略等等,能使此可能性爆发或扩大,所谓缘也。以辛亥革命之一史团而论,国人种族观念之郁积,晚清政治之腐恶及威信之失坠,新思潮之输入等等,皆使革命有可能性,所谓因也。铁路国有政策之高压、瑞澂之逃遁、袁世凯之起用,能使此可能性爆发或扩大,所谓缘也。因为史家所能测知者,缘为史家所不能测知者。治史者万不容误缘为因,然无缘则史迹不能现,故以观所缘终焉。

果因之义,晰言之当云因缘果报。一史迹之因缘果报,恒复杂幻变至不可思议,非深察而密勘之,则推论鲜有不谬误者。今试取义和团事件为例,供研究者参考焉。

义和团事件之起,根于历史上遗传之两种心理。其一,则排外的心理。此种心理,出于国民之自大性及自卫性,原属人类所同然,惟中国则已成为畸形的发达。千年以来科举策论家之尊王攘夷论,纯然为虚骄的、非逻辑的。故无意识且不彻底的排外,形成国民性之一部。其二,则迷信的心理。因科学思想缺乏之故,种种迷信,支配民心之势力甚大,而野心家常利用之以倡乱。自汉末之五斗米道以迄明清间白莲教匪等,其根株蟠积于愚民社会间者甚厚,乘间辄发。此两种心理,实使义和团有随时爆发的可能性。此"因"之在心的方面者也。

虽有此两种心理,其性质完全为潜伏的。苟环境不宜于彼之发育,彼亦终无由自遂。然而清季之环境,实有以滋酿之。其一,则外力之压迫。自鸦片战争以后,觏闵既多,受侮不少。其中天主教会在内地专横,尤予一般人民以莫大之积愤。其二,则政纲之废弛。自洪、杨构乱以后,表面上虽大难削平,实际上仍伏莽遍地,至光绪间而老成凋谢,朝无重臣。国事既专决于一阴鸷之妇人,而更无人能匡救其失。在此两种环境之下,实使义和团有当时爆发的可能性。此"因"之在境的方面者也。

因虽夙具,然非众缘凑泊,则事实不能现。所谓缘者,有亲缘(直接缘),有间缘(间接缘)。义和团之亲缘有二:其一,则社会革新运动之失败;其二,则宫廷阴谋之反拨也。此二者又各有其复杂之间缘。社会革新运动,自有其心理上之可能性,兹不多述。其所以觉醒而督促之者,则尤在外交压迫之新形势。其一,为日本新着手之大陆政策;其二,为俄国积年传来之东侵政策;其三,为德国远东发展政策。(此政策复含两种意味,一德国自己发展,二德国诱助俄国东侵。冀促成日俄之战或英俄之战,以减杀俄法同盟势力,缓和欧洲形势。)以此三种外缘,故甲午战败,日本据辽;三国干涉还辽,而胶州旅顺威海之租借随之。瓜分之局,咄咄逼人;于是变法自强之论,骤兴于民间。而其动力遂及德宗无端与清室宫廷问题发生联带关系。宫廷问题,其间缘亦至复杂。其一,清穆宗无子,德宗以支庶入继,且有为穆宗立后之约;其二,孝钦后临朝已二十余年,新归政于德宗。德宗既非所生,而思想复与彼不相容,母子之间,猜嫌日积。如是内、外、新、故诸缘凑合,遂有戊戌政变之役,戊戌政变为义和团之亲缘,而上列诸种事实,则其间缘也。

亲缘之中,复有主缘,有助缘。戊戌政变为义和团唯一之主缘,固也。然政变之波澜，曷为一转再转以至于仇外耶？其一，因康有为、梁启超等亡命外国，清廷不解国际法上保护政治犯之先例，误认维新派人以外国为后盾。其二，因政变而谋废立（立端王之子溥儁为大阿哥），外国公使纷起质问。志不得逞，积怒益深。其三，连年曹州、兖州、沂州、易州等教案，乡民与天主教徒构怨益剧。得此等助缘，而义和团遂起。

因缘和合，"果"斯生焉。此一群史迹之正果，可分数段：一、山东直隶团匪之私自组织及蠢动；二、两省长官之纵容及奖励；三、北京王大臣之附和；四、甘军（董福祥）之加入；五、孝钦后以明谕为之主持，军匪混化对全世界宣战；六、前后戕杀教徒及外国人数千；七、戕杀德国公使及日本使馆馆员；八、毁京津铁路，围攻使馆。此一幕滑稽剧，在人类史全体中，不得不认为一种极奇特的病态。以易时易地之人观测之，几疑其现实之万不可能。然吾侪试从心境两面精密研究，则确能见其因缘所生，历历不爽。其在心的方面，苟非民族性有偏畸之点，则不能涵淹卵育此种怪思想。故对于民族性之总根柢，首当研究者一也。拳匪为发难之主体，而彼辈实为历史上之一种秘密社会。故对于此种特别社会，察其群众心理，考其何以能发生能扩大，此次当研究者二也。发难虽由拳匪，而附和之者实由当时所谓士大夫阶级。此阶级中，佥壬虽多，而贤者亦非绝无；曷为能形成一种阶级心理，在此问题之下一致行动，此次当研究者三也。孝钦后为全剧之主人翁，非深察其人之特别性格及其当时心理之特别动态，则事象之源泉不可得见，此次当研究者四也。其在境的方面，非专制政治之下，此种怪象末由发生。此数千年因袭之政体，次当研究者五也。

有英明之君主或威重謇谔之大臣,则祸亦可以不起。此当时之政象,次当研究者六也。非有维新派之锐进,不能召此反动;维新派若能在社会上确占势力,则反动亦不能起。此对面抵抗力之有无强弱,次当研究者七也。非国外周遭形势如前文所云云,则亦不至煎迫以成此举。此世界政局之潮流,次当研究者八也。经过此八方面之研究,则义和团一段史迹,何故能于"当时""此地"发生,可以大明。

有果必有报。义和团所得业报如下:一、八国联军入京,两宫蒙尘;二、东南各督抚联约自保,宣告中立;三、俄军特别行动占领东三省;四、缔结辛丑条约,赔款四百五十兆,且承认种种苛酷条件;五、德宗不废,但政权仍在孝钦;六、孝钦迎合潮流,举行当时所谓新政,如练兵兴学等事,此义和团直接业报之要点也。由直接业报复产出间接业报,以次演成今日之局。

就理论上言之,义和团所产业报有三种可能性。其一,各国瓜分中国或共同管理;其二,汉人自起革命,建设新政府;其三,清廷大觉悟,厉行改革。然事实上皆以种种条件之限制,不能办到。其第一种,以当时中国人抵抗力之缺乏,故有可能性;然各国力量不及,且意见不一致,故不可能。其第二种,以人民厌恶满洲既久,且列国渴望得一新政府与之交涉,故有可能性;然民间革命党,无组织无势力,其有力之封疆大吏,又绝无此种心理,故不可能。其第三种,因前两种既不能办到,而经此创巨痛深之后,副人民望治之心,其势甚顺,故有可能性;然孝钦及清廷诸臣,皆非其人,故不可能。治史者试先立一可能性之极限,而观其所以不能之由,则于推论之术,思过半矣。

因缘生果,果复为因,此事理当然之程序也。义和团直接业报,更间接产种种之果。就对外关系论,第一,八国联军虽撤退,而东三省之俄军迁延不撤,卒因此引起日俄战争,致朝鲜完全灭亡,而日本在南满取得今日之特殊地位。第二,当匪势正炽时,日本借端与我国深相结纳。首由英提议劝日本就近出重兵,是为英日接近之第一步。其后英国为应付俄军起见,议结所谓中俄密约者,虽未成立,然反因此促英日同盟之出现。而此英日同盟,遂被利用于此次欧洲大战,使日本国际地位昂进。而目前关系国命之山东问题,即从此起。第三,重要之中央财源,如海关税等,悉供偿债之用。因此各外国银行,攫得我国库权之一部分,遂启后此银行团操纵全国金融之端绪。此其荦荦大者也。就内政关系论:第一,排外的反动,一变为媚外。将国民自尊、自重之元气,斫丧殆尽,此为心理上所得最大之恶影响。第二,经此次剧烈的激刺,社会优秀分子渐从守旧顽梦中得解放,以次努力,求取得"世界人、现代人"的资格。此为心理上所得最大的良影响。此两种影响,乃从国民性根柢上加以摇动,此两歧路之发展的可能性皆极大,在今日殊未能测其变化之所届。第三,东南互保,为地方对中央独立开一先例。此后封疆权力愈重,尾大不掉;故辛亥革命,起于地方而中央瓦解。此趋势直至今日,而愈演愈剧。第四,袁世凯即以东南互保中之一要人,渐取得封疆领袖的资格(直隶总督北洋大臣);蓄养其势力,取清室而代之。第五,回銮后以媚外故,而行敷衍门面的新政。一方面自暴白其前此之愚迷及罪恶,增人轻蔑;一方面表示其无诚意的态度,令人绝望。第六,此种敷衍的新政,在清廷固无诚意,然国人观听已为之一变。就中留学生数目激增,尤为国民觉醒最有力之一媒介。海外学校遂变为革命之策源地。第七,新政之最积极进行者为练兵,而所谓新军者,遂为革命派所利用,为袁世凯所利用,卒以覆清祚。第八,以大赔款及举办新政之故,财政日益竭蹶;专谋借外债以为抱注,其后卒以铁路大借款为革命之直接导火线。上所举第三项至第八项,皆为义和团业报所演,同时即为辛亥革命之亲缘或间缘,于是而一"史迹集团"遂告终焉。

  吾不惮繁重,详举此例。将借一最近之史迹其资料比较的丰富且确实者,示吾侪运用思想推求因果,所当遵之途径为何如。此区区一史迹,其活动时间,不过半年,其活动地域不过数百里。而欲说明其因缘果报之关系,其广远复杂乃至如是。学者举一反三,则于鉴往知来之术,虽不中不远矣。

(1922年)

研究文化史的几个重要问题

对于旧著《中国历史研究法》之修补及
修正为南京金陵大学第一中学演讲

前回已经把文化的概念和内容说过。文化史是叙述文化的,懂得文化是什么,自然也懂得文化史是什么,似乎不用再词费。但我觉得前人对于历史的观念有许多错误,对于文化史的范围尤其不正确,所以还要提出几个问题来讨论一番。

第一　史学应用归纳研究法的最大效率如何

现代所谓科学,人人都知道是从归纳研究法产生出来。我们要建设新史学,自然也离不了走这条路。所以我旧著《中国历史研究法》极力提倡这一点。最近所讲演《历史统计学》等篇,也是这一路精神。但我们须知道,这种研究法的效率是有限制的。简单说,整理史料要用归纳法,自然毫无疑义;若说用归纳法就能知道"历史其物",这却太不成问题了。归纳法最大的工作是求"共相",把许多事物相异的属性剔去,相同的属性抽出,各归各类,以规定该事物之内容及行历何如。这种方法应用到史学,却是绝对不可能。为什么呢?因为历史现象只是"一躺过"。自古及今,从没有同铸一型的史迹。这又为什么呢?因为史迹是人类自由意志的反影,而各人自由意志之内容,绝对不会从同。所以史家的工作,和自然科学家正相反,专务求"不共相"。倘若把许多史迹相异的属性剔去,专抽出那相同的属性,结果便将史的精魂剥夺净尽了。因此,我想归纳研究法之在史学界,其效率只到整理史料而止,不能更进一步。然则把许多"不共相"堆叠起来,怎么能成为一种有组织的学问?我们常说历史是整个的,又作何解呢?你根问到这一点吗?依我看,什有九要从直觉得来,不是什么归纳演绎的问题。这是历史哲学里头的最大关键。我现在还没有研究成熟,等将来再发表意见罢。

第二　历史里头是否有因果律

这条和前条,只是一个问题,应该一贯的解决。原来因果律是自然科学的命脉,从前只有自然科学得称为科学,所以治科学离不开因果律,几成为天经地义。谈学问者,往往以"能否从该门学问中求出所含因果公例"为"该门学问能否成为科学"之标准。史学向来并没有被认为科学,于是治史学的人因为想令自己所爱的学问取得科学资格,便努力要发明史中因果,我就是这里头的一个人。我去年著的《中国历史研究法》内中所下历史定义,便有"求得其因果关系"一语。我近来细读立卡儿特著作,加以自己深入反复研究,已经发觉这句话完全错了。我前回说过:"宇宙事物,可中分为自然、文化两系。自然系是因果律的领土,文化系是自由意志的领土。"两系现象,各有所依,正如鳞潜羽藏,不能相易,亦不必相羡。历史为文化现象复写品,何必把自然科学所用的工具扯来装自己门面?非惟不必抑且不可。因为如此便是自乱法相,必至进退失据。当我著《历史研究法》时,为这个问题,着实恼乱我的头脑。我对于史的因果很怀疑,我又不敢拨弃他。所以那书里头有一段说道:

> 若欲以因果律绝对的适用于历史,或竟为不可能的而且有害的,亦未可知。何则?历史为人类心力所造成;而人类心力之动,乃极自由而不可方物。心力既非物理的或数理的因果律所能完全支配,则其所产生之历史,自亦与之同一性质。今必强悬此律以驭历史,其道将有时而穷,故曰不可能。不可能而强应用之,将反失历史之真相,故曰有害也。然则吾侪竟不谈因果可乎?曰:断断不可。……

我现在回看这篇旧著,觉得有点可笑。既说"以因果律驭历史,不可能而且有害",何以又说"不谈因果断断不可"?我那时候的病根,因为认定因果律是科学万不容缺的属性,不敢碰他,所以有这种矛盾不彻底的见解。当时又因为调和这种见解,所以另外举出历史因果律与自然科学因果律不同的三点。其实照那三点说来,是否还可以名之为因果律,已成疑问了。我现在要把前说修正,发表目前所见如下:

因果是什么?"有甲必有乙,必有甲才能有乙。于是命甲为乙之因,命乙为甲之果。"所以因果律也叫做"必然的法则"。(科学上还有所谓"盖然的法则",不过"必然性"稍弱耳。本质仍相同。)"必然"与"自由",是两极端。既必然便没有自由,既自由便没有必然。我们既承认历史为人类自由意志的创造品,当然不能又认他受因果必然法则的支配,其理甚明。

再检查一检查事实,更易证明。距今二千五百年前,我们人类里头产出一位最伟大的人物,名曰佛陀。为什么那个时候会产生佛陀?试拿这问题来考试一切史家,限他说出那"必然"的原因,恐怕无论什么人都要交白卷。这还罢了。佛陀本是一位太子,物质上快乐尽够享用,原可以不出家,为什么他要出家?出家成道后,本来可以立刻"般涅槃",享他的精神快乐,为什么他不肯如彼,偏要说四十九年的法?须知,倘使佛陀不出家,或者成道后不肯说法,那么,世界上便没有佛教,我们文化史上便缺短了这一件大遗产。试问:有什么必然的因果法则支配佛陀令其必出家必说法?一点儿也没有。只是赤裸裸的凭佛陀本人的意志自由创造。须知,不但佛陀和佛教如此,世界上大大小小的文化现象,没有一件不是如此。欲应用自然科学上因果律求出他"必然的因",可是白费心了。

"果"的方面,也是如此。该撒之北征雅里亚(今法兰西一带地),本来为对付内部绷标一派的阴谋,结果倒成了罗马统一欧洲之大业的发轫。明成祖派郑和入海,他正目的不过想访拿建文,最多也不过为好大喜功之一念所冲动,然而结果会生出闽粤人殖民南洋的事业。历史上无论大大小小都是如此,从没有一件可以预先算准那"必然之果"。为什么呢?因为人类自由意志最是不可捉摸的。他正从这方向创造,说不定一会又移到那方向创造去;而且一个创造又常常引起(或不引起)第二、第三……个创造。你想拿玻璃管里加减原素那种顽意来测量历史上必然之果,岂不是痴人说梦吗?

所以历史现象,最多只能说是"互缘",不能说是因果。互缘怎么解呢?谓互相为缘。佛典上常说的譬喻,"相待如交芦",这件事和那件事有不断的联带关系,你靠我、我靠你才能成立。就在这种关系状态之下,前波后波,衔接动荡,便成一个广大渊深的文化史海。我们做史学的人,只要专从这方面看出历史的"动相"和"不共相"。倘若拿"静"的"共"的因果律来凿四方眼,那可糟了。

然则全部历史里头,竟自连一点因果律都不能存在吗?是又不然。我前回说过,文化总量中,含有文化种、文化果两大部门。文化种是创造活力,纯属自由意志的领域,当然一点也不受因果律束缚;文化果是创造力的结晶,换句话说,是过去的"心能",现在变为"环境化"。成了环境化之后,便和自然系事物同类,入到因果律的领域了。这部分史料,我们尽可以拿因果律驾驭他。

第三 历史现象是否为进化的

我对于这个问题,本来毫无疑义,一直都认为是进化的。现在也并不曾肯抛弃这种主张,但觉得要把内容重新规定一回。

孟子说:"天下之生久矣,一治一乱。"这句话可以说是代表旧史家之共同观念。我向来最不喜欢听这句话,因为和我所信的进化主义不相容。但近来我也不敢十分坚持了。我们平心一看,几千年中国历史,是不是一治一乱的在那里循环?何止中国,全世界只怕也是如此。埃及呢,能说现在比"三十王朝"的时候进化吗?印度呢,能说现在比优波尼沙昙成书、释迦牟尼出世的时候进化吗?说孟子、荀卿一定比孔子进化,董仲舒、郑康成一定比孟、荀进化,朱熹、陆九渊一定比董、郑进化,顾炎武、戴震一定比朱、陆进化,无论如何,恐说不去。说陶潜比屈原进化,杜甫比陶潜进化;但丁比荷马进化,索士比亚比但丁进化,摆伦比索士比亚进化;说黑格儿比康德进化,倭铿、柏格森、罗素比黑格儿进化,这些话都从那里说起?又如汉、唐、宋、明、清各朝政治比较,是否有进化不进化之可言?亚历山大、该撒、拿破仑等辈人物比较,又是否有进化不进化之可言?所以从这方面找进化的论据,我敢说一定全然失败完结。

从物质文明方面说吗,从渔猎到游牧、从游牧到耕稼、从耕稼到工商,乃至如现代所有之几十层高的洋楼,几万里长的铁道,还有什么无线电、飞行机、潜水艇等等,都是前人所未曾梦见。许多人得意极了,说是我们人类大大进化。虽然,细按下去,对吗?第一,要问这些物质文明,于我们有什么好处?依我看,现在点电灯坐火船的人类,所过的日子,比起从前点油灯、坐帆船的人类,实在看不出有什么特别舒服处来。第二,要问这些物质文明,是否得着了过后再不会失掉?中国"千门万户"的未央宫,三个月烧不尽的咸阳城,推想起来,虽然不必像现代的纽约、巴黎,恐怕也有他的特别体面处,如今那里去了呢?罗马帝国的繁华,虽然我们不能看见,看发掘出来的建筑遗址,只有令现代人吓死羞死,如今又都往那里去了呢?远的且不必说，维也纳、圣彼得堡战前的势派，不过隔五六年，如今又都往那里去了呢？可见物质文明这样东西，根柢脆薄得很，霎时间电光石火一般发达，在历史上原值不了几文钱。所以拿这些作进化的证据，我用佛典上一句话批评他："说为可怜愍者。"

现在讲学社请来的杜里舒，前个月在杭州讲演，也曾谈到这个问题。他大概说："凡物的文明，都是堆积的非进化的；只有心的文明是创造的进化的。"又说："够得上说进化的只有一条'智识线'。"他的话把文化内容说得太狭了，我不能完全赞成。虽然，我很认他含有几分真理。我现在并不肯撤消我多年来历史的进化的主张，但我要参酌杜氏之说，重新修正进化的范围。我以为历史现象可以确认为进化者有二：

一、人类平等及人类一体的观念，的确一天比一天认得真切，而且事实上确也着着向上进行；

二、世界各部分人类心能所开拓出来的"文化共业"，永远不会失掉，所以我们积储的遗产，的确一天比一天扩大。

只有从这两点观察，我们说历史是进化，其余只好编在"一治一乱"的循环圈内了。但只须这两点站得住，那么，历史进化说也尽够成立哩！

以上三件事，本来同条共贯，可以通用一把钥匙来解决他。总结一句，历史为人类活动所造成，而人类活动有两种：一种是属于自然系者，一种是属于文化系者。分配到这三个问题，得表如下：

（自然系的活动）	（文化系的活动）
第一题　归纳法研究得出	归纳法研究不出

第二题　受因果律支配　　　　　　不受因果律支配
第三题　非进化的性质　　　　　　进化的性质

（1923 年）

儒家哲学（节选）

第一章 儒家哲学是什么

"哲学"二字，是日本人从欧文翻译出来的名词。我国人沿用之，没有更改。原文为 Philosophy，由希腊语变出，即爱智之意。因为语原为爱智，所以西方人解释哲学，为求知识的学问。求的是最高的知识，统一的知识。

西方哲学之出发点，完全由于爱智；所以西方学者，主张哲学的来历，起于人类的好奇心。古代人类，看见自然界形形色色，有种种不同的状态，遂生惊讶的感想。始而怀疑，既而研究，于是成为哲学。

西方哲学，最初发达的为宇宙论、本体论，后来才讲到论理学、认识论。宇宙万有，由何而来？多元或一元，唯物或唯心，造物及神是有是无？有神如何解释？无神如何解释等等，是为宇宙论所研究的主要问题。

此类问题，彼此两方，持之有故，言之成理，辩论终久不决。后来以为先决问题,要定出个辩论及思想的方法和轨范。知识从何得来?如何才算精确?还是要用主观的演绎法,先立原理,后及事实才好?还是采客观的归纳法,根据事实,再立原理才好?这样一来,就发生论理学。

再进一步,我们凭什么去研究宇宙万有?人人都回答道凭我的知识。但"知识本身"到底是什么东西呢?若不穷究本源,恐怕所研究的都成砂上楼阁了。于是发生一种新趋向,从前以知识为"能研究"的主体,如今却以知识为"所研究"的对象,这叫做认识论。认识论发生最晚,至康德以后,才算完全成立。认识论研究万事万物,是由知觉来的真,还是由感觉来的真?认识的起源如何?认识的条件如何?认识论在哲学中,最晚最有势力。有人说除认识论外,就无所谓哲学,可以想见其位置的重要了。

这样说来,西洋哲学由宇宙论或本体论趋重到论理学,更趋重到认识论。彻头彻尾都是为"求知"起见。所以他们这派学问称为"爱智学",诚属恰当。

中国学问不然。与其说是知识的学问,毋宁说是行为的学问。中国先哲虽不看轻知识,但不以求知识为出发点,亦不以求知识为归宿点。直译的 Philosophy,其函义实不适于中国。若勉强借用,只能在上头加上个形容词,称为人生哲学。中国哲学以研究人类为出发点,最主要的是人之所以为人之道:怎样才算一个人?人与人相互有什么关系?

世界哲学大致可分三派。印度、犹太、埃及等东方国家,专注重人与神的关系;希腊及现代欧洲,专注重人与物的关系;中国专注重人与人的关系。中国一切学问,无论那一时代、那一宗派,其趋向皆在此一点,尤以儒家为最博深切明。

儒家哲学,范围广博。概括说起来,其用功所在,可以《论语》"修己安人"一语括之。其学问最高目的,可以《庄子》"内圣外王"一语括之。做修己的功夫,做到极处,就是内圣;做安人的功夫,做到极处,就是外王。至于条理次第,以《大学》上说得最简明。《大学》所谓"格物致知诚意正心修身",就是修己及内圣的功夫;所谓"齐家治国平天下",就是安人及外王的功夫。

然则学问分做两橛吗?是又不然。《大学》结束一句"一是皆以修身为本"。格致诚正,只是各人完成修身工夫的几个阶级;齐家治国平天下,只是各人以已修之身去齐他、治他、平他。所以"自天子以至于庶人",都适用这种工作。《论语》说"修己以安人",加上一个"以"字,正是将外王学问纳入内圣之中。一切以各人的自己为出发点,以现在语解释之,即专注重如何养成健全人格。人格锻炼到精纯,便是内圣;人格扩大到普遍,便是外王。儒家千言万语,各种法门,都不外归结到这一点。

以上讲儒家哲学的中心思想,以下再讲儒家哲学的范围。孔子尝说:"智仁勇三者,天下之达德也。""知者不惑,仁者不忧,勇者不惧。"自儒家言之,必三德具备,人格才算完成。这样看来,西方所谓爱智,不过儒家三德之一,即智的部分。所以儒家哲学的范围,比西方哲学的范围,阔大得多。

儒家既然专讲人之所以为人,及人与人之关系,所以他的问题,与欧西问题,迥然不同。西方学者唯物唯心、多元一元的讨论,儒家很少提及。西方学者所谓有神无神,儒家亦看得很轻。《论语》说:"子不语怪力乱神。"孔子亦说:"未知生,焉知死。"把生死神怪,看得很轻,这是儒家一大特色。亦可以说与近代精神相近,与西方古代之空洞谈玄者不同。

儒家哲学的缺点,当然是没有从论理学认识论入手。有人说他空疏而不精密,其实论理学、认识论,儒家并不是不讲。不过因为方面太多,用力未专,所以一部分的问题,不如近代人说得精细。这一则是时代的关系,再则是范围的关系,不足为儒家病。

东方哲学辩论得热闹的问题,是些什么?如:

一、性之善恶,孟荀所讨论;

二、仁义之内外,告孟所讨论;

三、理欲关系,宋儒所讨论;

四、知行分合,明儒所讨论。

此类问题,其详细情形,到第五章再讲。此地所要说明的,就是中国人为什么注重这些问题。他们是要讨论出一个究竟,以为各人自己修养人格或施行人格教育的应用;目的并不是离开了人生,翻腾这些理论当玩意儿。其出发点既与西方之以爱智为动机者不同。凡中国哲学中最主要的问题,欧西古今学者,皆未研究,或研究的路径不一样。而西方哲学中最主要的问题,有许多项,中国学者认为不必研究;有许多项,中国学者认为值得研究,但是没有研究透彻。

另外,有许多问题,是近代社会科学所研究的,儒家亦看得很重。在外王方面,关于齐家的,如家族制度问题;关于治国的,如政府体制问题;关于平天下的,如社会风俗问题。所以要全部了解儒家哲学的意思,不能单以现代哲学解释之。儒家所谓外王,把社会学、政治学、经济学……都包括在内;儒家所谓内圣,把教育学、心理学、人类学……都包括在内。

因为这个原故,所以标题"儒家哲学"四字,很容易发生误会。单用西方治哲学的方法,研究儒家,研究不到儒家的博大精深处。最好的名义,仍以"道学"二字为宜。先哲说:"道者非天之道非地之道,人之所谓道也。"又说:"道不远人,远人不可以为道。"道学只是做人的学问,与儒家内容最吻合。但是《宋史》有一个道学传,把道学的范围,弄得很窄,限于程朱一派。现在用这个字,也易生误会,只好亦不用他。

要想较为明显一点,不妨加上一个"术"字。即庄子《天下篇》所说"古之道术有在于是者"的"道术"二字。道字本来可以包括术,但再分细一点,也不妨事。道是讲道之本身,术是讲如何做去,才能圆满。儒家哲学,一面讲道,一面讲术;一面教人应该做什么事,一面教人如何做去。

就前文所举的几个问题而论,如性善恶问题,讨论人性本质,是偏于道的;如知行分合问题,讨论修养下手功夫,是偏于术的。但讨论性善恶,目的在教人如何止于至善以去其恶,是道不离术;讨论知行,目的在教人从知入手或从行入手以达到理想的人格境界,是术不离道。

外王方面亦然,"民德归厚"是道;用"慎终追远"的方法造成他便是术。"政者正也"是道,用"子帅以正"的方法造成他便是术。"平天下""天下国家可均"是道;用"所恶于上毋以使下,所恶于下毋以事上……"的"挈矩"方法造成他便是术。道术交修，所谓"六通四辟小大精粗其运无乎不在"。儒家全部的体用，实在是如此。

由此言之，本学程的名称，实在以"儒家道术"四字为最好。此刻我们仍然用"儒家哲学"四字，因为大家都用惯了，"吾从众"的意思。如果要勉强解释，亦未尝说不通。我们所谓哲，即圣哲之哲，表示人格极其高尚，不是欧洲所谓 Philosophy 范围那样窄。这样一来，名实就符合了。

第二章 为什么要研究儒家哲学

为什么要研究儒家道术？这个问题，本来可以不问，因为一派很有名的学说，当然值得研究。我们从而研究之，那本不成问题。不过近来有许多新奇偏激的议论，在社会上渐渐有了势力。所以一般人对于儒家哲学，异常怀疑。青年脑筋中，充满了一种反常的思想，如所谓"专打孔家店""线装书应当抛在茅坑里三千年"等等。此种议论，原来可比得一种剧烈性的药品。无论怎样好的学说，经过若干时代以后，总会变质，搀杂许多凝滞腐败的成分在里头。譬诸人身血管变成硬化，渐渐与健康有妨碍。因此，须有些大黄、芒硝一类瞑眩之药泻他一泻。所以那些奇论，我也承认他们有相当的功用。但要知道，药到底是药，不能拿来当饭吃。若因为这种议论新奇可喜，便根本把儒家道术的价值抹煞，那便不是求真求善的态度了。现在社会上既然有了这种议论，而且很占些势力，所以应当格外仔细考察一回。我们要研究儒家道术的原因，除了认定为一派很有名的学说而

研究之以外,简括说起来,还有下列五点:

一、中国偌大国家,有几千年的历史。到底我们这个民族,有无文化?如有文化,我们此种文化的表现何在?以吾言之,就在儒家。

我们这个社会,无论识字的人与不识字的人,都生长在儒家哲学空气之中。中国思想儒家以外,未尝没有旁的学派。如战国的老墨,六朝、唐的道佛,近代的耶回,以及最近代的科学与其他学术。凡此种种,都不能拿儒家范围包举他们;凡此种种,俱为形成吾人思想的一部分,不错。但是我们批评一个学派,一面要看他的继续性,一面要看他的普遍性。自孔子以来,直至于今,继续不断的,还是儒家势力最大。自士大夫以至台舆皂隶普遍崇敬的,还是儒家信仰最深。所以我们可以说,研究儒家哲学,就是研究中国文化。

诚然儒家以外,还有其他各家。儒家哲学,不算中国文化全体,但是若把儒家抽去,中国文化,恐怕没有多少东西了。中国民族之所以存在,因为中国文化存在;而中国文化,离不了儒家。如果要专打孔家店,要把线装书抛在茅坑里三千年,除非认过去现在的中国人完全没有受过文化的洗礼。这话我们肯甘心吗?

中国文化,以儒家道术为中心,所以能流传到现在。如此的久远与普遍,其故何在?中国学术,不满人意之处尚多,为什么有那些缺点?其原因又何在?吾人至少应当把儒家道术,细细研究,从新估价。当然,该有许多好处;不然,不会如此悠久绵远。我们很公平的先看他好处是什么,缺点是什么。有好处把他发扬,有缺点把他修正。

二、鄙薄儒家哲学的人,认为是一种过去的学问,旧的学问。这个话,究竟对不对?一件事物到底是否以古今新旧为定善恶的标准,这是一个很大的问题。

我们不能说新的完全是好的,旧的完全是坏的;亦不能说古的完全都是,今的完全都不是。古今新旧,不足以为定善恶是非的标准。因为一切学说,都可以分为两类。一种含有时代性,一种不含时代性,即《礼记》所谓"有可与民变革者,有不可与民变革者"。

有许多学说,常因时代之变迁而减少其价值。譬如共产与非共产,就含有时代性。究竟是共产相利,还是集产相利,抑或劳资调和相利,不是含时代性就是含地方性。有的在现在适用,在古代不适用。有的在欧洲适用,在中国不适用。

有许多学说,不因时代之变迁,而减少其价值。譬如不患寡而患不均,不患贫而患不安;利用厚生,量入为出;养人之欲,给人之求,都不含时代性,亦不含地方性。古代讲井田固然适用,近代讲共产亦适用。中国重力田,固然适用;外国重工商,亦能适用。

儒家道术,外王的大部分,含有时代性的居多。到现在抽出一部分不去研究他也可以。还有内圣的全部,外王的一小部分,绝对不含时代性。如智仁勇三者,为天下之达德。不论在何时何国何派,都是适用的。

关于道的方面,可以说含时代性的甚少;关于术的方面,虽有一部分含时代性,还有一部分不含时代性。譬如知行分合问题。朱晦菴讲先知后行,王阳明讲知行合一。此两种方法都可用,研究他们的方法,都有益处。儒家道术,大部分不含时代性,不可以为时代古思想旧而抛弃之。

三、儒家哲学,有人谓为贵族的非平民的,个人的非社会的。不错,儒家道术,诚然偏重私人道德,有点近于非社会的。而且二千年来诵习儒学的人都属于"士大夫"阶级,有点近于非平民的。但是这种现象,是否儒学所专有,是否足为儒学之病,我们还要仔细考察一回。

文化的平等普及,当然是最高理想。但真正的平等普及之实现,恐怕前途还远着哩。美国是最平民的国家,何尝离得了领袖制度?俄国是劳农的国家,还不是一切事由少数委员会人物把持指导吗?因为少数人诵习受持,便说是带有贵族色彩,那么,恐怕无论何国家,无论何派学说,都不能免,何独责诸中国,责诸儒家呢?况且文化这件东西,原不能以普及程度之难易定其价值之高低。李白、杜甫诗的趣味,不能如白居易诗之易于普及享受;白居易诗之趣味,又不能如盲女弹词之易于普及享受。难道我们可以说《天雨花》比《白氏长庆集》好,《长庆集》又比李杜集好吗?现代最时髦的平民文学、平民美术,益处虽多,然把文学、美术的品格降低的毛病也不小,这是不能否认的事实。何况哲学这样东西,本来是供少数人研究的。主张"平民哲学",这名词是否能成立,我不能不怀疑。

儒家道术,偏重士大夫个人修养。表面看去,范围似窄,其实不然。天下事都是士大夫或领袖人才造出来的,士大夫的行为,关系全国的安危治乱及人民的幸福疾苦最大。孟子说得好,"惟仁者宜在高位。不仁而在高位,是播其恶于众也"。今日中国国事之败坏,那一件不是由在高位的少数个人造出来。假如把许多掌握权力的马弁强盗,都换成多读几卷书的士大夫,至少不至闹到这样糟。假使穿长衫的、穿洋服的先生们，真能如儒家理想所谓"人人有士君子之行"，天下事有什么办不好的呢？我们受高等教育的青年，将来都是社会领袖。造福造祸，就看我们现在的个人修养何如。儒家道术专注重此点，能说他错吗？

四、有人说自汉武帝以来，历代君主，皆以儒家作幌子，暗地里实行高压政策。所以儒家学问，成为拥护专制的学问，成为奴辱人民的学问。

诚然历代帝王，假冒儒家招牌，实行专制。此种情形，在所不免。但是我们要知道，几千年来，最有力的学派，不惟不受帝王的指使，而且常带反抗的精神。儒家开创大师，如孔、孟、荀都带有很激烈的反抗精神，人人知道的，可以不必细讲。东汉为儒学最盛时代，但是《后汉书·党锢传》，皆属儒家大师，最令当时帝王头痛。北宋二程，列在元祐党籍；南宋朱熹，列在庆元党籍。当时有力的人，摧残得很利害。又如明朝王阳明，在事业上虽曾立下大功，在学问上到处都受摧残。由此看来，儒家哲学也可以说是伸张民权的学问，不是拥护专制的学问；是反抗压迫的学问，不是奴辱人民的学问。所以历代儒学大师，非惟不受君主的指使，而且常受君主的摧残。要把贼民之罪加在儒家身上，那真是冤透了。

五、近人提倡科学，反对玄学，所以有科学、玄学之争。儒家本来不是玄学，误被人认是玄学，一同排斥。这个亦攻击，那个亦攻击，几于体无完肤。

玄学之应排斥与否，那是另一问题。但是因为排斥玄学，于是排斥儒家，这就未免太冤。儒家的朱、陆，有无极、太极之辩，诚然带点玄学色彩。然这种学说，在儒家道术中地位极其轻微，不能算是儒家的中心论点。自孔、孟以至陆、王，都把凭空虚构的本体论搁置一边，那能说是玄学呢？

再说无极、太极之辩，实际发生于受了佛道的影响以后，不是儒家本来面目。并且此种讨论，仍由扩大人格出发，乃是方法，不是目的，与西洋之玩弄光景者不同。所以说玄学色彩，最浅最淡，在世界要算中国，在中国要算儒家了。

儒家与科学，不特两不相背，而且异常接近。因为儒家以人作本位，以自己环境作出发点，比较近于科学精神，至少可以说不违反科学精神。所以我们尽管在儒家哲学上力下功夫，仍然不算逆潮流、背时代。

据以上五种理由，所以我认为研究儒家道术，在今日实为有益而且必要。

第三章　儒家哲学的研究法

哲学的研究法，大概可分三种：

一、问题的研究法；

二、时代的研究法；

三、宗派的研究法。

无论研究东方哲学，或研究西方哲学，这三种方法，皆可适用。各有长处，亦各有短处。儒家哲学的研究，当然亦离不了这三种方法。现在先把每一种方法的长处及其短处，先说明一下。

一、问题的研究法。所谓问题的研究法,就是把哲学中的主要问题,全提出来。每一个问题,其内容是怎样;从古到今,各家的主张是怎样。譬如儒家哲学的问题,就是性善性恶论、知行分合论等等。

有许多问题,前代没有,后代才发生的;有许多问题,前代很重视,后代看得很轻了;又有许多问题,自发生后几千年,始终继续不断,无论那家,无论东西,都有这种问题。把所有这种问题,分为若干章,将先后学的主张,总括起来,加以研究。

譬如性善性恶问题。秦以前,孔子、孟子、荀卿,如何主张?到了汉朝,董仲舒、王充又如何主张?唐以后,韩愈、李翱如何主张?宋明程、朱、陆、王如何主张?直到满清颜习斋、戴东原,又如何主张?把所有关于这个问题的议论,全都搜集在一块,然后细细研究,考察各家的异同得失。

这种方法的长处,是对于一个问题,自始至终,有系统的观念,得彻底的了解。从前各家主张的内容若何,现在研究到什么程度,都很明了。不至茫无头绪,亦不至漫无归宿,这是他的优点。

这种方法的短处,是对于各个学者全部学说,不能普遍周衍。凡在哲学上大问题,作有力的解答的人,都是有名学者。但这些学者,不单解答一个问题,旁的方面尚多。而且要了解一个问题,不能不注意其他方面,因为彼此两方往往有连带关系。

譬如性善论是孟子主张的,性恶论是荀子主张的。他们学问的全部系统,与性善性恶,都有关系。孟子为什么要主张性善,荀子为什么要主张性恶,牵连很多。因为性善恶的问题,牵到许多问题;不单是牵到许多问题,而且引动全部学说。

要是问题简单,比较尚还容易;问题稍为复杂,那就异常纷乱。单讲本问题,则容易把旁的部分抛弃,不能得一家学说的真相。旁的部分都讲,则头绪未免纷繁,很难捉住要点。

二、时代的研究法。所谓时代的研究法,专看各代学说的形成、发展、变迁及其流别。把几千年的历史,划分为若干时代。在每时代中,求其特色,求其代表,求其与旁的所发生的交涉。

譬如讲儒家哲学,大概分为孔子一个时代:自春秋到秦,七十子及七十子后学者一并包括在内。两汉为一个时代:自西汉初至东汉末,把董仲舒、刘向、马融、郑玄等,一并包括在内。魏晋到唐为一个时代:何晏、王弼到韩愈、李翱都包括在内。宋元明为一个时代:自宋初至明末,把周、程、朱、张及陆九渊、王阳明等,一并包括在内。清代为一个时代:自晚明至民国,把顾炎武、黄梨洲、颜习斋、戴东原等,一并包括在内。

这种方法,其长处在于把全部学术,几千年的状况,看得很清楚;一时代的特色,说得很明白;各家的学说,懂得很完全;同源异流,同流交感,我们都把他研究得异常仔细。譬如春秋时代,不单讲儒家,还要讲道家墨家。又如孟子荀子,不单看他们的性善恶论,还要看他们旁的方面,其主张若何。所以学问的变迁,或者进化,或者腐败,都可以看得清楚。

这种方法,其短处在全以时代区分,所有各家关于几个重要问题的答案,截为数段。譬如讨论性善恶的问题,最早是孟子荀卿,一个主张性善,一个主张性恶。过了百多年,到董仲舒、王充,主张性有善有恶。又过千多年,才到程朱,又分为天地之性,气质之性二种。又许多年,才到颜习斋、戴东原,又主张只有气质之性,性即是欲,不可强分为二。

关于这些问题的主张和答案,看得断断续续,不很痛快。哲学不外几个重要问题,一个问题都弄不清楚,也就失却哲学的要义了。而且一个问题,要说几次。譬如论性,讲究孟荀,又讲程朱;讲完程朱,又讲颜戴。说后来的主张时,不能不把前人的主张重述一次,也觉令人讨厌。

三、宗派的研究法。所谓宗派的研究法,就是在时代之中,稍为划分清楚一点。与前面两法,又自不同。如讲儒家宗派,西汉经学,有所谓今文、古文之分。今文学派,内容怎样;西汉如何兴盛,东汉如何衰歇,清代又如何复兴。古文学派内容怎样,南北朝如何分别,后来如何争辩;清代以后,如何消灭。要把两派的渊源流别,追寻出来。

又如程、朱、陆、王,本来同出二程。然自南宋时,已分两派,彼此相持不下。朱子以后,元朝吴草庐、明朝顾泾阳、高宗宪都属此派,清代许多假道学家,亦属此派;就是戴东原,虽讲汉学,然仍出自程朱。陆子以后,明朝陈白沙、王阳明都属此派,清初黄梨洲、李穆堂亦属此派。

一个学派,往往历时很久,一线相承,连绵不绝。有许多古代学派,追寻究竟,直影响到后来。有许多后代学派,详彻本原,早伏根于往古。即如程、朱、陆、王,是后代的学派,但往上推去,乃导源于孟、荀。程朱学派,出于荀子;清代考据学派,又出自程朱。陆王学派,出于孟子;近人以佛学融通儒学,则又出自陆、王。

这种方法,其长处在于把各派的起原变迁流别,上下千古,一线相承,说得极其清楚。这派与那派,有何不同之处,两派交互间又有什么影响,也说得很明白。我们研究一种学说,要整个的、完全的了解,当然走这条路最好。这种方法,其短处在于不能得时代的背景和问题的真相,第一、第二两种研究法的优点完全丧失无遗。一个时代的这一派,我们虽然知道,但这派以外的学说,我们就很茫然。一个问题的这种主张,我们虽然清楚,但这种主张以外的议论,我们也许就模糊了。

上面所说三种研究方法,各有长处,亦各有短处。我们从事研究哲学的人,三法都可适用。诸君要研究儒家哲学,可以分开来作。有几个作时代的研究,有几个作宗派的研究,有几个作问题的研究。各走各的路,不特不是相反,而且是以相成。

此部讲义,不能三种并用。三种之中,比较起来用时代的研究法,稍为便捷一点。因为时代的研究法,最能令人得到概念。所以本讲义以时代的研究法为主。至于问题的研究法,宗派的研究法,在一时代之中,努力加以说明。例如一个问题,在这个时代,讨论得最热闹;本时代中,特别讲得详些,以前以后稍略。一个宗派,发生于这个时代;本时代中,特别讲得细些。价值流别,连类附及。

此次讲演,大概情形如此。我的讲演,因为时间的关系,说得很简单,不过略示模范而已。诸君能够依照所说,分工作去,一定比我的还要详细,还要精密得多。

附带要说的,有两件事情,应当特别注意。就是大学者以外,一时代之政治社会状况,与儒家以外所有各家的重要思想。

一、大学者外,一时代之政治社会状况。儒家道术(哲学二字我实在不爱用),在中国历史上,因缘太久,关系太深。国民心理的大部分,都受此派影响。因此,我们将来研究,与研究一般西洋哲学不同。

所谓西洋哲学,那才真是贵族的、少数人爱智娱乐的工具。研究宇宙来源、上帝存否,惟有少数贵族,才能领悟得到。晚近虽力求普遍,渐变平常,但是终未做到。儒家道术,因为笼罩力大,一般民众的心理风俗习惯,无不受其影响。所以研究儒家道术,不单看大学者的著述及其理论,并且要看政治上、社会上所受他的影响。

儒家道术,不独讲正心修身,还要讲治国平天下。所以二千年来政治,好的坏的方面,儒家道术,至少要占一半。我们研究儒家道术时,一面看他所与政治社会的影响,一面看政治社会所与他的反响。这种地方,一点不能放过,应当常常注意。

还有一层,就是一般风俗习惯,亦与儒家道术关系很深。儒家虽非宗教,但是讲道德、讲实践的时候很多;并且所讲道德实践,与宗教家不同,偏于伦常方面,说明人与人相处之道。一般人的行动,受其影响极大。所以研究儒家道术,可以看出风俗的污隆高下。如顾亭林《日知录》所讲历代风俗那几条,说得很透彻。东汉风俗最好,因为完全受儒家道术的支配;两晋风俗最坏,因为受儒家以外其他学说的影响。一面研究儒家道术,一面看国民心理的趋向,社会风俗的变迁,这一点也应常常注意。

二、儒家以外,所有各家重要思想。大凡一种学说,不能不受旁种学说的影响。影响的结果,当然发生变化。无论或变好,或变坏,总而言之,因为有旁的学说发生,或冲突,或调和,把本来面目改了。世界上无论那家学说,都不能逃此公例。

儒家道术,在中国实占在主人翁的地位,势力最强。无论哪家,都比不上。自孔子起到现在,一线相承,始终没有断绝过。研究中国思想,可以儒家道术,作为主人翁;但是因为客来得很多,常常影响到主人,所以主人翁的态度,亦随时变迁。

最重要的客人,有下列几个:

在先秦时代,有司马谈所谓六家,刘歆、班固所谓九流。六家九流,大概皆出自孔子以后。而势力最大,几与儒家对抗的要算道家、墨家,以后才发生法家、阴阳家、农家等。这几家都是对于儒家不满,从新另立门户。最盛的与儒家立于对等地位,甚至于比儒家的势力,还要大些,不过为时很暂。能够继续不断,永远作社会思想中心的,还是儒家。因为有这几家的关系,无论他们持赞成的论调,或反对的论调,儒家本身,不能不起一种变化。孟、荀是儒家大师,但两人都受道、墨两家的影响。

汉初道家极盛,魏晋后更由九流之一,一变而为道教。道教的发生,亦受儒家很大的影响。由东汉末至隋唐,佛教从西方输入。因为佛教是一个有组织、有信条、有团体的学派,势力很大,根基亦很巩固。自从他输入以后,儒家自家,就起很大的变化了。

近世晚明时代,基督教从欧洲传到中国,携带所谓西方哲学,及幼稚的科学;在当时虽未大昌,然实与儒家哲学,以极大的刺激。降至最近百余年间,西方的自然科学,大大发达。在中国方面,科学虽属幼稚,而输入的亦很多。儒家哲学,几有被其排斥之势。

西洋的政治理论,亦与儒家哲学,有很深的关系。因为儒家讲内圣外王,政治社会,在本宗认为重要。凡欧洲新的政治学说,社会主义,皆与儒家以极大的影响。因受外界的刺激,内部发生变化。这几个重要关头,不可轻易放过。我们研究主人翁的态度,至少要看他发展的次第。某时代有什么客来,主人翁如何对付,离开这种方法,不能了解主人翁态度的变迁。

所以研究儒家道术,须得对于诸家,有普通的常识。即如先秦时代,有多少学派?大概情形如何?对儒家有何影响?汉魏时代道教如何成立?大概情形如何?对儒家有何影响?隋唐之交,佛教如何兴盛?大概情形如何?对儒家有何影响?晚明基督教及西洋哲学,如何输入?大概情形如何?于儒家有何影响?最近自然科学及社会主义如何传播?其大概情形如何?于儒家有何影响?虽然不能有精密的研究,然不能不得普通的常识。

上面所述二事,第一,大学者外,各时代的政治状况社会情形,受儒家什么影响?与儒家以什么影响?第二,儒家以外,所有各家的重要思想,因儒家而如何变迁?儒家又因各家思想而如何变迁?此在欲了解儒家道术,欲寻得儒家知识的研究方法。除此以外,全不是正确的路径,全是白费气力。

还有一层,更为重要。就是儒家的特色,不专在知识,最要在力行,在实践。重知不如重行。行的用功,此处用不着说,正所谓"不在多言,顾力行如何耳"。真要学儒者,学孔子之道,不单在知识方面看,要在实行方面看。从孔子起,历代大师,其人格若何?其用功若何?因性之所近,随便学哪一个;只要得几句话,就可以终身受用不尽。真要学儒家道术,是活的,不是死的,只须在此点用功,并不在多,而且用不着多。

第六章　儒家哲学的重要问题

从前讲研究法有三种：时代的研究法、宗派的研究法、问题的研究法。本讲义以时代为主，一时代中讲可以代表全部学术的人物同潮流。但是问题散在各处，一个一个的讲去，几千年重要学说的变迁，重要问题的讨论，先后的时代完全隔开了，很不容易看清楚。添这一章，说明儒家道术究竟有多少问题，各家对于某问题抱定何种主张，某个问题讨论到什么程度，还有讨论的余地没有。先得一个简明的概念，往后要容易懂些。以后各家，对于某问题讨论得详细的，特别提出来讲；讨论得略的，可以省掉了去。

真讲儒家道术，实在没有多少问题。因为儒家精神不重知识——问题多属于知识方面的。儒家精神重在力行，最忌讳说空话。提出几个问题，彼此互相辩论，这是后来的事，孔子时代原始的儒家根本没有这种东西。近人批评西洋哲学说，"哲学这门学问不过播弄名词而已"。语虽过火，但事实确是如此。哲学书籍虽多，要之仅是解释名词的不同。标出几个名词来，甲看见这部分，乙看见那部分；甲如此解释，乙如彼解释；所以搅作一团无法分辨。专就这一点看，问题固不必多，多之徒乱人意。许多过去大师都不愿讨论问题，即如陆象山、顾亭林，乃至颜习斋，大概少谈此类事。以为彼此争辩，究竟有什么用处呢？颜习斋有个很好的譬喻：譬如事父母曰孝，应该研究如何去冬温、夏清、昏定、晨省，才算是孝。乃历代谈孝的人，都不如此研究，以为细谨小节。反而追问男女如何媾精，母亲如何怀胎，离去孝道不知几万里。像这类问题，不但无益，而且妨害实行的功夫。

理论上虽以不谈问题为佳，实际上，大凡建立一门学说，总有根本所在。为什么会发生这种学说？如何才有存在的价值？当然有多少原理藏在里边？所以不讨论学说则已，讨论学说，便有问题。无论何国，无论何派，都是一样。中国儒家哲学，所讨论的问题虽然很少，但比外国的古代或近代，乃至本国的道家或墨家，都不相同。即如希腊哲学由于爱智，由于好奇心，如何解释宇宙，如何说明万象，完全为是一种高尚娱乐，为满足自己的欲望。至于实际上有益无益，在所不管。西洋哲学，大抵同实际发生关系很少。古代如此，近代亦复如此。中国的道家和墨家，认为现实的事物都很粗俗，没有研究的价值；要离开社会，找一个超现实的地方，以为安身立命之所。虽比专求知识较切近些，但离日常生活还是去得很远。惟有儒家，或为自己修养的应用，或为改良社会的应用，对于处世接物的方法，要在学理上求出一个根据来。研究问题，已陷于空；不过比各国及各家终归要切实点。儒家问题与其他哲学问题不同就在于此。儒家的问题别家也许不注重，别家的问题儒家或不注重，或研究而未精。看明了这一点，才能认识他的价值。

现在把几个重要问题分别来讲。

一　性善恶的问题

"性"字在孔子以前，乃至孔子本身，都讲得很少。孔子以前的，在《书经》上除伪古文讲得很多可以不管外，真的只有两处。《西伯戡黎》有"不虞天性,不迪率典",《召诰》有"节性惟日其迈"。"不虞天性"的"虞"字,郑康成释为"审度"。说纣王不审度天性,即不节制天性之谓。我们看节性惟日其迈,意思就很清楚。依郑氏的说法,"虞"字当作"节"字解;那末《书经》上所说的性,都不是一个好东西,应当节制它才不会生出乱子来。

《诗经》卷阿篇"岂弟君子,俾尔弥尔性"。语凡三见。朱诗集传根据郑笺说:"弥,终也,性,犹命也。"然则性即生命,可以勉强作为性善解。其实"性"字,造字的本意原来如此。性即"生"加"忄",表示生命的心理。照这样讲,《诗经》所说性字,绝对不含好坏的意思。《书经》所说"性"字,亦属中性,比较偏恶一点。

孔子以前对于性字的观念如此,至于孔子本身亦讲得很少。子贡尝说:"夫子之言性与天道,不可得而闻也。"《论语》算是可靠了,里边有很简的两句:"性相近也,习相远也。"下面紧跟着是:"惟上智与下愚不移。"分开来讲,各皆成理,可以说得通。补上去讲,就是说中人之性,可以往上往下;上智下愚生出来便固定的,亦可以说得通。贾谊陈政事疏引孔子语:"少成若天性,习惯成自然。"这两句话好像"性相近,习相远"的注脚。贾谊用汉人语,翻译出来的,意味稍为不同一点。

假使《周易》的系辞文言是孔子作,里面讲性的地方到很多。《乾彖传》说:"乾道变化,各尽性命。"《乾卦文言传》说:"乾元者,始而亨者也。利贞者,性情也。"《系辞上传》说:"一阴一阳之谓道,继之者善也,成之者性也"。又说:"成性存存,道义之门。"《说卦传》说:"和顺于道德而理于义,穷理尽性以至于命。"诸如此类很多,但是系辞里边互相冲突的地方亦不少。第三句与第四句冲突,第四句与第五句亦不一样,我们只能用作参考。假使拿他们当根据,反把性相近习相远的本义,弄不清楚了。

子贡说:"性与天道,不可得而闻。"可见得孔子乃至孔子以前,谈性的很少。以后为什么特别重要了呢?因为性的问题,偏于教育方面。为什么要教育?为的是人性可以受教育;如何实施教育?以人性善恶作标准。无论教人或教自己,非先把人性问题解决,教育问题没有法子进行。一个人意志自由的有无,以及为善、为恶的责任,是否自己担负,都与性有关系。性的问题解决,旁的就好办了。孔子教人以身作则,门弟子把他当作模范人格,一言一动都依他的榜样。但是孔子死后,没有人及得他的伟大教育的规范,不能不在性字方面下手。性的问题因此发生。我看发生的时候,一定去孔子之死不久。

王充《论衡》的本性篇说:"……周人世硕以为人性有善有恶。举人之善性,养而致之,则善长;性恶,养而致之,则恶长。如此性各有阴阳善恶,在所养焉。故世子作养性书一篇。宓子贱、漆雕开、公孙尼子之徒,亦论情性,与世子相出入,皆言性有善有恶。……"世子,王充以为周人,《汉书·艺文志》以为孔子再传弟子,主张性有善恶,有阴阳,要去养他,所以作养性书。可惜现在没有了。宓子贱、漆雕开、公孙尼子俱仲尼弟子,其著作具载于《汉书·艺文志》,王充曾看见过。

宓子贱、漆雕开以后,释性的著作有《中庸》。《中庸》这篇东西,究竟在孟子之前,还是在孟子之后,尚未十分决定。崔东壁认为出在孟子之后,而向来学者都认为子思所作。子思是孔子之孙,曾子弟子,属于七十子后学者。如《中庸》真为子思所作,应在宓漆之后,孟子之前。而性善一说,《中庸》实开其端。《中庸》起首几句,便说:"天命之谓性,率性之谓道,修道之谓教。"率性,另有旁的解法。若专从字面看,朱子释为:率,循也。率与节不同,节讲抑制,含有性恶的意味。率讲顺从,含有性善的意味。又说:"唯天下至诚,为能尽其性;能尽其性,则能尽人之性;能尽人之性,则能尽物之性;能尽物之性,则可以赞天地之化育;可以赞天地之化育,则可以与天地参矣。"这段话,可以作"率性之谓道"的解释。"率性",为孟子性善说的导端;"尽性",成为孟子扩充说的根据。就是依照我们本来的性,放大之,充满之。《中庸》思想很有点同孟子相近。荀子非十二子篇,把子思、孟子一块骂,说道:"略法先王,而不知其统。犹然而材剧志大,闻见杂博。……子思唱之,孟子和之,世俗之沟犹瞀儒,嚾嚾然不知其所非也。"这个话,不为无因。孟子学说,造端于《中庸》地方总不会少。

一面看《中庸》的主张,颇有趋于性善说的倾向;一面看系辞说卦说,"一阴一阳之谓道,继之者善也,成之者性也"。"穷理尽性,以至于命",亦是近于性善说的话。如系辞为七十子后学者所作,至少当为子思一派。或者子思的学说,与孟子确有很大的影响。系辞文言非孔子所作,因为里面称"子曰"的地方很多,前回已经说过了。象辞象辞,先儒以为孔子所作,更无异论。其中所谓"乾道变化,各尽性命",与系辞中所讲性,很有点不同,不过生之谓性的意思。此外,象辞象辞不知道还有论性的地方没有,应该聚起来,细细加以研究。

大概孔子死后,弟子及再传弟子,俱讨论性的问题。主张有善有恶,在于所养,拿来解释孔子的"性相近,习相远"两句话。自孔子以后,至孟子以前,儒家的见解都是如此。到孟子时代,性的问题,愈见重要。与孟子同时,比较稍早一点的有告子。《告子》上下篇,记告孟辩论的话很多。告子生在孟前,孟子书中有"告子先我不动心"的话。墨子书中,亦有告子。不知只是一人抑是二人。勉强凑合,可以说上见墨子,下见孟子。

这种考据的话,暂且不讲。单讲告子论性,主张颇与宓子贱及世子相同。告子说:"生之谓性。"造字的本义,性就是人所以生者。既承认生之谓性,那末,善恶都说不上,不过人所以生而已。又说:"食色性也。"这个性完全讲人,专从血气、身体上看性,更没有多少玄妙的地方。赤裸裸的,一点不带色彩。他的结论是:"性无善无不善也。"由告子看来,性完全属于中性,这是一说。

同时公都子所问还有两说。或曰:"性可以为善,可以为不善。"或曰:"有性善,有性不善。"第一说同告子之说,可以会通。因为性无善无不善,所以性可以为善,可以为不善。再切实一点讲,因为性有善有不善,所以可以为善,可以为不善。第二说,有性善有性不善,与性有善有不善不同。前者为人的差异,后者为同在一人身中,部分的差异。所以说:"文武兴则民好善,幽厉兴则民好暴。"只要有人领着群众往善方面走,全社会都跟着往善走。又说:"以尧为君而有象,以瞽瞍为父而有舜。"瞽瞍的性恶不碍于舜的性善。这三说都可以谓之离孔子原意最近。拿去解释性相近习相远的话,都可以说得通。

孔子所说的话极概括,极含浑。后来偏到两极端,是孟子与荀子。孟子极力主张性善。公都子说他:"今曰性善,然则彼皆非欤。"

孟子所主的性善,乃是说:"君子所性仁、义、礼、智,根于心。"这句话如何解释呢?《公孙丑·上》说:"恻隐之心,仁之端也;羞恶之心,义之端也;辞让之心,礼之端也;是非之心,智之端也。人之有是四端也,犹其有四体也。"这几种心都是随着有生以后来的。《告子·上》又说:"口之于味也,有同耆焉;耳之于声也,有同听焉;目之于色也,有同美焉。至于心,独无所同然乎?心之所同然者何也?谓礼也,义也。圣人先得我心之所同然耳。故理义之悦我心,犹刍豢之悦我口。"这类话讲得很多。他说仁义礼智,或说性是随着有生就来的。人的善性,本来就有好像口之于美味、目之于美色一样,尧舜与吾同耳。

人性本善,然则恶是如何来的呢?孟子说是习惯、是人为,不是原来面目。凡儒家总有解释孔子的话:"心之所同然。""圣人与我同类。"这是善,是性相近;为什么有恶,是习相远。《告子·上》又说:"牛山之木尝美矣,以其郊于大国也,斧斤伐之,可以为美乎?是其日夜之所息,雨露之所润,非无萌蘖之生焉,牛羊又从而牧之,是以若彼濯濯也。人见其濯濯也,以为未尝有材焉,此岂山之性也哉?虽存乎人者,岂无仁义之心哉?其所以放其良心者,亦犹斧斤之于木也,旦旦而伐之,可以为美乎?其日夜之所息,平旦之气,其好恶与人相近也者几希,则其旦昼之所为,有梏亡之矣。梏之反覆,则其夜气不足以存;夜气不足以存,则其违禽兽不远矣。人见其禽兽也,而以为未尝有才焉者,是岂人之情也哉?"这是用树林譬喻到人。树林所以濯濯,因为斩伐过甚;人所以恶,因为失其本性。所以说:"若夫为不善,非才之罪也。"人性,本是善的;失去本性,为习染所误,才会作恶。好像水本是清的,流入许多泥沙,这才逐渐转浊。水把泥沙淘净,便清了;人把坏习惯去掉,便好了。自己修养的功夫以此为极点,教育旁人的方法,亦以此为极点。

孟子本身对于性字,没有简单的定义。从全部看来,绝对主张性善。性善的本原只在人身上,有仁、义、礼、智四端,而且四端亦就是四本。《公孙丑·上》讲:"无恻隐之心非人也。无羞恶之心非人也。无辞让之心非人也。无是非之心非人也。"说明人皆有恻隐之心,以乍见孺子将入于井为例。下面说:"非所以内交于孺子之父母也,非所以要誉于乡党朋友也,非恶其声而然也。"赤裸裸的只是恻隐,不杂一点私见。这个例确是引得好,令我们不能不承认,恻隐之心,人皆有之。可惜羞恶之心、恭敬之心、是非之心,就没有举出例来。我们觉得有些地方,即如辞让之心,便很难解答。若能起孟子而问之,倒是一件很有趣的事情。孟子专看见善的方面,没有看见恶的方面,似乎不大圆满。荀子主张与之相反。要说争夺之心,人皆有之,倒还对些。那时的人如此,现在的人亦然。后来王充《本性篇》所引如商纣、羊舌食我一般人,仿佛生来就是恶的,不能不承认他们有一部分的理由。孟子主张无论什么人,生来都是善的;要靠这种绝对的性善论作后盾,才树得起这派普遍广大的教育原理。不过单作为教育手段,那是对的。离开教育方面,旁的地方,有的说不通,无论何人亦不能为他作辩护。

因为孟子太高调、太极端,引起反动,所以有荀子出来主张性恶。性恶篇起头一句便说:"人之性恶,其善者伪也。"要是不通训诂,这两句话很有点骇人听闻。后人攻击他,就因为这两句。荀子比孟子晚百多年，学风变得很利害。讲性不能笼统地发议论，要根据论理学，先把名词的定义弄清楚。在这个定义的范围内，再讨论其性质若何。"性恶"是荀子的结论。为什么得这个结论？必先分析"性"是什么东西，再分析"伪"是什么东西；"性""伪"都弄明白了，自然结论也就明白了。什么是"性"？《正名篇》说："生之所以然者谓之性。"与告子"生之谓性"含义正同。底下一句说："性之和所生，精合感应，不事而自然谓之性。"便是说自然而然如此，一点不加人力。性之外，还讲情。紧跟着说："性之好恶喜怒哀乐谓之情。"这是说情是性之发动出来的，不是另外一个东西，即性中所含的喜怒哀乐，往外发泄出来的一种表现。什么是"伪"？下面又说："情然而心为之择，谓之虑；心虑而能为之动，谓之伪。""能"字荀子用作"态"字，由思想表现到耳目手足。紧跟着说："虑积焉能习焉而后成，谓之伪。"这几段话，简单的说，就是天生之谓"性"，人为之谓"伪"。天生本质是恶的，人为陶冶，逐渐变善。所以他的结论是："人之性恶，其善者伪也。"

荀子对于性解释的方法与孟子相同，惟意义正相反。《性恶篇》说："今人之性生而有好利焉，顺是故争夺生而辞让亡焉；生而有疾恶焉，顺是故残贼生而忠信亡焉；生而有耳目之欲，有好声色焉，顺是故淫乱生而礼义文理亡焉。然则从人之性，顺人之情，必出于争夺，合于犯分乱理而归于毕。故必将有师法之化，礼义之道，然后出于辞让，合于文理，而归于治。用此观之，然则人之性恶明矣，其善者伪也。故枸木必将待檃栝烝矫然后直，钝金必将待砻厉然后利，人之性恶必将待师法然后正，得礼义然后治。"这段话是说顺着人的本性，只有争夺、残贼、淫乱，应当用师法礼义去矫正他。犹之乎以树木作器具,要经过一番人力一样。《性恶篇》还有两句说:"不可学不可事之在天者,谓之性。可学而能,可事而成之在人者,谓之伪。是性伪之分也。"这两句话,说得好极了。性、伪所以不同之点,讲得清清楚楚的。《礼论篇》还有两句说:"性者,本始材朴也;伪者,文理隆盛也。无性则伪之无所加,无伪则性不能自美。"这是说专靠原来的样子,一定是恶的;要经过人为,才变得好。

荀子为什么主张性恶? 亦是拿来作教育的手段。孟子讲教育之可能,荀子讲教育之必要。对于人性若不施以教育,听其自由,一定堕落。好像枸木钝金,若不施以蒸矫锛厉,一定变坏。因为提倡教育之必要,所以主张性恶说。一方面如孟子的极端性善论,我们不能认为真理;一方面如荀子的极端性恶论,我们亦不完全满意。不过他们二人,都从教育方面着眼:或主性善,或主性恶,都是拿来作教育的手段,所以都是对的。孟子以水为喻,荀子以矿为喻。采得一种矿苗,如果不淘,不炼不铸,断不能成为美的金器。要认性是善的,不须教育,好像认矿是纯粹的,不须锻炼。这个话,一定说不通。对于矿要加工夫,对于人亦要加工夫;非但加工夫,而且要常常加工夫。这种主张,在教育上有极大的价值。但是离开教育,专门讲性,不见得全是真理。我们开矿的时候,本来是金矿,才可以得金,本来是锡矿,绝对不能成金。

孟荀以前,论性的意义,大概包括情性并讲,把情认为性的一部分。孟子主性善。《告子·上》论情说:"乃若其情,则可以为善矣,乃所谓善也。"性善所包括的情亦善。荀子主性恶。《正名篇》论情说:"不事而自然谓之性,性之好恶喜怒哀乐谓之情。"性恶所包括的情亦恶。笼统地兼言性情,把情作为性的附属品,汉以前学者如此。

至汉,学者主张分析较为精密。一面讲性的善恶,一面讲情的善恶。头一个是董仲舒,最先提出情性问题。《春秋繁露·深察名号篇》说:"……天地之所生,谓之性情。性情相与,为一瞑,情亦性也。谓性已善,奈其情何?故圣人莫谓性善,累其名也;身之有性情也,若天之有阴阳也。言人之质而无其情,犹言天之阳而无其阴也。"董子于性以外,专提情讲。虽未把情撇在性外,然渐定性情对立的趋势。王充《论衡·本性篇》说:"董仲舒览孙孟之书,作性情之说曰:'天之大经,一阴一阳;人之大经,一情一性。性生于阳,情生于阴。阴气鄙,阳气仁。曰性善者,是见其阳也;谓恶者,是见其阴者也……'"人有性同情,与天地的阴阳相配,颇近于玄学的色彩。而谓情是不好的东西,这几句话,《春秋繁露》上没有,想系节其大意。董子虽以阴阳对举,而阳可包阴;好像易以乾坤对举,而乾可包坤一样。《春秋繁露》的话,情不离性而独立。《论衡》加以解释,便截然离为二事了。大概董子论性有善有恶。《深察名号篇》说:"人之诚,有贪有仁。仁贪之气,两在一身。"这个话,比较近于真相。孟子见仁而不见贪,谓之善;荀子见贪不见仁,谓之恶;董子调和两说谓:"仁贪之气,两在一身。"所以有善有恶。王充批评董子,说他"览孙孟之书,作性情之说"。这个话有语病。他并不是祖述那一个的学说,不过他的结论,与荀子大致相同。《深察名号篇》说:"天生民性,有善质而未能善。""今万民之性,待外教然后能善。"《实性篇》又说:"名性者,中民之性。中民之性,如茧如卵。卵待覆二十日而后能为雏,茧待缫以涫汤而后能为丝,性待渐于教训而后能为善。善教训之所然也。"孟子主张性无有不善,他不赞成。荀子主张人之性恶,他亦不赞成。但是他的结论,偏于荀子方面居多。董子虽主情包括于性中,说:"情亦性也",但情性二者,几乎立于对等的地位。后来情性分阴阳,阴阳分善恶,逐渐变为善恶二元论了。汉朝一代的学者,大概都如此主张。《白虎通》乃东汉聚集许多学者,讨论经典问题,将其结果编撰而成一部书。其中许多话,可以代表当时大部分人的思想。《白虎通·情性篇》说:"情性者,何谓也?性者阳之施,情者阴之化也。人禀阴阳气而生,故内怀五性六情。情者静也,性者生也。此人所禀天气以生者也。故钩命决曰:'情生于阴,欲以时念也。性生于阳,以理也。阳气者仁,阴气者贪。故情有利欲,性有仁也。'"这些话,祖述董仲舒之说。董未划分,《白虎通》已分为二。王充时,已全部对立了。许慎《说文》说:"性,人之阳气性善者也。""情,人之阴气有欲者。"此书成于东汉中叶,以阴阳分配性情。性是善的,情是恶的。此种见地,在当时已成定论。王充罗列各家学说,归纳到情性二元,善恶对立,为论性者树立一种新见解。

情性分家,东汉如此,到了三国讨论得更为热烈。前回讲儒学变迁,说钟会作《四本论》,讨论才性同,才性异;才性合,才性离的问题。才大概即所谓情。孟子说:"乃若其情,则可以为善矣,乃所谓善也。若夫为不善,非才之罪也。"情才有密切关系,情指喜怒哀乐,才指耳目心思,都是人的器官。《四本论》这部书,可惜丧失了,内中所说的才是否即情,尚是问题,亦许才即是情。董尚以为附属,东汉时,已对立。三国时,更有同异离合之辩。后来程朱颜戴所讲,亦许他们早说过了。大家对于情的观念,认为才是好东西。这种思想的发生,与道家有关系,与佛教亦有关系。何晏著《圣人无喜怒哀乐论》主张把情去干净了,便可以成圣人,这完全受汉儒以阴阳善恶分性情的影响。

到唐朝,韩昌黎出,又重新恢复到董仲舒原性说:"性也者,与生俱生者也;情也者,接于物而生也。性之品有三,而其所以为性者五。情之品有三,而其所以为情者七。……性之品有上中下三……其所以为性者有五:曰仁,曰礼,曰信,曰义,曰智。性之于情视其品。情之品有上中下三,其所以为情者七:曰喜,曰怒,曰哀,曰惧,曰爱,曰恶,曰欲。……情之于性视其品。"这是性有善中恶的区别,情亦有善中恶的区别。韩愈的意思,亦想调和孟荀,能直接追到董仲舒;只是发挥未透,在学界上地位不高。他的学生李翱就比他说得透彻多了。李翱这个人,与其谓之为儒家,毋宁谓之为佛徒。他用佛教教义,拿来解释儒书,并且明目张胆的把情划在性之外,认情是绝对恶的。《复性书》上说:"人之所以为圣人者,性也。人之所以感其性者,情也。喜、怒、哀、乐、爱、恶、欲七者,皆情之所为也。情既昏,性斯匿矣,非性之过也。七者循环而交来,故性不能充也。……性之动静弗息,则不能复其性。"这是说要保持本性,须得把情去掉了。若让情尽量发挥,本性便要丧失。《复性书》中紧跟着说:"将复其性者,必有渐也。敢问其方,曰:'弗虑弗思,情则不生,情既不生,乃为正思。正思者,无虑无思也。'"照习之的说法,完全成为圣人,要没有喜、怒、哀、乐、爱、恶、欲,真是同槁木死灰一样。他所主张的复性,是把情欲铲除干净,恢复性的本原。可谓儒家情性论的一种大革命。从前讲节性、率性、尽性,是把性的本身抑制他、顺从他,或者扩充他。没有人讲复性,复性含有光复之意。如像打倒满清,恢复汉人的天下,这就叫复。假使没有李翱这篇，一般人论性，都让情字占领了去，反为失却原样。如何恢复？就是去情。习之这派话，不是孔子，不是孟子，不是荀子，不是董子，更不是汉代各家学说。完全用佛教的思想和方法，拿来解释儒家的问题。自从《复性书》起，后来许多宋儒的主张，无形之中受了此篇的暗示。所以宋儒的论性，起一种很大的变化，与从前的性论，完全不同。

宋儒论性，最初的是王荆公。他不是周程朱张一派，理学家他排斥在外。荆公讲性，见于本集性情论中。他说："性情一也。七情之未发于外，而存于心者，性也。七情之发于外者，情也。性者，情之本。情者，性之用。情而当于理，则圣贤。不当于理，则小人。"此说在古代中，颇有点像告子。告子讲："生之谓性""食色性也""性，可以为善，可以为不善"。与"当于理则君子，不当于理则小人"之说相同。荆公在宋儒中，最为特别，极力反对李翱一派的学说。

以下就到周濂溪、张载、程颢、程颐、朱熹，算是一个系统。他们几个人，虽然根本的主张，出自李翱，不过亦有多少变化。其始甚粗，其后甚精。自孔子至李翱，论性的人，都没有用玄学作根据。中间只有董仲舒以天的阴阳，配人的性情讲，颇带玄学气味。到周程张朱一派，玄学气味更浓。濂溪的话，简单而费解。《通书·诚几德章》说："诚无为，几善恶。"这是解性的话。他主张人性二元，有善有恶。《太极图说》又云："无极而太极，太极动而生阳。动极而静，静而生阴。"他以为有一个超绝的东西，无善无恶，即诚无为。动而生阴，即几善恶。几者，动之微也。动了过后，由超绝的一元，变为阴阳善恶的二元。董子所谓天，即周子所谓太极。周子这种诚无为、几善恶的话，很简单。究竟对不对，另是一个问题。我们应知道的，就是二程张朱，后来都走的这条路。张横渠的《正蒙·诚明篇》说："形而后有气质之性，善反之则天地之性存焉。故气质之性，君子有弗性者。"形状尚未显著以前，为天理之性。形状显著以后，成为气质之性。天理之性，是一个超绝的东西。气质之性，便有着落，有边际。李翱以前，情性对举是两个分别的东西；横渠知道割开来说不通，要把喜怒哀乐去掉，万难自圆其说。所以在性的本身分成两种，一善一恶，并且承认气质之性是恶的。比李翱又进一步了。

　　明道亦是个善恶二元论者。《二程全书·卷二》说："论性不论气，不备；论气不论性，不明。"他所谓气，到底与孟子所谓情和才，是全相合，或小有不同，应当另外研究。他所谓性，大概即董子所谓情，论情要带着气讲。又说："生之谓性，性即气，气即性。人生气禀，理有善恶，然不是性中元有此；两两相对而生，有自幼而善，有自幼而恶，气禀有然也。善，固性也；然恶亦不可不谓之性。"他一面主张孟子的性善说——宋儒多自命为孟子之徒；一面又主张告子的性有善有恶说。生之谓性一语，即出自告子。最少他是承认人之性善恶混，如像董仲舒、扬雄一样。后来觉得不能自圆其说了，所以发为遁词。又说："人生而静以上不容说，才说性时，便已不是性也。"这好像禅宗的派头，才一开口，即便喝住。从前儒家论性，极其平实，到明道时，变成不可捉摸，持论异常玄妙，结果生之谓性是善，不用说，有了形体以后，到底怎么样，他又不曾说清楚，弄得莫明其妙了。伊川的论调，又自不同，虽亦主张二元，但比周张大程都具体得多。《近思录·道体类》说："性出于天，才出于气。气清则才清，气浊则才浊。

气则有善有不善,才则无善无不善。"这种话与横渠所谓天理之性,气质之性,立论的根据很相接近。全书卷十九又说:"性无不善,而有善有不善者才也。性即是理,理则自尧舜至于途人一也。才,禀于气,气有清浊,清者为贤,浊者为愚。"名义上说是宗法孟子,实际上同孟子不一样。孟子说:"若夫为不善,非才之罪也。"主张性、情、才全是善的。伊川说:"有善有不善者,才也。"两人对于才的见解,相差多了。伊川看见绝对一元论讲不通,所以主张二元。但他同习之不一样。习之很极端,完全认定情为恶的。他认定性全善,情有善有不善。才,即孟荀所谓性,性才并举,性即是理,理是形而上物,这是言性的一大革命。人生而近于善,在娘胎的时候,未有形式之前,为性,那是善的,一落到形而下,为才,便有善有不善。二程对于性的见解,实主性有善有不善,不过在上面,加上一顶帽子,叫做性之理。他们所谓性,与汉代以前所谓性不同,另外是一个超绝的东西。

  朱熹的学问完全出于伊川、横渠,他论性,即由伊川、横渠的性论引申出来。《学》的上篇说:"论天地之性,则专主理;论气质之性,则以理与气离而言之。"这完全是解释张横渠的话。《语类·一》又说:"性者,人之所得于天之理;生者,人之所得于天之气。"他把性同生分为两件事,与从前生之谓性的论调不一样。从大体看,晦翁与二程主张相似,一面讲天之理,一面讲天之气。单就气质看,则又微有不同。二程谓气质之性,有善有不善,属于董子一派。晦翁以为纯粹是恶的,属于荀子一派。因为天地之性是超绝的,另外是一件事,可以不讲。气质之性是恶的,所以主张变化气质。朱子与李翱差不多,朱主变化气质,李主消灭情欲。朱子与张载差不多,张分天地之性、气质之性,朱亦分天地之性、气质之性。气质是不好的,要设法变化他,以复本来之性。《大学·章句》说:"明德者,人之所得乎天而虚灵不昧,以具众理,而应万事者也。但为气禀所拘,人欲所蔽,则有时而昏。然本体之明,则有未尝息者。故学者当因其所发而遂明之,以复其初也。"恢复从前的样子,这完全是李翱的话,亦即荀子的话。周程张朱这派,其主张都从李翱脱胎出来,不过理论更较完善精密而已。

与朱熹同时的陆象山就不大十分讲性,《象山语录》及文集,讲性的地方很少。朱子语录有这样一段:"问子静不喜人论性,曰,怕只是自己理会不曾分晓,怕人问难,又长大了,不肯与人商量,故一截截断。然学而不论性,不知所学何事?"朱子以为陆子不讲这个问题,只是学问空疏。陆子以为朱子常讲这个问题,只是方法支离,不单训诂、考据,认为支离,形而上学,亦认为支离。朱陆辩太极图说,朱子抵死说是真的,陆子绝对指为伪的,可见九渊生平不喜谈玄。平常人说陆派谈玄,近于狂禅,这个话很冤枉。其实朱派才谈玄,才近于狂禅。性的问题,陆子以为根本上用不着讲。这种主张,固然有相当的理由,不过我们认为还有商酌的余地。如像大程子所谓"才说性时,便已不是性",那真不必讨论。但是孟、荀的性善、性恶说,确有讨论的必要,在教育方面,其他方面,俱有必要。总之,宋代的人性论是程朱一派的问题,陆派不大理会,永嘉派亦不大理会。

明人论性,不如宋人热闹。阳明虽不像子静绝对不讲,但所讲并不甚多,最简单的,是他的四句之教:"无善无恶性之体,有善有恶意之动,知善知恶是良知,为善去恶是格物。"据我们看,阳明这个话说得很对。从前讲性善性恶都没有定范围,所以说来说去莫衷一是。

认真说，所讨论的那么多，只能以"无善无恶性之体"七字了之。程朱讲性，形而上是善，形而下是恶。阳明讲性，只是中性，无善无恶；其他才、情、气都是一样，本身没有善恶。用功的方法，在末后二句。孟、荀论性很平易切实，不带玄味。程、朱论性，说得玄妙超脱，令人糊涂。陆、王这派，根本上不大十分讲性，所以明朝关于这个问题的论调很少，可以从略。

清代学者对于程、朱起反动，以为人性的解释要恢复到董仲舒以前，更进一步，要恢复到孟、荀以前。最大胆、最爽快的推倒程、朱自立一说，要算颜习斋了。习斋以为宋儒论性，分义理气质二种，义理之性与人无关，气质之性又全是恶，这种讲法在道理上说不通。他在《颜氏学记》中主张："不惟气质非吾性之累，而且舍气质无以存养心性。"他不惟反对程、朱，而且连孟子杞柳杯棬之喻亦认为不对，又说："孔孟以前责之习，使人去其所本无。程朱以后责之气，使人憎其所本有。"他以为历来论性都不对，特别是程、朱尤其不对。程子分性气为二，朱子主气恶，都是受佛氏六贼之说的影响。《颜氏学记》卷二说："……若谓气恶，则理亦恶；若谓理善，则气亦善。盖气即理之气，理即气之理，乌得谓理纯一善，而气质偏有恶哉？譬之目矣，眶疱睛气质也，其中光明，能见物者性也。将谓光明之理，专视正色，眶疱睛乃视邪色乎？余谓光明之理，固是天命，眶疱睛皆是天命，更不必分何者是天命之性，何者是气质之性，只宜言天命人以目之性光明。能视即目之性善，其视之也，则情之善，其视之详略远近，则才之强弱，皆不可以恶言。盖详且远者固善，即略且近亦善，第不精耳，恶于何加？惟因有邪色引动，障蔽其明，然后有淫视而恶始名焉。然其为之引动者,性之咎乎?气质之咎乎?若归咎于气质,是必无此目而后可全目之性矣,非佛氏六贼之说而何?"他极力攻击李习之的话亦很多,不过没有攻击程、朱的话那样明显,以为依李之说,要不发动,才算是性;依程、朱之说,非搞目不可了。这种攻击法,未免过火,但是程朱末流流弊所及,最少有这种可能性。他根本反对程朱把性分为两橛,想恢复到孟子的原样,这是他中心的主张,所有议论俱不过反复阐明此理而已。

戴东原受颜氏的影响很深,他的议论与颜氏多相吻合,最攻击宋儒的理欲二元说,以为理是条理,即存于欲中,无欲也就无由见理。他说:"理者,察之而几微,必区以别之名也,是故谓之'分理。'在物之质曰'肌理',曰'腠理',曰'文理',得其分有条而不紊,谓之'条理'。"理存于欲,宋儒虽开人生,缈缈茫茫的另找一个超绝的理,把人性变成超绝的东西,这是一大错误。东原所谓性,根据乐记几句话:"人生而静,天之性也;感于物而动,性之欲也;不能反躬,天理灭矣。"由这几句话,引申出来,以成立他的理欲一元,性气一元说。《孟子字义疏证》说:"人之精爽,能进于神明,岂求诸气禀之外哉?"又说:"理也者,情之不爽失者也。无过情,无不及情,谓之性。"《答彭进士书》又说:"情欲未动,湛然无失,是为天性。非天性自天性,情欲自情欲,天理自天理也。"大概东原论性,一部分是心理,一部分是血气,吾人做学问要把这两部分同时发展,所谓存性尽性,不外乎此。习斋、东原都替孟子作辩护,打倒程、朱。习斋已经很爽快了,而东原更为完密。

中国几千年来,关于性的讨论,其前后变迁,大致如此。以前没有拿生性学、心理学作根据,不免有悬空肤泛的毛病。东原以后,多少受了心理学的影响,主张又自不同。往后再研究这个问题必定更要精密得多,变迁一定是很大的,这就在后人的努力了。

二　天命的问题

前次所讲,不过把研究的方法,说一个大概。认真说儒家哲学到底有多少问题,每个问题的始末何如,要详细讲,话就长了。一则讲义体,不能适用,再则养病中,预备很难充分,所以只得从略。不过这种方法,我认为很好,大家来着手研究,一定更有心得。要不研究,专门批评亦可以。现在接续着讲几个问题,因时间关系,不能十分详细,仅略引端绪而已。

今天讲天同命的问题。这两个问题有密切的关系,为便利起见,略分先后,先讲天,后讲命。天之一字,见于书经诗经中者颇多,如果一一细加考察,觉得孔子以前的人对于天的观念,与孔子以后的人对于天的观念不同。古代的天,纯为"有意识的人格神",直接监督一切政治,如《商书·汤誓》:"非台小子,敢行称乱,有夏多罪,天命殛之。"《盘庚》:"先王有命,恪谨天服,""予迓续乃命于天"。《高宗肜日》:"惟天监下民,典厥义,降年有永有不永,非天夭民,民中绝命。"《西伯戡黎》:"天既讫我殷命……故天弃我不有康食。不虞天命,不迪率典。"《微子》:"天毒降灾荒殷邦。"这几处,都讲天是超越的,另为主宰,有知觉情感与人同,但是只有一个。大致愈古这种观念愈发达,稍近则渐变为抽象的。

《夏书》几篇,大致不能信为很古。其中讲天的,譬如《尧典》:"乃命羲和,钦若昊天……敬授民时,""钦哉惟时亮天功"。《皋陶谟》:"天工人其代之?天叙有典,敕我五典五惇哉。天秩有礼,自我五礼有庸哉。……天命有德,五服五章哉。天讨有罪,五刑五用哉。……"《益稷》:"惟动王应徯志,以昭受上帝,天其申命用休。"假使这几篇是唐虞时代所作,则那时对于天的观念,与孔子很接近了。我们认为周代作品在孔子之前不多,可以与孔子衔接。其中的话虽然比较抽象,但仍认为有主宰,能视听言动,与基督教所谓上帝相同。

周初见于《书经》的,有《康诰》:"我西土惟时怙冒,闻于上帝,帝休,天乃大命文王,殪戎殷。"《酒诰》:"惟天降命,肇我民。"《梓材》:"皇天既付中国民,越厥疆土于先王。"《洛诰》:"王如弗敢及天,基命定命……公不敢不敬天之休。"《君奭》:"在昔上帝割,申劝宁王之德,其集大命于厥躬。……乃惟时昭文王,迪见冒闻于上帝,惟时受有殷命哉。"见于《诗经》的有《节南山》:"昊天不佣,降此鞠凶。昊天不惠,降此大戾。"《小明》:"明明上天,照临下土。"《文王》:"上天之载,无声无臭。仪刑文王,万邦作孚。""文王在上,于昭于天。"《维天之命》:"维天之命,于穆不已。于乎丕显,文王之德之纯。"这个时代的天道观念,已经很抽象,不像基督教所谓全知全能的上帝了。天命是有的,不过不具体而已。把天叙、天秩、天命、天讨那种超自然观念,变为于穆不已、无声无臭的自然法则,在周初已经成熟,至孔子而大进步,离开了拟人的观念,而为自然的观念。

孔子少有说天。子贡说:"夫子之言性与天道,不可得而闻也。"但是孔子曾经讲过这个话:"天何言哉?四时行焉,百物生焉,天何言哉?"这是把天认为自然界一种运动流行,并不是超人以外,另有主宰。不惟如此,《易经》彖辞、象辞也有。乾卦彖说:"大哉乾元,万物资始,乃统天。……"象曰:"天行健,君子以自强不息。"乾元,是行健自强的体,这个东西可以统天,天在其下。文言是否孔子所作,虽说尚有疑问,但不失为孔门重要的著作。乾卦的文言说:"……先天而天弗违,后天而奉天时,而况于人乎?而况于鬼神乎?"能自强不息,便可以统天,可见得孔子时代对于天的观念,已不认为超绝万物的人。按照《易经》的解释,不过是自然界的运动流行,人可以主宰自然界。

这种观念,后来儒家发挥得最透彻的要算荀子。《荀子·天论篇》说:"天行有常,不为尧存,不为桀亡。"天按照一定的自然法则运行,没有知觉感情,我们人对于天的态度应当拿作万物之一,设法制他,所以《天论篇》又说:"大天而思之,孰与物畜而制之?从天而颂之,孰与制天命而用之?"荀子认天不是另有主宰,不过一种自然现象,而且人能左右他。这些话,从"乾元统天""先天而天弗违"推衍出来的,但是比较更说得透彻些。儒家对于天的正统思想,本来如此。中间有墨子一派,比儒家后起,而与儒家相对抗,对于天道,另外是一种主张。

《墨子》的《天志篇》主张天有意志知觉,能观察人的行为,是万物的主宰。当时儒家的话一部分太玄妙,对于一般人的刺激不如墨家之深,所以墨家旧观念大大的发挥,在社会上很有势力。此外还有阴阳家,为儒家的别派,深感觉自然界力量的伟大,人类无如之何。他们专讲阴阳五行,终始五德之运,在社会上亦有相当的势力,虽不如墨家之大,亦能左右人心。此两种思想,后来互相结合,在社会上根深蒂固,一般学者很受影响。汉代大儒董仲舒,他就是受影响极深的一个人。《春秋繁露》中以天名篇的,有《天容》《天辨》《循天之道》《天地之行》《如天之为》《天地阴阳》《天地施共》七处。《为人者天》第四十一说:"为生不能为人,为人者天也。人之人,本于天。天亦人之曾祖父也。此人之所以乃上类天也。人之形体,化天数而成。人之血气,化天志而行。人之德行,化天理而义。人之好恶,化天之暖清。人之喜怒,化天之寒暑。人之受命,化天之四时。人生有喜怒哀乐之答,春秋冬夏之类也。"这种主张,说人是本于天而生,与《旧约·创世记》所称上帝于七天之中造就万物,最后一天造人一样。推就其来源,确是受墨家的影响。董子是西汉时代的学者,他的学说影响到全部分,全部分的思想亦影响到他。可见汉人的天道观念退化到周秦以上。董子讲天人之道,《贤良对》说:"……春秋之中,视前世已行之事,以观天人相与之际,甚可畏也。"又讲五行灾异,《汉书·本传》称:"……以春秋灾异之变,推阴阳所以错行,故求雨闭诸阳纵诸阴,其止雨,则反是。"汉儒讲灾异的人很多,朝野上下,都异常重视,因不仅仲舒为然。刘向是鲁派正宗,亦讲五行灾异。《洪范·五行传》差不多全部都是。董子《天人三策》,句句像墨家的话。《春秋繁露》所讲更多。其他汉儒大半如此。孔子讲天道,即自然界,是一个抽象的东西;董子讲天道,有主宰,一切都由他命令出来。《天人三策》说:"道之大原出于天,天不变,道亦不变。"这种说法同基督所谓上帝一样了。

真正的儒家,不是董子这种说法。儒家讲"人能弘道,非道弘人"。此类主张,就是乾元统天,先天而天弗违的思想。道之大原出于天,那另外是一种思想。汉人很失掉儒家的本意,宋代以后渐渐恢复到原样，惟太支离玄妙一些。如濂溪的《太极图说》，横渠的气一元论，明道的乾元一气论，伊川的天地化育论，晦翁的理气二元论，大概以天为自然法则，与孔子的见解尚不十分背谬。明代王阳明所讲更为机械，先讲心物一元，天不过物中之一，一切万物，皆由心造，各种自然法则，全由心出，可谓纯粹的唯心论。阳明对天的观念恢复到荀子、孔子，他说："天若是没有我，谁去仰他的高？地若是没有我，谁去看他的深？"这无异说是没有我就没有天，天地存在，依我而存在。王学末流，扩充得更利害。王心斋说："天我亦不做他，地我亦不做他，圣人我亦不做他"，把自我看得清洁，一切事物都没有到我的观念下面。宋元明对于儒家的观念，大概是恢复到孔门思想，比较上，宋儒稍为支离明儒稍为简切。几千年来，对于天的主张和学说，大概如此。

现在再讲命的问题。命之一字，最早见于《书经》的，有《高宗肜日》："降年有永有不永，非天夭民，民中绝命。"《西伯戡黎》："天既讫我殷命。……王曰：我生不有命在天。"《召诰》："天既遐终大邦殷之命，兹殷多先哲王在天。""若生子，罔不在厥初生，自余哲命。……王其德之用，祈天永命。"《洛诰》："王如弗敢及天，基命定命。"见于《诗经》的有《文王》："周虽旧邦，其命维新。有周不显，帝命不时。"《荡》："疾威上帝，其命多辟。天生烝民，其命匪谌。"《维天之命》："维天之命，于穆不已。"《思文》："贻我来牟，帝命率育。"《敬之》："敬之敬之，天维显思，命不易哉。"其他散见于各处的还很多。大致都说天有命，人民国家亦都有命。因古代人信天，自然不能不联带的信命了。

孔子很少说命。门弟子尝说："子罕言利与命与仁。"不过《论语》中亦有几处,如"五十而知天命""不知命,无以为君子也"。命是儒家主要观念,不易知,但又不可不知。墨子在在与儒家立于反对的地位,所以非命。依我们看来,儒家不信天,应亦不信命;墨家讲天志,应亦讲命定,可是结果适得其反,这是一件很有趣的事情。孔子既然不多讲命,要五十然后能知,那末他心目中所谓的命是怎样一种东西,没有法子了解。不过他曾说:"道之将行也欤,命也。道之将废也欤,亦命也。"这样看来,人仿佛要受命的支配,命一定了,无如之何。孔子以后,《易》象辞讲:"乾道变化各正性命。"《系辞》讲:"穷理尽性,以至于命。"《中庸》讲:"君子居易以俟命。"《孟子》尤其讲得多:"莫非命也,顺受其正。""夭寿不贰,修身以俟之,所以立命也。""知命者,不立乎岩墙之下。"历来儒家都主张俟命,即站在合理的地位,等命来,却不是白白的坐着等,要修身以俟之,最后是立命,即造出新命来。俟命是静的,立命便是动的了。

《孟子》有一章书,向来难解:"孟子曰,口之于味也,目之于色也,耳之于声也,鼻之于臭也,四肢之于安佚也,性也。有命焉,君子不谓性也。仁之于父子也,义之于君臣也,礼之于宾主也,智之于贤者也,圣人之于天道也,命也。有性焉,君子不谓命也。"这段话各家的解法不同,最后戴东原出,把"不谓"作为"不借口"讲。他说:"君子不借口于性以逞欲,不借口于命之限而不尽其材。"《孟子》这章书,头一段的意思,是一个人想吃好的、看好的、听好的,这是性,不过有分际;没有力做不到,只好听天安命,并不是非吃大菜,非坐汽车不可。肉体的欲望,人世的虚荣,谁都愿意,但切不要借口于性,以纵其欲。

第二段的意思，是说有些人生而有父母，有些人生而无父母；从前有君臣，现在无君臣；颜子闻一知十，子贡闻一知二；我们闻二才知一，或闻十才知一，这都是命，天生来就如此。不过有性，人应该求知识，向上进，不可借口聪明才力不如人，就不往前做。这两段话，很可以解释儒家使命立命之说。

命是儒家的重要观念，这个观念不大好，墨家很非难之。假使命由前定，人类就无向上心了。八字生来如此，又何必往前努力？这个话，于人类进步上很有妨害，并且使为恶的人有所假托。吾人生来如此，行为受命运的支配，很可以不负责任。儒家言命的毛病在此，墨家所以非之亦在此。一个人虽尽管不信命，但是遗传及环境无论如何摆脱不开，譬如许多同学中，有的身体强，有的身体弱，生来便是如此；身体弱的人，虽不一概放下，仍然讲求卫生，但是只能稍好一点，旁人生来身体好的，没有法子赶上。

荀子讲命，又是一种解释，他说："节遇谓之命。"他虽然不多言命，但是讲得很好。偶然碰上，就叫节遇，就叫命。遗传是节遇，环境亦是节遇。生来身体弱、不如旁人，生在中国不如外国，无论如何没有法子改变。庄子讲命很有点像儒家，他说："知其不可奈何，而安之若命。"天下无可奈何的事情很多，身体是一种，教育也是一种。许多人同我们一般年龄，因为没有钱念书，早晚在街上拉洋车，又有什么法子呢？儒家看遗传及环境很能支配人，但是没有办法，只好逆来顺受，听天安命。身体不好，天天骂老太爷老太太无用；没有钱念书，天天骂社会、骂国家，亦没有用。坏遗传环境，亦只好安之。人们受遗传及环境的支配，无可如何的事情很多。好有好的无可如何，坏有坏的无可如何;贫有贫的无可如何,富有富的无可如何。自己贫,不要羡慕人家富;自己坏,不要羡慕人家好。定命说虽有许多毛病,安命说却有很大的价值。个人的修养,社会的发达,国家的安宁,都有密切关系。若是大家不安命,对于已得限制绝对不安,自己固然不舒服,而社会亦日趋纷乱。

安命这种思想,儒家看很重。不仅如此,儒家还讲立命,自己创造出新命来。孟子讲:"夭寿不贰,修身以俟之,所以立命也。"这是说要死只得死,阎王要你三更死,谁肯留人到五更? 但不去寻死,知命者,不立乎岩墙之下。身体有病,就去就医,自己又讲卫生,好一分,算一分,不求重病,更不求速死。小之一人一家如此,大之国家社会亦复如此。譬如万一彗星要与地球相碰,任你有多少英雄豪杰,亦只得坐而待毙。但是如果可以想法避去,还是要想法子,做一分算一分,做不到没法子,只好安之,不把努力工作停了。孔子所谓"知其不可为而为之",就是这个意思。孔子知命,所以很快乐。"发愤忘食,乐以忘忧,不知老之将至云耳。"一面要安命,君子不怨天,不尤人;一面要立命,知其不可为而为之,这是吾人处世应当取的态度。普通讲征服自然,其实并没有征服多少。日本自明治维新以后,几十年的经营努力,所造成的光华灿烂的东京,前年地震,几分钟的工夫,便给毁掉了。所谓文明,所谓征服,又在哪里? 不过人的力量虽小,终不能不工作。地震没有法子止住,然有法可以预防,防一分算一分。儒家言命的真谛就是如此。

宋儒、明儒都很虚无缥缈,说话不落实际,可以略去不讲。清代学者言命的人颇多,只有两家最说得好。一个是戴东原《孟子字义疏证》卷中解释:"口工作于味也。……"一段说:"……'谓'犹云借口耳,君子不借口于性以逞其欲,不借口于命之限而不尽其材。'不谓性',非不谓之为性,'不谓命',非不谓之为命。"这几句话把安命立命的道理说得异常透彻,而且异常恰当。一个是李穆堂。《穆堂初稿·卷十》之八说:"是故有定之命,则居易以俟之,所以息怨尤。天定之命,则修身以立之,所以扶人极也。"这是讲安命说、立命说的功用。又说:"有定之命有四:曰天下之命,曰一国之命,曰一家之命,曰一身之命。……无定之命亦有四……"这是讲小至一身一家,大至国家天下,其理都是一样。数千年来言命,孟荀得其精粹,戴李集其大成,此外无可说,此后亦无可说了。

三　心体问题

这个问题,孔子时代不十分讲。孔子教人,根本上就很少离开耳目手足专讲心。本来心理作用很有许多起于外界的刺激,离开耳目手足专讲心,事实上不可能。孔子教人"非礼勿视,非礼勿听,非礼勿言,非礼勿动"。视听言动还是起于五官的感觉,没有五官,又从哪里视听言动起?《论语》称颜子"其心三月不违仁",为儒家后来讲心的起点。仁为儒家旧说,心为后起新说,心仁合一,颜子实开端绪。

因为《论语》有这个话,引起道家的形神论。除开体魄以外,另有所谓灵魂。而附会道家解释儒家的人,渐渐发生一种离五官专讲心的学说。《庄子·人间世》称颜子讲心斋,他说:"回之家贫,唯不饮酒不茹荤者数月矣。若此则可以为斋乎?"孔子说:"是祭祀之斋,非心斋也。"颜子问道:"敢问心斋。"孔子说:"若一志,无听之以耳而听之以心；无听之以心而听之以气。听止于耳，心止于符。气也者，虚而待物者也。唯道集虚，虚者，心斋也。"这类话都是由于"其心三月不违仁"而起，离开耳目口鼻之官，专门讲心。

孔子之后，孟子之前，有《系辞》及《大学》。《系辞》究竟是否孔子作，《大学》是否在孟子前，尚是问题，现在姑且作为中间的过渡学说。《系辞》说："寂然不动，感而遂通天下之故。"《大学》说："欲修其身者，先正其心。欲正其心者，先诚其意。欲诚其意者，先致其知，致知在格物。"这还单注重动机，没有讲到心的作用。

至孟子便大讲其心学了。孟子有一段话说："耳目之官不思而蔽于物。物交物，则引之而已矣。心之官则思，思则得之，不思则不得也。"这几句话从心理学上看，不甚通。他离开耳目之官，专门讲心，谓耳目不好，受外界的引诱，因为耳目不能思；心是好的，能够辨别是非，因心能思。孔子没有这类的话，虽孔子亦曾说，"学而不思则罔，思而不学则殆"，但非把心同耳目离开来讲，与孟子大不相同。我们觉得既然肉体的耳目不能思，难道肉体的心脏又能思吗？佛家讲六识，眼识、耳识、心识……心所以能识，还是靠有肉体的器官呀。

上面那段话，从科学眼光看是不对的。但孟子在性善说中立了一个系统，自然会有这种推论。孟子既经主张性善，不能不于四肢五官以外，另求一种超然的东西，所以他说四肢五官冥顽不灵，或者是恶，或者是可善可恶，惟中间一点心，虚灵不昧，超然而善。《告子章》说："口之于味也，有同嗜焉。耳之于声也，有同听焉。目之于色也，有同美焉。至于心，独无所同然乎？心之所同然者，何也？谓理也、义也。圣人先得我心之所同然耳。……"又说："君子所性，仁义礼智根于心。"这都是在肉体的四肢五官以外,另有一种超然的善的心。人与动物不同就在这种地方。所以他说:"人之所以异于禽兽者几希,庶民去之,君子存之。"大概的意思是说四肢五官人与动物所同,惟心灵为人所独有,所以人性是善的。何以有恶?由于物交物,则引之而已矣。

因为物交物的引诱,所以人性一天天的变恶。孟子名之为失其本心。他说:"……是亦不可以已乎?此之谓失其本心。"并以牛山之木为喻,说道:"虽存乎人者,岂无仁义之心哉?其所以放其良心者,亦犹斧斤之于木也,旦旦而伐之,可以为美乎?"结果,他教人用功下手的方法,就是求其放心。他说:"学问之道无他,求其放心而已矣。"人类的心,本来是良的,一经放出去,就不好了,做学问的方法要把为物交物所引出的心收回来,并且时时操存他。孟子引孔子的话说:"操则存,舍则亡。出入无时,莫知其乡,惟心之谓与。"专从心一方面拿来作学问的基础,从孟子起。

后来陆象山讲:"圣贤之学,心学而已。"这个话指孟子学说是对的,谓孟本于孔亦对的。不过孔子那个时代,原始儒家不是这个样子。孟子除讲放心、操心以外,还讲养心。他说:"养心莫善于寡欲。"又讲存心,他说:"君子以仁存心,以礼存心。"以养存的功夫,扩大自己人格,这是儒家得力处。《孟子》全书,讲心的地方极多,可谓心学鼻祖。陆象山解释孟子以为只是"求放心"一句话。后来宋儒大谈心学,都是宗法孟子。

荀子虽主性恶,反对孟子学说,然亦注重心学,惟两家所走的道路不同而已。《荀子》全书讲心学的有好几篇,最前《修身篇》讲治气养心之术,他说:"血气刚强,则柔之以调和。知虑渐深,则一之以易良。勇胆猛戾,则辅之以道顺。齐给便利,则节之以动止。狭隘褊小,则廓之以广大。卑湿重迟贪利,则抗之以高志。庸众驽散,则劫之以师友。怠慢僄弃,则照之以祸灾。愚款端悫,则合之以礼乐。凡治气养心之术,莫径由礼,莫要得师,莫神一好。夫是之谓治气养心之术也。"这一套完全是变化气质,校正各人的弱点,与孟子所谓将良心存养起来,再下扩大功夫不同。孟子主性善,故要"求其放心",荀子主性恶,故要"化性起伪"。

上面所说,还不是荀子最重要的话。重要的话,在《解蔽》及《正名》两篇中。荀子的主张比孟子毛病少点。孟子把心与耳目之官分为二,荀子则把它们连合起来。《正名篇》说:"然则何缘而有同异?曰缘天官。凡同类同情者,其天官之异物也同,故比方之,疑似而通,是所以共其约名以相期也。"一个人为什么能分别客观事物,由于天与我们的五官。下面紧跟着说:"形体色理以目异,声音清浊调竽奇声以耳异,甘苦咸淡辛酸奇味以口异,香臭芬郁腥臊洒酸奇臭以鼻异,疾痒疮热滑铍轻重以形体异,说故喜怒哀乐爱恶欲以心异。"他把目、耳、口、鼻、形体加上心为六官,不曾把心提在外面,与佛家六根、六尘正同。但是心亦有点特别的地方:"心有征知,征知则缘耳而知声可也,缘目而知形可也。"心与其他五官稍不同,除自外界得来感觉分别之外,自己能动,可以征求东西。下面一大段讲心的作用,比孟子稍为合理。孟子注重内发,对于知识不十分讲。荀子注重外范,对于知识十分注重,但是要得健全知识,又须在养心上用功夫。

《解蔽篇》说得更透彻,他问:"人何以知道?曰心。心何以知?

曰虚壹而静。"这是讲人类就靠这虚一而静的心可以知道,可以周察一切事物。底下解释心的性质,他说:"心未尝不臧也,然而有所谓虚。心未尝不两也,然而有所谓一。心未尝不动也,然而有所谓静。"这是讲心之为物,极有伸缩余地,尽管收藏,尽管复杂,尽管活动,仍无害于其虚一而静的本来面目。又精密,又周到,中国最早讲心理学的人,没有及得上他的了。下面说:"人生而有知,知而有志。志也者臧也,然而有所谓虚。不以所已臧害所将受,谓之虚。"这是讲养心的目的,要做到虚一而静,而用功的方法,在不以所已臧,害所将受,紧跟着又说:"心生而有知,知而有异。异也者,同时兼知之。同时兼知之两也,然有所谓一。不以夫一害此一,谓之壹。"这是讲人类的心同时发几种感想,有几种动作,但养心求一。只要不以夫一害此一,纵然一面听讲,一心以为鸿鹄将至,亦无不可。又说:"心卧则梦,偷则自行,使之则谋,故心未尝不动也。然而有所谓静,不以梦剧乱知,谓之静。"这是讲心之为物,变化万端,不可端倪,但治心求静。只要能静,就是梦亦好,行亦好,谋亦好,都没有妨碍。荀子的养心治心,其目的大半为求得知识。不虚,不一,不静,便不能求得知识。孟子专重内部的修养,求其放心,操之则存,只须一点便醒。荀子专重外部的陶冶,养心治心,非下刻苦工夫不可。两家不同之点在此。然两家俱注重心体的研究,认为做学问的主要阶级。最初儒家两大师皆讲心,后来一派的宋学,以为圣学即心学,此话确有一部分真理,我们也相当的承认他。

汉以后的儒者,对于这类问题不大讲,就讲亦不十分清楚。董仲舒《深察名号篇》说:"栣众恶于内,弗使得发于外者,心也。故心之为名桎也。"董子全部学说,虽调和孟荀,实则偏于荀。他对于心的解释至少与孟子不同。六朝时徐遵明主张"本心是我师",上面追到孟荀,下面开出陆王。可以说陆王这派的主要点,六朝时已经有了,不过董仲舒徐遵明的主张不十分精深光大而已。

　　隋唐以后,禅宗大盛。禅宗有一句很有名的口号,"即心是佛",可谓对于心学发挥得透彻极了。禅宗论心,与唯识宗论不同。唯识宗主张"三界唯心,万法唯识",这类话不承认心是好的。所谓八识:一、眼识;二、耳识;三、鼻识;四、舌识;五、身识;六、意识;七、末那识;八、阿赖耶识。末那即意根,阿赖耶即心亡,两样都不好,佛家要消灭他。唯识宗认为世界种种罪恶都由七、八两识而出,所以主张转识成智,完全不把心当作好东西。禅宗主张"即心是佛",这都是承认心是好的,一点醒立刻与旁人不同,与孟子所谓"万物皆备于我,反身而诚,乐莫大焉"立论的根据相同。

　　禅宗的思想影响到儒家,后来宋儒即根据"即心是佛"的主张解释孔孟的话。研究的对象就是身体状况,修养的功夫,首在弄明白心的本体。心明白了,什么都明白了。宋儒喜欢拿佛家的话解释《系辞》《大学》及《孟子》。程子《定性书》说:"所谓定者,动亦定,静亦定,无将近乎内外。……故君子学莫若廓然大公,物来顺应。"这类话与禅宗同一鼻孔出气。禅宗五祖弘忍传衣钵时叫门下把各人见解写出来,神秀上座提笔在墙上写道:"身是菩提树,心如明镜台。时时勤拂拭,莫使惹尘埃。"大家都称赞不绝,不敢再写。六祖慧能不识字,请旁人念给他听,听罢作偈和之曰:"菩提本无树,心镜亦非台。本来无一物,何处有尘埃?"晚上五祖把他叫进去,就把衣钵传给他了。这类神话真否可以不管,但实开后来心学的路径。我们把他内容分拆起来,已非孟荀之旧了。程子讲"物来顺应",禅宗讲"心如明镜",这岂不是一鼻孔出气吗?

朱陆两家都受禅宗影响。朱子释明德说:"明德者,人之所得乎天,而虚灵不昧,以具众理而应万事者也。"所谓虚灵不昧,以应万事,即明镜拂拭之说。陆子称"圣贤之学,心学而已矣",又即禅宗"即心是佛"之说。据我看来,禅宗气味,陆子免不了,不过朱子更多。陆子尝说"心即理""明本心""立其大者",大部分还是祖述孟子"求其本心""放其良心"的话。所以说孟子同孔子相近,象山是孟子嫡传。象山不谈玄,讲实行,没有多少哲学上的根据。

阳明路数同象山一样,而哲学上的根据比较多些。阳明"知行合一"之说在心理学上很有根据。他解释《大学》根本和朱子不同。《大学》的讲格物、致知、诚意、正心、修身五事,朱子以为古人为学次第,先格物,再致知,三诚意,四正心,五修身,循序渐进;阳明以为这些都是一件事,内容虽有区别,实际确不可分。阳明最主要的解释见《语录》卷二。他说:"只要知身心意知物是一件。九川疑曰:'物在外,如何与身心意知是一件?'先生曰:'耳目口鼻四肢'亦不能,故无心则无身,无身则无心。但指其充塞处言之,谓之身;指其主宰处言之,谓之心;指心之发动处,谓之意;指意之灵明处,谓之知;指意之涉着处,谓之物。只是一件。意未有悬空的,必着事物。"这是绝对的唯心论。心物相对,物若无心不可以,外心求物,物又在哪里哩?

《阳明文集·答罗整菴书》又说:"……理一而已。以其理之凝聚而言,则谓之性;以其凝聚之主宰而言,则谓之心;以其主宰之发动而言,则谓之意;以其发动之明觉而言,则谓之知;以其明觉之感应而言,则谓之物。"阳明一生最讲心外无理,心外无事,心外无物,物外无心。他的知行合一说即由心物合一说而出。致良知就是孟子所谓良心,不过要把心应用到事物上去。阳明这种主张确是心学。他下手的功夫同象山差不多,主要之点不外诚意,不外服从良心的第一命令。下手的功夫既然平易切实,不涉玄妙,又有哲学上的心物合一说以为根据,所以阳明的知行合一说能够成立,能够实行。而知行合一说又是阳明学说的中心点。他思想接近原始儒家,比程朱好;他根据十分踏实圆满,比象山素朴,[象山]只讲方法而已,后面缺少哲学的根据。

心体问题,到王阳明真到发挥透彻,成一家言,可谓集大成的学者。以前的议论,没有他精辟,以后的议论,没有他中肯。清代学者,不是无聊攻击,便是委靡敷衍。大师中如颜习斋戴东原,旁的问题虽有极妥洽的地方,这个问题则没有特殊见解,可以略去不讲。几千年来对于心体问题之主张大致如此。

(1927年。本文为梁启超之讲演,由周传儒笔记。)